D1664126

Susanne Boshammer
Gruppen, Rechte, Gerechtigkeit

Ideen & Argumente

Herausgegeben von

Wilfried Hinsch und Lutz Wingert

Walter de Gruyter · Berlin · New York
2003

Susanne Boshammer

Gruppen, Recht, Gerechtigkeit

Die moralische Begründung der Rechte
von Minderheiten

Walter de Gruyter · Berlin · New York
2003

♾ Gedruckt auf säurefreiem Papier,
das die US-ANSI-Norm über Haltbarkeit erfüllt.

ISBN 3-11-017848-6

Bibliografische Information Der Deutschen Bibliothek

Die Deutsche Bibliothek verzeichnet diese Publikation in der Deutschen
Nationalbibliografie; detaillierte bibliografische Daten sind im Internet über
http://dnb.ddb.de abrufbar.

Printed in Germany

Umschlaggestaltung: +malsy, kommunikation und gestaltung, Bremen

Meinen Großeltern
Paul und Trude Schmitz
in Liebe und Dankbarkeit

Danksagung

Das vorliegende Buch beinhaltet eine überarbeitete Fassung meiner Doktorarbeit, die ich im November 2001 an der Westfälischen Wilhelms-Universität Münster eingereicht habe. Bis dahin war es ein weiter Weg, auf dem mich viele Menschen unterstützt und einige begleitet haben. Ihnen allen danke ich sehr.

Ich bedanke mich bei der Universität Münster für das Promotionsstipendium, das mir eine große Etappe des Weges geebnet hat. Meinen Eltern danke ich für ihre Nähe, ihr Vertrauen in meine Kondition, ihren geduldigen Glauben an meine Ziele und die großzügige finanzielle Unterstützung auf dem langen Rest der Strecke. Ich bedanke mich von ganzem Herzen für die vielfältige Unterstützung und das Vertrauen meines Doktorvaters, Prof. Kurt Bayertz, der mir die ganze Zeit hindurch in verlässlicher Freundlichkeit seine Hilfe zur Verfügung stellte, mich von seinen Erfahrungen profitieren ließ und dessen gelassene Kompetenz mir manche gedanklichen Umwege ersparte und andere zu lohnenden Ausflügen machte. Auch dem Zweitgutachter meiner Arbeit, Herrn Prof. Ludwig Siep, gilt mein Dank für seine Hilfsbereitschaft und seine Unterstützung. Daneben gebührt mein Dank dem Verlag de Gruyter sowie den Herausgebern der Reihe „Ideen und Argumente". Insbesondere Prof. Wilfried Hinsch danke ich für seine hilfreichen Kommentare und seine engagierte Unterstützung bei der Überarbeitung des Manuskripts. Der Paul-Schmitt-Stiftung danke ich herzlich für einen großzügigen Druckkostenzuschuss. Ich danke den Mitgliedern des Doktoranden-Kolloquiums von Prof. Bayertz für viele gewinnbringende Diskussionen und meinen Freunden und Kollegen vom argos-Institut für ihre Nachfragen und Einwände, ihre Solidarität und all die Abende, an denen sie mich daran erinnert haben, dass es nicht damit getan ist, die Welt zu interpretieren, sondern vielmehr darauf ankommt, sie zu verändern. Ich bedanke mich von Herzen bei meinen Freunden, Jens und Suse Dunkel, für die geborgene Zuflucht am Rande der Strecke, ihre Freundschaft und ihr Verständnis. Und meiner Freundin Ulrike

Nixdorf danke ich für ihren klaren Kopf und ihre guten Nerven, für ihr Interesse an der Sache und an mir. Ich danke Matthias Kayß für die Ermutigung und den Trost und die vielen guten Ideen und kritischen Hinweise. Ich danke Christa Runtenberg, für ihre Offenheit und Freundlichkeit, und dafür, dass sie mir gezeigt hat, wie man aus den Sackgassen herausfindet. Ich danke Susanne Müller für die Herzlichkeit und die Ermunterung und Marion Neufend für viele warme Mahlzeiten und klare Worte. Georg Meggle danke ich für seine treffsichere Kritik und seinen Glauben an mich und meine Fähigkeiten. Ich danke meinem Freund Reinhard Kurzer für seinen Pragmatismus und dafür, dass er sich geweigert hat zu glauben, dass das Leben, das Universum und der gesamte Rest vom Erfolg meiner Arbeit abhängt. Barbara Bleisch, Jens Dunkel, Stefan Grotefeld, Reinhard Kurzer, Peter Schaber, Michael Schefczyk, Thomas Schmidt und Jean-Daniel Strub danke ich für hilfreiche Hinweise und Korrekturen am Manuskript. Norbert Anwander bin ich für seine Übersetzung der englischen Zitate von Herzen dankbar – und für den wohl heitersten Arbeitstag der ganzen Zeit. Ich danke Prof. Anton Leist für meine Stelle an der Universität Zürich, wo ich unterstützt durch die wunderbarsten Kolleginnen und Kollegen, die man sich wünschen kann, die Druckfassung erstellen konnte.

Mein besonderer Dank gilt drei Menschen, die nicht nur auf dem Weg dieser Arbeit, sondern auf dem Weg meines Lebens zu jedem Zeitpunkt an meiner Seite und auf meiner Seite waren. Meinen Großeltern, Paul und Trude Schmitz, denen ich viel verdanke und von denen ich so viel gelernt habe. Auch wenn sie das Erscheinen des Buches nicht mehr erleben, bin ich dankbar und glücklich, dass ich ihnen die Nachricht vom Abschluss der Arbeit noch überbringen konnte. Meiner Schwester Karin schließlich danke ich für alles, was sie für mich tut und getan hat und für mich ist. Ohne ihre verlässliche Nähe, ihre Weisheit und Geduld, ihren langen Atem, ihren ruhigen Überblick, ihren scharfen Verstand und ihre liebevolle Zuneigung hätte ich diesen Weg weder betreten noch beschreiten können.

Inhaltsverzeichnis

Prolog: Von Quoten und Kopftüchern 3

I.   Gruppen und Gerechtigkeit 9

    1.   Der Quotenstreit 13
    2.   Der Fall der Amish People 14
    3.   Die Kopftuchdebatte 15

II.   Die Struktur, Begründung und Funktion von Rechten 24

    1.   Rechte als „duty-creating properties" 27
        1.1 Negative und positive Rechte 29
        1.2 Pflichten 32

    2.   Die Begründung von Rechten 34
        2.1 Rechtssubjekt 38
        2.2 Rechtsobjekt 41
        2.3 Rechtsgegenstand 42

    3.   Die soziale Funktionsweise von Rechten 45
        3.1 Rechte als Symbole sozialer Anerkennung 46
        3.2 Rechte als „Waffen" 48
        3.3 Rechte als Währung 50

III. Gruppen, Rechte und Gerechtigkeit 55

    1.   Die politische Veranlassung und normative
        Problematik von Gruppenrechten 56
        1.1 Die Gefahr der kulturellen Erosion
            (Der Fall der Amish) 57
        1.2 Das Problem der strukturellen Diskriminierung
            (Der Quotenstreit) 61

1.3 Das Phänomen der relativen Benachteiligung
        (Die Kopftuchdebatte) 66

2. Welche Gruppen? Wessen Rechte? 77
        2.1 Freiwillige Assoziationen 77
        2.2 Natürliche Gruppen 82
        2.3 Konstitutive Gemeinschaften 85
        2.4 Minderheiten 90

IV. Die moralische Begründung von Kollektivrechten 103

1. Das Kollektivsubjekt-Argument 116
        1.1 Die Interessen von Gemeinschaften 118
        Exkurs: Die Korporation als
        Interessenvertreter und Rechtsträger 120
        1.2 Der Wert von Gemeinschaften 128
        1.3 Fazit: Ein Kollektivrecht auf Existenz? 135

2. Das Kollektivgüter-Argument 137
        2.1 Kulturzugehörigkeit als soziales Grundgut 139
        2.2 Kollektivgüter und Individualrechte 147
        2.3 Fazit: Ein Kollektivrecht auf Kulturschutz? 152

V. Die moralische Begründung von gruppenspezifischen
    Sonderrechten 177

1. Das Kompensations-Argument 190
2. Das Chancengleichheits-Argument 203
3. Das Differenz-Argument 217

Epilog: Von Quoten, Kopftüchern und Kompromissen 233

Literaturverzeichnis 235

Freiheit ist immer
die Freiheit des Andersdenkenden.
(Rosa Luxemburg)

Prolog: Von Quoten und Kopftüchern

Im Juli 1990 schrieb die Stadt Bremen die Stelle einer Sachgebietsleitung im Gartenbauamt aus. Nach den üblichen Verfahren kamen
schließlich zwei Personen in die engere Wahl, zwischen denen die Entscheidung schwer fiel, da sie vergleichbare berufliche Qualifikationen
vorweisen konnten und beide bereits seit Mitte der siebziger Jahre als
gartenbautechnische Angestellte für die Stadt Bremen tätig waren. Die
Bewerber[1], Herr Kalanke und Frau Glißmann, schienen für die Beförderung zur Sachgebietsleitung gleichermaßen geeignet. In dieser Situation entschied sich die Amtsleitung des Gartenbauamtes für die Beförderung von Herrn Kalanke, doch der Personalrat verweigerte seine Zustimmung. Er begründete seine Ablehnung mit Verweis auf das in Bremen geltende Gesetz zur Gleichstellung von Mann und Frau im öffentlichen Dienst, in dem es heißt, dass Frauen bei Einstellungen und Be-
förderungen vorrangig zu berücksichtigen sind, sofern sie 1. gleichermaßen qualifiziert sind wie ihre männlichen Mitbewerber und 2. in den
entsprechenden Bereichen unterrepräsentiert sind, d.h. hier nicht mindestens die Hälfte der Stellen innehaben. Beide Bedingungen waren
nach Ansicht des Personalrats im vorliegenden Fall erfüllt und erforder-
ten eine Entscheidung zugunsten von Frau Glißmann. Personalrat und
Amtsleitung riefen daraufhin die Schlichtungskommission an, die wiederum empfahl, Herrn Kalanke zu befördern. Daraufhin erklärte der
Personalrat die Schlichtung für gescheitert und schaltete die Einigungsstelle ein, die am 20. Februar 1991 entschied, dass auf der Grundlage
des Landesgleichstellungsgesetzes der Frau der Vorrang gebühre. Herr
Kalanke fühlte sich ungerecht behandelt und klagte gegen diese Entscheidung beim Arbeitsgericht Bremen, das die Klage allerdings ab-
wies. Auch die anschließende Revision beim Bundesarbeitsgericht be-
stätigte die Entscheidung der Einigungsstelle zugunsten der weiblichen
Bewerberin, verwies die Angelegenheit jedoch gleichzeitig an den Europäischen Gerichtshof, um die Verhältnismäßigkeit der Quotenregelung des Landesgleichstellungsgesetzes prüfen zu lassen. Und hier be-

kam Herr Kalanke schließlich doch noch Recht, denn am 17. Oktober
1995 erklärte der Europäische Gerichtshof die Frauenquotenregelung
im Bremer Gleichstellungsgesetz für europarechtswidrig. Im Schluss-
antrag des Klagevertreters, Generalanwalt Guiseppe Tesauro, dem der
Gerichtshof in seiner Urteilsbegründung weitgehend folgte, heißt es:

„Es geht hier nämlich (...) um die Bedeutung des Gleichheitssatzes, den Gegensatz zwischen formaler Gleichheit, verstanden als die Gleichbehandlung von
Individuen, die verschiedenen Gruppen zuzurechnen sind, und die inhaltliche
Gleichheit, verstanden als die Gleichheit der Gruppen. Muss letztlich das Recht
jedes Individuums, nicht aufgrund seines Geschlechts diskriminiert zu werden,
das der Gerichtshof selbst als Grundrecht anerkannt hat, dessen Einhaltung er
sicherstelle, gegenüber den Rechten einer benachteiligten Gruppe, im vorliegenden Fall die der Frauen, zurücktreten, um die Diskriminierung auszugleichen, die diese Gruppe in der Vergangenheit erlitten hat? (...) Jede spezifische
Maßnahme zugunsten einer minoritären oder jedenfalls schwachen Gruppe
steht im Widerspruch zum Gleichheitssatz im formalen Sinn."[2]

gilt im Individum, d.h. • Emr. Fraul sper Klum

Zu Beginn der siebziger Jahre verhandelte der oberste amerikanische
Gerichtshof über die Klage der Religionsgemeinschaft der Amish
People gegen das Gesetz zur allgemeinen Schulpflicht, das jeden amerikanischen Bürger dazu verpflichtet, seine Kinder (mindestens) bis
zum sechzehnten Lebensjahr an einer privaten oder öffentlichen Schule
ausbilden zu lassen. Die Amish People betrachteten dieses Gesetz als
einen unrechtmäßigen staatlichen Eingriff in ihr verfassungsmäßig gesichertes Recht auf freie Religionsausübung, die in ihrem Fall ein von
der sie umgebenden amerikanischen Gesellschaft nahezu hermetisch
abgeschlossenes Gemeinschaftsleben erforderte. Das Gericht akzep-
tierte das Argument, dass eine Schulpflicht der Kinder über das vierzehnte Lebensjahr hinaus deren Bindung an die Gemeinschaft und Einbettung in eine streng religiöse Lebensführung schwächen und damit
die freie Ausübung des Glaubens der Amish verhindern würde. Es gewährte daher der Religionsgemeinschaft eine Ausnahmeregelung von
der allgemeinen Gesetzesvorschrift und gestattete ihr, die Kinder ihrer
Mitglieder nach Vollendung des vierzehnten Lebensjahres ausschließlich innerhalb der Gemeinschaft auszubilden und zu erziehen. Gleichzeitig wies das Gericht jedoch darauf hin, dass eine solche Ausnahmeregelung nur in ganz speziellen Fällen gewährt werden könne, nämlich
dann, wenn die entsprechende Gemeinschaft nachweisen könne, „dass

die durch die Gesetzesvorschrift verursachte kulturelle Erosion unmittelbare Auswirkungen auf das religiöse Leben hätte, und dass der Gesetzeszweck trotz der Ausnahmeregelung erreicht werden kann." (Garet 1983, 1030)[3] In der Begründung des Urteils durch das Gericht heißt es:

„Die ordentliche Schulbildung über die achte Klasse hinaus wirkt sich negativ auf die Glaubensüberzeugungen der Amish People aus, nicht nur weil sie deren Kinder in ein Umfeld versetzt, das den Überzeugungen der Amish People mit Feindseligkeit begegnet (...), sondern auch weil sie die Kinder physisch sowie emotional aus ihrer Gemeinschaft reißt, noch dazu in den entscheidenden, prägenden Jahren ihrer Pubertät. In dieser Lebensphase müssen die Kinder die Wertschätzung von manueller Arbeit und Selbständigkeit, wie sie für die Lebensweise der Amish People wesentlich ist, ausbilden und die spezifischen Fähigkeiten erwerben, die erforderlich sind, um als Erwachsene die Rolle eines Bauern oder einer Hausfrau auszufüllen (...). Kurz, der Besuch einer weiterführenden Schule mit Lehrern, die nicht den Glauben der Amish People teilen, ihm womöglich ablehnend gegenüberstehen, stellt ein ernsthaftes Hindernis für die Integration eines Kindes in die religiöse Gemeinschaft der Amish People dar. (...) Diese Überlegungen geben Anlass zu der Befürchtung, dass die Pflicht zum Besuch einer weiterführenden Schule nicht nur den Kindern der Amish People Schaden zufügen, sondern letztlich auch zur Zerstörung der Religionsgemeinschaft der Old Order Amish führen würde."[4]

•

Am 13. Juli 1998 entschied das Stuttgarter Oberschulamt, die 25jährige Referendarin Fereshta Ludin nicht in den Schuldienst zu übernehmen, da die aus Afghanistan stammende deutsche Muslimin darauf bestand, auch im Unterricht ein Kopftuch zu tragen. Auf Antrag der Fraktion der Republikaner verhandelte nur zwei Tage später der baden-württembergische Landtag über die „Kopftuchfrage". Alle Fraktionen lehnten zwar den Antrag der Republikaner zum generellen Kopftuchverbot an deutschen Schulen einhellig ab, stellten sich aber einmütig und parteiübergreifend hinter die Entscheidung der Kultusministerin Annette Schavan, die den Beschluss des Oberschulamtes, Frau Ludin nicht in den Schuldienst zu übernehmen, solange sie sich weigere, während des Unterrichts ihr Kopftuch abzulegen, ausdrücklich gebilligt hatte. Im Großen und Ganzen waren sich alle Beteiligten einig, dass Frau Ludins Recht auf freie Religionsausübung in diesem Fall dem staatlichen Neutralitätsgebot sowie dem Recht der Schüler auf negative Religionsfreiheit unterzuordnen sei. Der Streit um das Kopftuch hatte die Öffentlichkeit bereits wochenlang erregt. Frau Ludin unterrichtete als Referendarin an einer Grundschule im Dorf Plüderhausen. Schon im März 1997 hatte die Schulbehörde ihr die Kopfbedeckung verbieten wollen, doch damals hatte die Kultusministerin sich hinter die Referendarin gestellt und erklärt, dass sie die Kleiderordnung von Frau Ludin als Ausdruck von deren persönlicher, individueller Religiosität akzeptiere. Ein generelles Verbot an Schulen und Hochschulen sei außerdem aller Voraussicht nach verfassungswidrig. Ein gutes Jahr später begründete die Ministerin ihre nun grundlegend veränderte Position mit dem Hinweis, dass Frau Ludin nach ihrer Überzeugung zwar Referendarin, nicht aber Lehrerin werden dürfe. Der staatliche Schuldienst stelle besondere Anforderungen an Toleranz, Vorbildcharakter und Neutralität des Einzelnen. Bei Zulassungen zum Staatsdienst müsse auch weiterhin jeder Einzelfall in Güterabwägung zwischen den Grundrechten geprüft werden.

In einer Debatte im baden-württembergischen Landtag drückte eine Abgeordnete von Bündnis90/Die Grünen die Bedenken ihrer Partei gegenüber einer Einstellung der bekennenden Muslimin in den Staats-, insbesondere den Schuldienst folgendermaßen aus:

„Für uns wiegen Persönlichkeitsrechte auch und gerade von denen, die im öffentlichen Dienst als Beamte und Beamtinnen tätig sind, sehr schwer. Wir wollen keine seelenlosen Apparatschiks im öffentlichen Dienst, und auch das personifizierte Neutrum in weltanschaulicher Hinsicht ist für uns nicht das Ideal einer Lehrkraft. Wir wollen auch in der Schule kein Klima der Jagd auf religiöse Symbole. Was nicht passieren darf, das ist etwa eine Halskontrolle, ob jemand ein Kettchen trägt, an dem ein Kreuz oder etwas anderes hängt. Aber bei uns in der Fraktion scheiden sich die Geister in der Frage, ob der demonstrative Akt des religiösen Bekenntnisses in der Kleidung, wie er sich auch und gerade in dem muslimischen Kopftuch manifestiert, die Grenze des Tolerierbaren überschreitet oder nicht. Eine starke Minderheit in unserer Fraktion ist der Auffassung, dass man wegen der Sorge, Persönlichkeitsrechte könnten allgemein normiert werden, dies noch zulassen sollte. (...) [E]s ist doch so: Verfassungsrechtlich gesprochen findet die positive Bekenntnisfreiheit der einen die Grenze dort, wo die negative Bekenntnisfreiheit der anderen tangiert ist. Schule ist eben kein Rathaus und kein Bankschalter, sondern für Schülerinnen und Schüler ist die Schule eine Pflichtveranstaltung. Sie müssen hingehen, und sie können sich ihre Lehrkraft nicht aussuchen. Das muss im Gegenzug heißen, dass die Lehrkraft dann aber auch zu einer gewissen Zurückhaltung verpflichtet ist. Wenn es richtig ist – und das halten wir für richtig –, dass kein Schüler und keine Schülerin es akzeptieren muss, unter dem Kruzifix unterrichtet zu werden, dann, meine Damen und Herren, ist der ungleich demonstrative Akt der

Kleidung, des Kopftuchs, etwas, was man, auch unter dem Gedanken von Kinderrechten, den Schülern und Schülerinnen zu dulden nicht abverlangen darf."[5]

---

1 Ich bemühe mich durchgängig um geschlechtsneutrale Formulierungen. Wo diese nicht möglich sind, benutze ich der Einfachheit halber die männliche Form. Frauen sind, soweit nicht ausdrücklich ausgenommen, gleichberechtigt mitbezeichnet.
2 Siehe: Veröffentlichungen des Europäischen Gerichtshof, Rechtssache C-450/93, Eckhardt Kalanke gegen Freie Hansestadt Bremen, April 1995.
3 Für die Übersetzung der englischen Zitate gilt mein herzlicher Dank meinem Freund und Kollegen Norbert Anwander.
4 406 U.S. 205 (1972), S. 211f.
5 Siehe taz, Nr. 5587 vom 21.7.1998, S.10.

I. Gruppen und Gerechtigkeit

> „Das Prinzip rechtlicher Freiheit erzeugt faktische
> Ungleichheiten, da es den differenziellen Gebrauch,
> den verschiedene Subjekte von denselben Rechten
> machen, nicht nur zulässt, sondern ermöglicht. (...)
> Insofern kann rechtliche Gleichheit nicht mit fakti-
> scher Gleichstellung zusammenfallen. Andererseits
> widerstreiten diejenigen faktischen Ungleichheiten
> dem Gebot rechtlicher Gleichbehandlung, die be-
> stimmte Personen oder Gruppen diskriminieren, in-
> dem sie die Chancen zur Nutzung gleichverteilter
> subjektiver Handlungsfreiheiten tatsächlich beein-
> trächtigen."
> (Habermas 1997, 500f)

Die Frage nach den Rechten von Minderheiten gehört zu Beginn des
21. Jahrhunderts ohne Zweifel zu den grundlegenden Fragen der Politik, und sie gewinnt in den letzten Jahrzehnten auch innerhalb der Praktischen Philosophie zusehends an Bedeutung. Überall auf der Welt
kämpfen ethnische, kulturelle, sprachliche, religiöse und soziale Minderheitsgruppen um die Berücksichtigung ihrer Ansprüche. Auch wenn
diese Anerkennungskämpfe größtenteils eine lange Geschichte haben,
sind sie doch nach wie vor weit von einer Lösung entfernt.

„Viele hatten gehofft, dass das Ende des Kalten Krieges den Weg zu einer fried-
licheren Welt bereiten würde. Doch stattdessen ist der ideologische Konflikt
zwischen Kapitalismus und Kommunismus durch eine wachsende Zahl von
Auseinandersetzungen zwischen ethnischen und nationalen Gruppen abgelöst
worden. (...) Die Beilegung dieser Konflikte ist möglicherweise die größte Herausforderung, der sich demokratische Staaten heutzutage gegenübersehen. (...)
In den heftigen Debatten um die Rechte von Immigranten, indigenen Völkern
und anderen kulturellen Minderheiten werden viele Annahmen fraglich, die das
politische Leben in der westlichen Welt über Jahrzehnte hinweg bestimmt haben. Seit dem Ende des Kalten Krieges sind ethnokulturelle Konflikte weltweit
zur Hauptquelle politischer Gewalt geworden, und ein Ende dieser Entwicklung ist nicht in Sicht." (Kymlicka 1995, 1)

Das Minderheitenproblem ist also alles andere als neu, aber es scheint drängender denn je, und es stellt sich zunehmend auch innerhalb der nationalen Grenzen der liberalen Demokratien des Westens.

Für deren Gesellschaften sind in den letzten Jahrzehnten zwei Phänomene kennzeichnend geworden, nämlich erstens die zunehmende kulturelle Heterogenität und zweitens das steiler werdende soziale Gefälle innerhalb der Bevölkerungen. Diese Entwicklung wird häufig mit dem Prozess der wirtschaftlichen Globalisierung in Verbindung gebracht: Der Markt hat die Grenzen der ehemaligen Nationalstaaten längst überschritten, und mehr und mehr Menschen sind aufgefordert oder gezwungen, es ihm gleichzutun, um an seinen Früchten teilhaben zu können. Heutzutage stirbt kaum jemand mehr an dem Ort, an dem er geboren ist, und immer mehr Menschen verlassen aus unterschiedlichsten Gründen im Laufe ihres Lebens nicht nur ihren Geburtsort, sondern ihr Heimatland und werden zu Einwandernden in der Fremde. Ein Ergebnis dieser weltweiten Migrationsbewegungen ist das Entstehen jener plurikulturellen Gesellschaften, die sich durch die Koexistenz verschiedener ethnischer, kultureller, religiöser etc. Minderheitsgemeinschaften neben einer so genannten Mehrheitskultur auszeichnen. Auch einstmals kulturell weitgehend homogene Nationalstaaten entwickeln sich infolge zunehmender Immigration sukzessive zu Einwanderungsgesellschaften, in denen Menschen aus unterschiedlichen Kulturkontexten, Menschen verschiedenen Glaubens, verschiedener Sprache und unterschiedlicher Abstammung unter dem Dach einer für alle verbindlichen Rechtsordnung zusammenleben und bemüht sind, ihre jeweilige Vorstellung vom guten Leben zu verwirklichen. Neben der zunehmenden *kulturellen Differenzierung* ist innerhalb dieser Staaten zudem ein wachsendes Ausmaß an *sozialer Ungleichheit* zu beobachten: Die Schere zwischen Arm und Reich, zwischen den effektiv Benachteiligten und den relativ Begünstigten, zwischen den Erfolglosen und den Erfolgreichen klafft immer weiter auseinander. Dabei ist auffällig, dass das mit Blick auf die Verfügung über soziale Grundgüter zu beobachtende Gefälle streckenweise parallel zu gewissen natürlichen Unterschieden zwischen den Menschen (etwa hinsichtlich ihres Geschlechts, ihrer Hautfarbe, ihrer Herkunft und Abstammung) verläuft. Diese durch Differenz und Ungleichheit gekennzeichnete Situation stellt in mancherlei Hinsicht eine Herausforderung für jeden demokratischen Rechtsstaat dar, der sich dem Gleichheitsideal verpflichtet sieht und beansprucht, dass die in seinen Grenzen lebenden Bürger die gleiche Chance haben, innerhalb der allgemein verbindlichen rechtlich gesetzten Grenzen nach ihrer eigenen Façon selig zu werden. Die soziale Lage gesellschaftlicher Minderheiten macht auf eine diesbezüglich bestehende Lücke zwischen Verfassungsanspruch und Verfassungswirklichkeit aufmerksam. In dieser Kluft wurzelt die Forderung nach Gruppenrechten.

Nach Ansicht der Befürworter von Gruppenrechten hat das Prinzip rechtlicher Gleichheit unter den in modernen Gesellschaften bestehenden Bedingungen eine *gruppenspezifische Ungleichverteilung von Chancen* zur Folge: Rechtsgleichheit wirkt sich als Chancenungleichheit aus. Der aus den Prinzipien der Gerechtigkeit abgeleitete Anspruch auf Gleichberechtigung aller Bürger kann dieser Position zufolge angesichts von kultureller Differenz und sozialer Ungleichheit nur dadurch praktisch eingelöst werden, dass die Angehörigen ethnischer, kultureller, sprachlicher, religiöser etc. Minderheiten mit speziellen Minderheitenrechten ausgestattet werden. Die liberale Maxime des „gleichen Rechts für alle" soll, mit anderen Worten, zum Zweck der Verwirklichung von Chancengleichheit neu überdacht und der Rechtekatalog um „besondere Rechte für manche" ergänzt werden. Daneben ist die Forderung nach Minderheitenrechten durch die Erfahrung motiviert, dass der Fortbestand bestimmter Minderheitsgemeinschaften in plurikulturellen Gesellschaften, in denen neben verschiedenen Minderheitskulturen noch eine Mehrheitskultur existiert, Gefahren ausgesetzt ist, die mit den Mechanismen des Individualrechts als eines Rechtssystems, das wesentlich um den Schutz der Ansprüche von Individuen besorgt ist, nicht wirksam genug gebannt werden können. Einige dieser Gruppen erweisen sich auf dem „cultural marketplace" als nicht wettbewerbsfähig, und ohne besonderen rechtlichen Schutz ist ihr Fortbestehen massiv gefährdet. Insofern die Existenz jener Gemeinschaften als Wert betrachtet wird, liefert diese Situation einen Grund für die Forderung nach entsprechenden Gruppenrechten. Es ist also nicht nur die vergleichsweise nachteilige Lebenssituation von einzelnen Minderheitsangehörigen, sondern auch die bedrohte kollektive Existenz der Gemeinschaften selbst, die den Ruf nach speziellen Gruppenrechten provoziert.

Dementsprechend umfasst die Forderung nach Gruppenrechten zugunsten von Minderheiten zwei grundsätzlich voneinander zu unterscheidende Modelle: In Form von individuellen gruppenspezifischen *Sonderrechten* sollen sie dem Ausgleich von Benachteiligungen und dem Schutz von Interessen dienen, die sich unmittelbar aus der Minderheitszugehörigkeit einer Person ergeben. Diese Sonderrechte werden Individuen zugesprochen und zwar aufgrund ihrer Zugehörigkeit zu einer Minderheitsgruppe. Demgegenüber dienen Gruppenrechte als *Kollektivrechte* dem Schutz der kollektiven Existenz bestimmter Minderheitsgemeinschaften in liberalen Gesellschaften. Ihr Träger ist nicht das Individuum, sondern die Gemeinschaft als soziales Kollektiv. Kollektivrechte stellen im Gegensatz zu Sonderrechten also nicht individuelle Rechte aufgrund von Gruppenzugehörigkeit, sondern vielmehr kollektive Rechte von Gruppen dar. Versteht man Gruppenrechte als *Kollektivrechte,* bezeichnet der Gruppenterm im Begriff des Gruppenrechtes demnach den *Träger* des Rechtes, während er im Fall der *Sonderrechte* den *Grund* für die Gewährung des Rechtes indiziert.[1]

Die im Prolog skizzierten Rechtsfälle stellen Beispiele solcher Gruppenrechtsregelungen dar. Sie veranschaulichen die Unterscheidung zwischen Sonderrechten und Kollektivrechten und deuten bereits unterschiedliche Aspekte der moralischen Problematik von Gruppenrechten an. Dabei mag es erstaunen, dass in der Liste der hier als exemplarisch präsentierten Gruppenrechtsforderungen die Forderung nationaler Minderheiten nach Autonomie, Selbstbestimmung und einem eigenen Staatsgebiet fehlt, da gerade diese Problematik von vielen vorrangig mit dem Begriff der Minderheitenrechte in Verbindung gebracht wird. Das Problem der Autonomiebestrebungen nationaler Minderheiten unterscheidet sich jedoch in grundlegender Weise von der hier zu untersuchenden Frage und erfordert daher meiner Ansicht nach eine separate Untersuchung. Während es in dieser Arbeit um den Schutz und die Anerkennung von Minderheiten *innerhalb* einer bestehenden Rechtsgemeinschaft/eines Staates geht, zielen die Autonomiebestrebungen nationaler Minderheiten im Unterschied dazu darauf ab, die Rechtsgemeinschaft/den Staat, in der/dem sie als Minderheit existieren, zu *verlassen.* Die Frage der moralischen Begründung hat dabei einen grundsätzlich anderen Fokus. Ob nationale Minderheiten das Kollektivrecht auf Sezession und Autonomie haben sollten und wer es ihnen gegebenenfalls zusprechen müsste, wird hier daher nicht untersucht.[2]

1. Der Quotenstreit

Als „Frauenquoten" bezeichnet man Maßnahmen, die im Rahmen der Verteilung von Arbeitsplätzen oder (politischen) Ämtern den Mitgliedern der Gruppe der Frauen vorrangige Ansprüche gegenüber männlichen Mitbewerbern einräumen und auf diese Weise die Wettbewerbschancen von Frauen verbessern sollen.[3] Den Anlass für die Einführung solcher Quoten bildet die Beobachtung, dass die Gruppe der Frauen in bestimmten Bereichen der Gesellschaft und des Arbeitsmarktes, und zwar insbesondere in denjenigen, die mit hohem Einkommen, Einfluss und sozialem Ansehen verbunden sind, im Vergleich zu ihrem Anteil an der Bevölkerung signifikant unterrepräsentiert ist. Die ungleiche Verteilung begehrter Ämter und Positionen zwischen den Geschlechtergruppen deutet darauf hin, dass Frauen eine deutlich geringere Chance auf den Erhalt dieser allgemein begehrten Güter haben, dass sie, mit anderen Worten, diesbezüglich effektiv benachteiligt sind. Frauenquoten stellen Gruppenrechtsregelungen dar, die den Ausgleich dieser Benachteiligung beabsichtigen und eine gezielte Förderung von Frauen beinhalten. Im Rahmen der oben eingeführten Unterscheidung der beiden Gruppenrechtsmodelle sind Frauenquoten als *Sonderrechte* zu verstehen: Der durch die Quote rechtlich gesicherte vorrangige Anspruch auf einen Arbeitsplatz oder ein öffentliches Amt wird nicht der Gruppe der Frauen, sondern ihren individuellen Mitgliedern zugesprochen. Und diese werden nicht aufgrund persönlicher Merkmale bevorzugt, sondern mit Verweis auf ihre Zugehörigkeit zur (als benachteiligt geltenden) Gruppe der Frauen. Die Gruppenzugehörigkeit liefert hier also den Grund für die Gewährung eines Rechtsanspruchs, der damit allen vorenthalten bleibt, die nicht zur Gruppe gehören.

Eben darin besteht nun die wesentliche Problematik der Frauenquoten, die im eingangs geschilderten Rechtsstreit deutlich wird: Der Vergleich zwischen den *Geschlechtergruppen* führt zur Diagnose der Benachteiligung und legt aus Gründen effektiver Gleichstellung Bevorzugungsmaßnahmen nahe. Doch die Therapie der Benachteiligung wird auf der *individuellen Ebene* wirksam, nämlich in Form der Bevorzugung einer bestimmten Frau gegenüber einem bestimmten Mann, wobei auf den Nachweis individueller Benachteiligung allerdings verzichtet wird. Den ausschlaggebenden Grund für die durch das Sonderrecht vorgeschriebene Bevorzugung von Frau Glißmann liefert also letztlich allein ihre Geschlechts- bzw. Gruppenzugehörigkeit. Es ist diese Verbindung zwischen der Gruppenzugehörigkeit und der Rechtsträgerschaft von Individuen, die die Idee von Gruppenrechten als Sonderrechten kennzeichnet und sie aus Gründen, die noch zu erläutern sein werden, dem Vorwurf der Ungerechtigkeit aussetzt.

2. Der Fall der Amish People

Im Fall der Amish People gewährte der amerikanische Supreme Court einer religiösen Gemeinschaft eine Ausnahmeregelung von der gültigen Schulpflichtgesetzgebung: Im Unterschied zur überwiegenden Mehrzahl der amerikanischen Kinder sind Angehörige der Amish-Gemeinschaft nicht verpflichtet, über das vierzehnte Lebensjahr hinaus für mindestens zwei weitere Jahre eine öffentliche oder private Schule zu besuchen, und ihren Eltern ist es im Unterschied zu allen anderen amerikanischen Eltern erlaubt, ihre Kinder zu Hause zu erziehen und auszubilden. Das Gruppenrecht besteht hier also in der Befreiung einer bestimmten Gruppe von Personen von einer für alle anderen amerikanischen Bürger geltenden Rechtspflicht. Diese Ausnahmeregelung geht auf eine Klage einzelner Mitglieder der Amish zurück, die um den Fortbestand ihrer Gemeinschaft besorgt sind. Das Schulpflichtgesetz hindert die Jugendlichen an der Wahrnehmung ihrer religiösen Pflichten und der Teilnahme am Gemeinschaftsleben. Insofern stellt es nach Ansicht der Amish nicht nur einen ungerechtfertigten staatlichen Eingriff in deren verfassungsmäßig gesichertes Recht auf freie Religionsausübung dar, sondern beinhaltet vor allem eine massive Bedrohung für den Fortbestand der Amish-Gemeinschaft.

Indem nun das Gericht die Freistellung der Amish-Kinder von der Schulpflicht verfügt, verleiht es der Gemeinschaft mittelbar das Recht, ihre Mitglieder zum Verzicht auf eine staatliche Schulbildung zu verpflichten, um durch diese Maßnahme die Bewahrung der eigenen religiösen Traditionen zu sichern. Das Gruppenrecht zugunsten der Amish ist daher als *Kollektivrecht* zu verstehen, dessen Träger die Gemeinschaft der Amish und dessen Zweck die Sicherung ihres Fortbestands ist. Dabei wird durch die Gewährung dieses Gruppenrechtes nicht nur der Staat verpflichtet, die Religionsausübung der einzelnen Mitglieder

der Amish nicht zu stören. Vielmehr erlaubt das Kollektivrecht der Gemeinschaft darüber hinaus, ihre eigenen Mitglieder zum Verzicht auf eine höhere staatliche Schulbildung und so zur Bewahrung der eigenen Traditionen zu verpflichten. In diesem Sinne verleiht es der Gemeinschaft der Amish Macht über ihre eigenen Angehörigen, und eben darin besteht die moralische Problematik von Kollektivrechten: Die Rechte, mit denen das Kollektiv ausgestattet wird, schützen die Gruppe nicht nur vor dem Druck der sie umgebenden Gesellschaft bzw. des Staates, sondern übereignen ihr zugleich die Mittel, um sich gegen Abweichler in den eigenen Reihen zur Wehr zu setzen. Die Rechte des Kollektivs schränken auf diese Weise mindestens potentiell die Freiheit seiner Mitglieder ein. Im Bemühen um den Fortbestand der Amish-Traditionen nimmt der Gesetzgeber in Kauf, dass die Rechte der zur Gemeinschaft gehörenden Kinder, im Rahmen einer entsprechenden Schulausbildung Kenntnisse über alternative Lebenswege und Lebensweisen zu erwerben, eingeschränkt werden. Der Schutz des Fortbestands der Gemeinschaft wird in diesem Fall dem Schutz individueller Freiheit vorgeordnet:

„Dieser Typ von Gruppenrechten beinhaltet die Gefahr der Unterdrückung von Individuen. Im Namen von Gruppensolidarität kann die individuelle Freiheit eingeschränkt werden. Kritiker derartiger Gemeinschaftsrechte verweisen oft auf theokratische und patriarchale Kulturen, in denen Frauen unterdrückt und eine religiöse Orthodoxie durchgesetzt wird, um zu verdeutlichen, was geschehen kann, wenn den angeblichen Rechten einer Gemeinschaft Vorrang vor denen der Individuen eingeräumt wird." (Kymlicka 1994, 19)

3. Die Kopftuchdebatte

Auch im Streit um das Kopftuch geht es um ein Gruppenrecht. Eine muslimische Lehrerin, die aus religiösen Gründen nicht darauf verzichten will, im Unterricht ein Kopftuch zu tragen, klagt gegen ihre Nicht-Zulassung zum staatlichen Schuldienst. Diese war seitens der Schulbehörde mit Verweis auf das so genannte Neutralitätsgebot begründet worden, demzufolge alle Bediensteten des Staates verpflichtet sind, in Ausübung ihres Dienstes auf die Präsentation religiöser, weltanschaulicher oder politischer Symbole zu verzichten. Staatliche Einrichtungen müssen nach liberaler Auffassung frei sein von jedem diesbezüglichen Bekenntnis. Der liberale Staat und seine Vertreter haben sich jeder politischen, religiösen oder weltanschaulichen Beeinflussung der Bürger zu enthalten.[4] Frau Ludin sieht sich durch diese Regelung gegenüber ihren nichtmuslimischen Kolleginnen benachteiligt und als Muslima diskriminiert, denn die Neutralitätspflicht verlangt von ihr und allen anderen Muslima das Ablegen des Kopftuchs, das aus ihrer Perspektive einer nicht zumutbaren Verleugnung ihrer religiösen Identität gleichkommt. Mit ihrer Klage beantragt sie daher eine Ausnahmeregel vom Neutralitätsgebot, die es muslimischen Lehrerinnen erlaubt, mit Kopftuch zu unterrichten. Auch in diesem Fall besteht das geforderte Gruppenrecht, ganz ähnlich wie im Fall der Amish People, in der Freistellung von einer für alle anderen geltenden, durch das Neutralitätsgebot begründeten Rechtspflicht. Doch im Gegensatz zum Amish-Gesetz handelt es sich hier nicht um ein Kollektiv-, sondern um ein *Sonderrecht*. Die beantragte Ausnahmeregelung befreit jede einzelne muslimische Lehrerin von der Neutralitätspflicht, und sie wird mit Verweis auf die Religions-, d.h. Gruppenzugehörigkeit der Betroffenen und die daraus resultierenden gruppenspezifischen Interessen und Bedürfnisse einzelner Individuen begründet. Es geht hier nicht um den Schutz der islamischen Glaubensgemeinschaft als eines Kollektivs, sondern um die Anerkennung und Berücksichtigung der (religiösen) Identität ihrer einzelnen Mitglieder.

Im nach wie vor andauernden Rechtsstreit um das Kopftuch in staatlichen Schulen wird um vieles gestritten.[5] Soweit es die spezifisch moralische Problematik der Kopftuchregelung als eines Gruppenrechtes betrifft, steht dabei auch hier die Frage im Zentrum, ob die Religions-, d.h. die Gruppenzugehörigkeit einer Person einen ausschlaggebenden Grund dafür darstellen darf, sie in rechtlicher Hinsicht anders zu behandeln als andere Personen. Im Kopftuchfall hat diese Frage jedoch noch einen anderen Akzent als im Quotenstreit: Hier zielt das Sonderrecht nicht wie im Fall der Quote auf die *Beseitigung einer sozialen Ungleichheit,* sondern intendiert die ausdrückliche Anerkennung und Berücksichtigung, also die *Bewahrung einer kulturellen Differenz.* Umstritten ist in diesem Fall insbesondere, ob der Schutz der differenten kulturellen Identitäten der Bürger überhaupt zu den Pflichten oder auch nur den legitimen Aufgaben eines Staates gehört.

Die Unterscheidung zwischen Kollektiv- und Sonderrechten, wie sie am Beispiel der Prologfälle deutlich wird, ist für die Frage nach der Legitimität von Gruppenrechten von maßgeblicher Bedeutung, denn beide Modelle sind mit ganz unterschiedlichen Einwänden konfrontiert. Diese wurzeln gleichwohl im selben normativen Boden. Was Gruppenrechte so strittig macht, ist die Tatsache, dass sie, wenn auch aus unterschiedlichen Gründen und in verschiedener Hinsicht, allgemein geteilten Gerechtigkeitsintuitionen widersprechen: Sowohl die Gewährung von *Sonderrechten für Minderheitsangehörige* als auch die Einrichtung von *Kollektivrechten für Minderheitsgemeinschaften* scheint *prima facie* unvereinbar mit jener neuzeitlichen Gerechtigkeitskonzeption, die sich wesentlich dem Gleichheitsgedanken verpflichtet fühlt und das Individuum ins Zentrum der moralischen und rechtlichen Berücksichtigung stellt. In den Verfassungen liberaler Rechtsstaaten kommt diese individualistische und egalitäre Grundorientierung des neuzeitlichen Gerechtigkeitsbegriffs deutlich zum Ausdruck, wenn es heißt: „Alle Menschen sind vor dem Gesetz gleich. Männer und Frauen sind gleichberechtigt. Niemand darf wegen seines Geschlechtes, seiner Abstammung, seiner Rasse, seiner Sprache, seiner Heimat und Herkunft, seines Glaubens, seiner religiösen und politischen Anschauungen benachteiligt *oder bevorzugt* [Hervorhebung S.B.] werden." (GG Art.3, Abs.1-3) Vor diesem Hintergrund hat die Forderung nach Gruppenrechten einen gewissermaßen unzeitgemäßen Beiklang. Man möchte meinen, dass die Zeiten, in denen ausgerechnet Geschlecht, Religion, „Rasse", Abstammung oder Weltanschauung einer Person mit Blick auf die ihr zukommende rechtliche Anerkennung eine Rolle spielten, zu Beginn des 21. Jahrhunderts in den liberalen Demokratien des Westens endlich und endgültig der Vergangenheit angehören. Mit ihnen scheint auch die Auffassung überwunden, dass die Gesellschaft einen in an sich schutzwürdige kollektive Einheiten, in verschiedene Stände, Klassen, Gruppen gegliederten Organismus darstellt, in dem der Einzelne schlimmstenfalls nichts und „sein Volk (seine Zunft, seine Familie, seine Kirche, sein Stand, seine Partei) alles" ist. Die Forderung nach Gruppenrechten erscheint daher wie ein Rückfall in jene keineswegs mittelalterlichen, aber aus heutiger Perspektive durchaus finsteren Epochen, in denen der Blick auf die grundlegende Gleichheit aller Menschen und ihre Gleichberechtigung als Bürger eines Staates von der normativen Betonung der „natürlichen" Unter-

schiede zwischen den Individuen überlagert und durch die politische
Konzentration auf Kollektive verstellt wurde. Die liberale Rechtsauffassung, die sich demgegenüber in den vergangenen zwei Jahrhunderten in der westlichen Welt in gezielter Abgrenzung von jeder Form des Ständerechts und den damit verbundenen Ungerechtigkeiten nur langsam durchgesetzt hat, stützt sich auf drei moralische Grundpfeiler: die Überzeugung, dass im Zentrum moralischer Berücksichtigung das menschliche Individuum steht und dass demzufolge eine gerechte Rechtsordnung letztlich dem Wohlergehen der Individuen dienen muss, die von ihr umfasst sind *(Individualismus)*, dass diese Individuen in moralisch grundlegender Hinsicht gleich und daher formal gleich zu behandeln sind *(Egalitarismus)* und dass darum das Recht keine willkürlichen Unterschiede zwischen ihnen machen darf, sondern die Interessen aller betroffenen Bürger aus einer unparteilichen, von individuellen Besonderheiten abstrahierenden Perspektive zu berücksichtigen und zu gewichten hat *(Universalismus)*. Diese Grundüberzeugungen kommen in der liberalen Konzeption der gleichen universellen Grundrechte für alle Individuen zum Ausdruck, deren ideengeschichtliche Wurzeln bis ins 17. Jahrhundert zurückreichen und an deren Umsetzung, ihrer nicht bloß formalen, sondern faktischen Geltung es dennoch bis heute allerorten mangelt. Von der „Schaffung einer Welt, in der den Menschen, frei von Furcht und Not, Rede- und Glaubensfreiheit zuteil wird", die in der Allgemeinen Menschenrechtserklärung als „das höchste Bestreben der Menschheit verkündet worden ist", sind die Staaten dieser Welt nach wie vor mehr oder weniger weit entfernt. Noch immer liegen die Menschen in Ketten, die ihre Freiheit und ihr Wohlergehen behindern. Diese Ketten zu sprengen, ist letztlich das explosive Ziel der in ihrer Geltung *individuellen,* in ihrer Anwendung *egalitären* und in ihrer Begründung *universellen* Grundrechte. Aus der Verpflichtung auf diese Rechte beziehen moderne Verfassungsstaaten liberaler Prägung ihre politische und moralische Legitimität. Diese bemisst sich nicht zuletzt an der Fähigkeit des Staates, dafür zu sorgen, dass jedes Individuum unabhängig von, ja wenn man so will, *trotz* seiner verschiedenen Gruppenzugehörigkeiten als Staatsbürger die gleichen Rechte hat und dass niemand aufgrund von Eigenschaften, für die er oder sie nichts kann, in der Gesellschaft schlechtere (oder bessere!) Chancen hat als andere.

Vor dem Hintergrund dieser im Folgenden so genannten liberalen Individualrechtskonzeption wird die Problematik von Gruppenrechten schnell ersichtlich: Als Kollektivrechte dienen sie nicht vorrangig der Berücksichtigung individueller Interessen, sondern dem Schutz von Kollektiven. Als Sonderrechte betonen sie nicht die formale Gleichheit aller, sondern die normative Bedeutung der Differenz. In beiden Versionen laufen sie auf rechtliche Ungleichbehandlungen (von Gruppen oder von Individuen) hinaus. Gruppenrechte sind also tendenziell *anti-individualistisch* und/oder *anti-universalistisch* und *anti-egalitär.*

Die Gruppenrechtsbefürworter befinden sich demnach in kritischer Opposition zum Geist der modernen Auffassung von Recht und Gerechtigkeit, doch ihre Kritik richtet sich nicht gegen deren normative Zielsetzung. Sie resultiert vielmehr aus der Überzeugung, dass die liberale Individualrechtskonzeption unter den Bedingungen moderner pluralistischer Gesellschaften ihren eigenen moralischen Ansprüchen nicht genügen und eben das nicht gewährleisten kann, was sie verspricht und wodurch sie moralisch legitimiert ist: die Sicherung der friedlichen Koexistenz der Bürgerinnen und Bürger, die Garantie ihrer gleichen Anerkennung und Freiheit, ihrer gleichen Möglichkeit, innerhalb der rechtlich gesetzten Grenzen ihr Leben weitgehend ungehindert und frei von Furcht und Not nach ihren eigenen Vorstellungen zu gestalten. Diese Überzeugung entspringt der Beobachtung, dass es auch in liberalen Gesellschaften, in denen gleiches Recht für alle gilt und jeder die gleiche Möglichkeit haben sollte, nach seiner Façon selig zu werden, benachteiligte Minderheiten gibt. Auch hier ist der Fortbestand bestimmter kultureller oder religiöser Gruppen gefährdet, sind einige Lebensweisen effektiv stärker sanktioniert als andere. Diese Tatsache steht nach Ansicht der Gruppenrechtsbefürworter in einem direkten Zusammenhang mit der individualistischen, formal egalitären und universalistischen Struktur der liberalen Rechts- und Gerechtigkeitskonzeption: Weil sich die liberale Theorie der Gesellschaft infolge ihrer vertragstheoretischen Grundlagen ausschließlich auf das Individuum (als Interessenträger) konzentriere und die soziale Natur des Menschen, die Bedeutung sozialer Gruppen für die Entstehung seiner Interessen, für die Identität der Einzelnen und ihre Vorstellung vom „guten Leben" ignoriere; weil sie Fragen politischer Gerechtigkeit ausschließlich im Verhältnis zwischen Individuum und Staat verorte und soziale Gruppen lediglich als eine Art freiwilliger Verbände begreife, deren Wert sich in dem Nutzen erschöpft, den die Individuen aus ihnen ziehen; weil sie vor dem Hintergrund des Gleichheitsgedankens von den real existierenden Personen solange abstrahiere, bis nur noch substanzlose, aneinander desinteressierte Vertragspartner übrig blieben, zwischen denen keine signifikanten Differenzen mehr erkennbar seien, und weil sie auf diese Weise ein Bild von Gesellschaft zeichne, das den Verhältnissen in modernen pluralistischen Staaten nicht entspreche, erweise sich das Modell der gleichen universellen Individualrechte, das in diese Theorie eingebettet ist, in der gesellschaftlichen Wirklichkeit gegenüber den bestehenden Problemen als theoretisch unangemessen und praktisch kontraproduktiv.

In der vorliegenden Arbeit wird untersucht, inwiefern diese Kritik berechtigt ist und die aus ihr erwachsende Forderung nach Minderheitenrechten überzeugen kann. Der eigentlichen Diskussion der Gruppenrechtsproblematik ist dabei ein einführender Teil vorangestellt (Kap. II), in dem die Struktur, Begründung und Funktion von Rechten dargestellt und erläutert wird. Erst wenn klar ist, was Rechte eigentlich sind, als was sie fungieren und wie sie moralisch begründet werden, wird verständlich, warum die betroffenen Gruppen Rechte fordern, worauf genau ihre Forderungen zielen und inwiefern diese aus moralischer Perspektive problematisch sind. Zugleich soll mithilfe der Ausführungen zum Begriff der Rechte verdeutlicht werden, welche Voraussetzungen, das heißt welche notwendigen (wenn auch noch nicht hinreichenden) Bedingungen erfüllt sein müssen, damit ein Rechtsanspruch als moralisch begründet und in diesem Sinne als legitim gelten kann. Im Zentrum der Untersuchung steht dann die Frage, ob die Einrichtung von Gruppenrechten zugunsten der genannten Minderheiten moralisch gerechtfertigt werden kann. Aus der unterschiedlichen politischen Veranlassung und normativen Problematik von Kollektivrechten einerseits und Sonderrechten andererseits ergibt sich die Notwendigkeit einer Differenzierung dieser Problemstellung entsprechend der oben vorgenommenen Unterscheidung der beiden Modelle. Kollektivrechte und Sonderrechte müssen separat betrachtet und beurteilt werden. Darüber hinaus erweist sich eine typologisierende Unterscheidung der von der Diskussion betroffenen Gruppen als unverzichtbar (Kap. III). Der Begriff der sozialen Gruppe ist zu vage, um ein angemessenes Verständnis und eine präzise Beurteilung von Gruppenrechtsforderungen zu ermöglichen. Tatsächlich spielen die Unterschiede, die zwischen der Gruppe der Frauen und der Gemeinschaft der Amish bestehen, bei der Prüfung der jeweiligen Rechtsansprüche eine entscheidende Rolle. Vor dem Hintergrund dieser Differenzierungen wird schließlich die Problematik der Kollektivrechte (Kap. IV) und endlich die der Sonderrechte (Kap. V) dargestellt, diskutiert und (in Ansätzen) entschieden.

Bezüglich der Möglichkeiten einer moralischen Begründung der beiden Versionen von Gruppenrechten werde ich letztlich zu unterschiedlichen Ergebnissen kommen: Während sich die Einrichtung von Kollektivrechten zugunsten ethnischer, religiöser, kultureller etc. Minderheitsgemeinschaften nur unter Bedingungen moralisch rechtfertigen lässt, die in nahezu allen einschlägigen Fällen von Gruppenrechtsforderungen nicht erfüllt sind, ist die Gewährung von Sonderrechten zugunsten ganz bestimmter Gruppen nicht nur moralisch erlaubt, sondern moralisch geboten.

Dabei ist zu beachten, dass es bei der Frage nach den Gruppenrechten, so wie sie hier verstanden und untersucht wird, letztlich um juridische und nicht um moralische Rechte geht. Zwischen beiden Begriffen bestehen wesentliche Unterschiede, und zwar sowohl mit Blick auf den Kontext ihrer Verwendung als auch hinsichtlich der Bedingungen, Bereiche und Konsequenzen ihrer Geltung. In der Debatte um Gruppenrechte sorgt die mangelnde Unterscheidung zwischen diesen beiden Rechtebegriffen für reichlich Verwirrung.[7] Viele Autoren verstehen die Problematik der moralischen Begründung von Gruppenrechten als Frage nach den moralischen Rechten von Gruppen.[8] Ich schließe mich diesem Verständnis im Folgenden nicht an, da es meiner Ansicht nach einen wesentlichen Teil der Gruppenrechtsproblematik ausblendet und damit verfehlt. Selbst wenn gezeigt werden kann, dass sich in sinnvoller Weise von moralischen (Gruppen-)Rechten sprechen lässt, wäre damit noch nicht entschieden, ob die entsprechenden Minderheiten jene institutionell gesicherten, einklag- und erzwingbaren Rechte haben sollten, die sie ihrer Ansicht nach benötigen, um innerhalb einer plurikulturellen liberalen Gesellschaft ihre Interessen befriedigen und ihre Fortexistenz sichern zu können.[9] Die Amish, Herr Kalanke und Frau Ludin klagen ihre Ansprüche nicht umsonst vor Gericht ein. Keinem von ihnen wäre gedient, wenn ihre Klage abgewiesen, in der Urteilsbegründung jedoch darauf hingewiesen würde, dass sie zwar ein entsprechendes moralisches Recht haben, dass dessen Durchsetzung jedoch bedauerlicherweise nicht in den Zuständigkeitsbereich des Gerichts (bzw. der entsprechenden Organe der Exekutive) fällt. Wenn im

Folgenden nach der moralischen Begründbarkeit von juridischen Gruppenrechten gefragt wird, soll damit also der Tatsache Rechnung getragen werden, dass es diese Rechte sind, für und um die die betroffenen Gruppen kämpfen.

---

1 Vgl. Linneweber-Lammerskitten 1998, S.21.

2 Vgl. zum Problem der Autonomierechte nationaler Minderheiten Barry 1989; Binder 1993; Brilmayer 1991; Buchanan 1991; Bucheit 1978; Gauthier 1994; Graff 1994; Hannum 1989; Howse/Knop 1993; Philpott 1995; Walzer 1992.

3 Quotenregelungen gibt es nicht nur zugunsten von Frauen. Sie sind seit langem auch in der Bundesrepublik Bestandteil des geltenden Rechts und finden sich etwa im Hochschulrahmengesetz, wo „[g]emäß §32 Abs.1 und 2 (...) bis zu 3/10 der Studienplätze sozialen Härtefällen, Ausländern etc. vorbehalten" (Slupik 1988, S.120) sind. Das Schwerbehindertengesetz verpflichtet private und öffentliche Arbeitgeber dazu, „mindestens 6% der Arbeitsplätze an Schwerbehinderte zu vergeben (...). Auch §11a ArbplSchG bestimmt, dass, wenn sich ein Soldat oder ein entlassener Soldat bis zum Ablauf von sechs Monaten nach Beendigung des Grundwehrdienstes um Einstellung in den öffentlichen Dienst bewirbt, er Vorrang vor anderen Bewerber(inne)n gleicher Eignung hat." (Slupik 1988, S.120) Daneben wirken in verschiedenen Bereichen des öffentlichen Dienstes sowie in manchen Branchen der Privatwirtschaft, die von Frauen bevorzugt werden, eine ganze Reihe informeller Männerquoten (Eckertz-Höfer 1987, S.476, Fn. 164. Mit weiteren Beispielen: Renger 1977, S.76-82; Däubler-Gmelin/Pfarr/Weg 1985, S.86f, Fn. 162; Langkau-Hermann 1983, S.90ff). Keine dieser Regelungen hat jedoch bisher zu solch kontroversen Auseinandersetzungen geführt, wie dies bei ihrer Anwendung zugunsten der Frauen der Fall ist.

4 Vgl. zum liberalen Neutralitätsverständnis Tamir 1993, S.141.

5 Anfang Juli 2002 hat in dritter Instanz das Bundesverwaltungsgericht des Landes Baden-Württemberg Frau Ludins Klage abgewiesen.

6 Vgl. dazu die Präambel zur Allgemeinen Erklärung der Menschenrechte, die am 10.12.1948 durch die Generalversammlung der Vereinten Nationen in Paris verabschiedet worden ist.

7 Vgl. dazu Hartney 1995, S.210. Zur Unterscheidung von moralischen und juridischen Rechten siehe auch Tugendhat 1995, Kap. 17; Sumner 1987; Mohr 1996; Kantorowicz 1957.

8 So z.B. Van Dyke 1976/77, S.344. Ganz ähnlich: Olsen 1984, S.390f; Tomasi 1991, S.521 und 524; Green 1991, S.318; Garet 1983.

9 „Rechtsordnungen verfügen über Institutionen, die über das Verhängen von Sanktionen und durch den Einsatz von institutionell organisiertem Zwang die wirksame Durchsetzung von Rechtsnormen garantieren.

Rechtsnormen sind, neben Gewohnheitsrechten, weitgehend gesetzte Regeln, d.h. Gesetze und Verordnungen (Rechtssätze, Rechtsvorschriften). Die Positivierung des Rechts (...) ist wesentliche Voraussetzung für Einklagbarkeit und Rechtssicherheit. (...) Erzeugt werden Rechtsnormen in geregelten Verfahren von dazu autorisierten Instanzen. Die Normerzeugungsprozeduren sind ihrerseits gesetzlich und verfassungsrechtlich geregelt. Dasselbe gilt für die Einsetzung, die Festlegung der Zuständigkeit und das Tätigwerden der Instanzen." (Mohr 1996, S.42)

II. Die Struktur, Begründung und Funktion von Rechten

> *„Rechte stehen im Begriff, zur international aner-*
> *kannten Währung in moralischen und insbesondere*
> *politischen Auseinandersetzungen zu werden. (...)*
> *Die Eskalation der Rechte-Rhetorik ist wie das Wett-*
> *rüsten außer Kontrolle geraten. (...) Es gibt*
> *praktisch keinen Bereich öffentlicher Kontroversen,*
> *in dem nicht zumindest eine Seite Rechte geltend*
> *macht – und gewöhnlich tun dies beide. "*
> *(Sumner 1987, vii, 1)*

Die Geschichte des Rechts und der Rechte ist die Geschichte einer Expansion. Im Laufe der letzten Jahrhunderte hat sich in den meisten Staaten der Welt nicht nur die rechtliche Regelungssphäre und mit ihr der Bereich möglicher Rechtsgegenstände entscheidend ausgedehnt, sind die negativen Freiheitsrechte sukzessive durch politische Teilnahmerechte und schließlich durch soziale Wohlfahrtsrechte ergänzt worden. Auch der einst höchst exklusive Kreis von Rechtsinhabern ist für ehemals Außenstehende geöffnet und deutlich erweitert worden.[1] Das Recht hat im Zuge dieser Entwicklung an materialen Gehalten hinzugewonnen, insofern „zunehmend auch die Unterschiede in den individuellen Chancen zur Realisierung der sozial garantierten Freiheiten rechtlich Berücksichtigung finden." (Honneth 1994, 191) Und es ist in dem Sinne universalisiert worden, „dass einem wachsenden Kreis von bislang ausgeschlossenen oder benachteiligten Gruppen die gleichen Rechte wie allen anderen Mitgliedern der Gesellschaft zuerkannt werden." (Honneth 1994, 191) Diese Entwicklung steht in Zusammenhang mit einem historischen Wandel in der normativen Funktionsbestimmung von Rechten. Von ihr hängt nicht nur ab, was rechtlich geschützt werden sollte, sondern auch, wen man als Rechtsinhaber betrachten kann und betrachten muss, welche Eigenschaften und Fähigkeiten es sind, bezüglich derer „die Subjekte sich wechselseitig achten, wenn sie sich als Rechtspersonen anerkennen." (Honneth 1994, 184) Die Expansionsgeschichte der Rechtsidee hat in der politischen Kultur moderner Verfassungsstaaten liberaler Prägung deutliche Spuren hinterlassen. Gesellschaftspolitische Debatten werden hier überwiegend in der Sprache von Rechten geführt und politische oder weltanschauliche Überzeugungen sowie die mit ihnen verbundenen Forderungen nahezu routinemäßig in Form von Rechtsansprüchen formuliert. Die diesbezüglichen Kontroversen reduzieren sich zunehmend auf Rechtsstreitigkeiten, die denn auch immer häufiger statt im Parlament letztlich vor den Verfassungsgerichten ausgetragen und entschieden werden. Vor dem Hintergrund dieser inflationären Beanspruchung der Rechtsidee kann es kaum überraschen, dass der Verweis auf Rechte zunehmend an argumentativem Wert verliert und der Begriff der Rechte selbst einen Großteil seiner Klarheit und Bezeichnungskraft eingebüßt hat.[2] Auch die Debatte um Gruppenrechte leidet unter derartigen Inflationseffekten. Wenn von allen Seiten in verschiedensten Kontexten zu den unterschiedlichsten Zwecken Rechte behauptet oder gefordert werden, fällt es zunehmend schwer, zwischen diesbezüglich berechtigten und unberechtigten Ansprüchen zu unterscheiden. Um die Gruppenrechtsforderungen verstehen und prüfen und schließlich beurteilen zu können, wer aus welchen Gründen welche Rechte haben sollte, ist es daher zunächst erforderlich, die verwirrende Vielfalt der Rede von Rechten zu durchleuchten und die grundlegenden Strukturen des Rechtebegriffs freizulegen. Diesem Zweck dient das nun folgende Kapitel.

Die hier vorgenommene Begriffsgrundlegung erhebt jedoch nicht den Anspruch, eine vollständige Rechtstheorie zu skizzieren oder auch nur allen in diesem Bereich notwendigen Differenzierungen gerecht zu werden. Sie beinhaltet im Gegenteil eine explizite Reduktion, besser: eine Zuspitzung des Rechtebegriffs auf eine bestimmte Eigenschaft von Rechten, die zum Ausdruck kommt, wenn wir von „Rechten auf etwas" (Alexy 1986, 171) sprechen. Derartige Rechte begründen, wie im Folgenden zu sehen sein wird, Ansprüche von Individuen auf bestimmte Handlungen oder Handlungsunterlassungen seitens anderer Personen oder Institutionen, und sie zeichnen sich unter anderem dadurch aus, dass sie unmittelbar mit Pflichten verbunden sind. (Alexy 1986, 186) Wo von einem „Recht auf etwas" die Rede ist, besteht immer eine entsprechende „Pflicht zu etwas".

Diese im Folgenden in den Vordergrund rückende direkte Beziehung zwischen Rechten und Pflichten betrifft jedoch nicht alle Rechte. Tatsächlich gibt es Rechte, an die als solche keinerlei Pflichten geknüpft sind und die erst durch ihre Verbindung mit anderen Rechten – mit „Rechten auf etwas" – Pflichten mit sich führen. So nimmt etwa Alexy anknüpfend an diesbezüglich klassische Unterscheidungen in der Rechtstheorie[3] auf einer analytischen Ebene „eine Dreiteilung der als ‚Rechte' zu bezeichnenden Positionen in (1) Rechte auf etwas, (2) Freiheiten und (3) Kompetenzen" (Alexy 1986, 171) vor. Während „Rechte auf etwas" Ansprüche einer Person gegenüber anderen Personen oder Institutionen auf eine bestimmte Handlung oder Handlungsunterlassung beinhalten, dienen „Freiheiten" vorrangig der Sicherung von Handlungsalternativen und der Beseitigung unterschiedlicher Arten von Handlungshindernissen, wohingegen Kompetenzen ein Individuum in die Lage versetzen, durch eine Handlung (z.B. eine Eheschließung) die rechtliche Position, in der es selbst und/oder ein anderer sich befindet, zu verändern. So stellt etwa das Recht auf das Schließen von Verträgen in diesem Sinne eine Kompetenz dar, denn ein Vertragsschluss beinhaltet die Setzung von Normen, denen die Vertragsschließenden fortan unterliegen und die ohne die Handlung des Vertragsschlusses nicht gelten würden.[4] Die Verbindung zwischen Rechten und Pflichten ist unterschiedlich eng bzw. unmittelbar, je nachdem ob ein Recht vornehmlich einen Anspruch begründet, eine Freiheit sichert oder eine Kompetenz zuschreibt.[5] Während jedem „Recht auf etwas" eine (inhaltsgleiche) Pflicht entspricht (Alexy 1986, 186), sind Freiheiten und Kompetenzen nicht in vergleichbar direkter Weise an Pflichten geknüpft. Eine Verbindung zwischen den entsprechenden Rechten und – wenn auch nicht notwendigerweise inhaltsgleichen – Pflichten besteht jedoch auch hier, und zwar insofern als sowohl Freiheiten als auch Kompetenzen in eine zwangsbewehrte Rechtsordnung eingebettet und häufig ihrerseits an ein Bündel von „Rechten auf etwas" geknüpft sind.[6]

Die Trennung zwischen „Rechten auf etwas", Freiheiten und Kompetenzen erfolgt, wie gesagt, auf der analytischen Ebene. In der Praxis stellen Rechte – zumal sie innerhalb des Rechtssystems miteinander verknüpft sind – eine Mischung dieser unterschiedlichen „Positionen" dar.[7] Rechte sind insofern komplexe Phänomene, die unterschiedliche Kombinationen von Ansprüchen, Freiheiten und Kompetenzen umfas-

sen. Wenn im Folgenden bei der Analyse des Rechtebegriffs die Verbindung von Rechten und Pflichten in den Vordergrund gerückt wird,
beinhaltet diese Darstellung insofern eine Verkürzung der Betrachtungsweise auf einen bestimmten und nicht in jedem Fall in gleicher
Weise vorrangigen Aspekt von Rechten. Diese Vorgehensweise erscheint mir nichtsdestotrotz insofern zulässig, als im Rahmen der
Gruppenrechtsdebatte entsprechende Ansprüche, d.h. „Rechte auf
etwas" im Zentrum der Aufmerksamkeit stehen, die zweitens nicht zuletzt aufgrund der aus ihnen resultierenden Pflichten so umstritten
sind. Auch wenn „Rechte auf etwas" nur einen Teil des Spektrums
möglicher Rechte abdecken, erfassen sie den Großteil der geforderten
Gruppenrechte, denn diese sind als Rechte zu verstehen, die sich an
jemanden richten, einen konkreten Gegenstand haben und in einem
direkten, noch näher zu erläuternden Zusammenhang zu bestimmten
Handlungspflichten stehen. Im Verlauf der Untersuchung wird deutlich
werden, dass und inwiefern dieser Umstand zu jener besonderen Problematik führt, mit der sich die moralische Begründung von Gruppenrechten konfrontiert sieht.

1. Rechte als „duty-creating properties"

> *„Ein Recht zu haben lässt sich letztlich darauf
> reduzieren, was andere tun oder nicht tun sollen."*
> *(Thomson 1993, 159)*

Auf der Suche nach dem Wesen von Rechten ist eine erste notwendige
Differenzierung die Unterscheidung zwischen *dem Recht* (law) und
einzelnen Rechten (rights). *Das Recht* lässt sich aus funktionaler Perspektive als ein soziales Regelsystem beschreiben ähnlich dem Regel-
werk eines Spiels: Es steuert und reguliert das Verhalten von Individuen und Institutionen innerhalb der Rechtsgemeinschaft und ermöglicht so, dass „Menschen in solchen Gemeinschaften ihr Handeln
vorhersehbar, verlässlich und gemeinverträglich (...) nach Regeln
aufeinander einstellen, die ihnen sagen, wie man sich in bestimmten
Situationen zu verhalten hat." (Zippelius 1997, 13f) Indem es auf diese Weise stabile Verhaltenserwartungen ermöglicht, dient das Recht
dem Zweck der friedlichen und erfolgreichen Koexistenz von Individuen innerhalb eines sozialen Verbandes. Denn zur Sicherung ihrer

Subsistenz, zur Verwirklichung ihrer divergierenden Ziele und zur Befriedigung ihrer aktuell oder potentiell konfligierenden Interessen sind die Individuen auf Kooperation angewiesen, und diese ist erfahrungsgemäß nur vor dem Hintergrund allgemein bekannter, verbindlicher und sanktionsfähiger Verhaltensregeln möglich und erfolgreich. Im Recht, genauer in den verschiedenen Rechtscodices sind diese Regeln in Form von Geboten und Verboten formuliert.[8] Erstere beschreiben, was getan werden muss, letztere kennzeichnen, was nicht getan werden darf. Daneben enthält das Rechtssystem explizite Erlaubnisse, die auf einer den einzelnen Rechtsnormen übergeordneten Ebene festlegen, was weder verboten noch geboten werden darf.[9] Sowohl Gebote als auch Verbote begrenzen die Hinsichten, bezüglich derer die Individuen autonom und frei entscheiden können, was sie tun wollen. Sie legen dem Handeln der Gesellschaftsmitglieder also Beschränkungen auf. Das Recht ist insofern als ein *restriktives* soziales Regelsystem aufzufassen, dessen grundlegende Bausteine die einzelnen Rechte darstellen. Als regelhafte Normen dienen sie der Verhaltenssteuerung und Handlungsorientierung von Individuen und Institutionen innerhalb einer Rechtsgemeinschaft.

Die Restriktionsfunktion des Rechtssystems ergibt sich dabei aus der Tatsache, dass es, indem es Rechte verankert, zugleich Pflichten begründet, die den Handlungsmöglichkeiten einzelner Individuen und den Verfahrensweisen sozialer Institutionen normative Grenzen setzen. Die Rechte des einen limitieren den Bereich dessen, was andere tun und unterlassen dürfen. Aus der Perspektive des jeweiligen Rechtsinhabers betrachtet eröffnen diese Grenzen jedoch zugleich einen Raum gesicherter Freiheit.

„In einer Gemeinschaft geht die Freiheit des einen regelmäßig auf Kosten der Freiheit anderer. Oder wie Abraham Lincoln es mit einem berühmten Beispiel sagte: Die Freiheit des Sklavenhalters ist die Unfreiheit der Sklaven. Es geht auf Kosten von deren Freiheit, wenn einem Sklavenhalter die Verfügung über sie freigestellt wird und ihnen geboten wird, sich dem zu fügen. Die Freiheit ist also ‚wechselbezüglich'. (...) Kant meinte, es sei geradezu dem Begriff nach die Funktion des Rechts, Freiheiten der einzelnen gegeneinander abzugrenzen: Das Recht sei 'die Einschränkung der Freiheit eines jeden auf die Bedingung ihrer Zusammenstimmung mit der Freiheit von jedermann, insofern diese nach einem allgemeinen Gesetze möglich ist' [1793, Abschnitt II].“ (Zippelius 1997, 35f)

Rechte befinden sich ihrem Wesen, besser: ihrer Form und Struktur nach daher immer im Spannungsfeld von Freiheitsbegrenzung und Freiheitsermöglichung.[10] Als „duty-creating properties" haben sie zugleich freiheitslimitierende und freiheitsstiftende Züge.

1.1 Negative und positive Rechte

Wo immer von Rechten gesprochen wird, ist also früher oder später auch von Pflichten die Rede. Diese können nun, je nachdem durch welches Recht sie begründet sind, ganz unterschiedlich aussehen. Eine diesbezüglich grundlegende Unterscheidung ist die zwischen negativen und positiven[11] Rechten:

„Ein ‚negatives' Recht ist ein Recht, das anderen nur negative Pflichten auferlegt, nämlich Pflichten, verschiedene Dinge zu unterlassen. Negative Rechte implizieren insbesondere Pflichten, den Rechtsinhaber nicht daran zu hindern, das zu tun, wozu er ein Recht hat, oder mit seinem Eigentum zu machen, wozu er berechtigt ist. Im Gegensatz dazu ist ein ‚positives' Recht eines, das positive Pflichten impliziert, also Pflichten, etwas zu tun und nicht lediglich etwas zu unterlassen. Dabei handelt es sich in der Regel um Hilfspflichten gegenüber dem jeweiligen Rechtsinhaber, vorausgesetzt, dass dieser die in Frage stehende Hilfe zum einen will und zum anderen in einem gewissen Sinn tatsächlich braucht." (Narveson 1991, 336)

Als negative Rechte bezeichnet man die so genannten Freiheits- oder auch Schutzrechte. Sie begründen negative Pflichten, und gemeint sind damit Pflichten, etwas Bestimmtes *nicht* zu tun. Die Verpflichteten haben den jeweiligen Rechtsinhaber in der durch das Recht gekennzeichneten Hinsicht in Ruhe zu lassen. Negative Rechte gewährleisten auf diese Weise die Freiheit ihrer Träger – daher werden sie auch Freiheitsrechte genannt. Und weil sie die freie, d.h. ungehinderte Ausübung bestimmter Handlungen, den ungestörten oder unbeschränkten Genuss bestimmter Gegenstände schützen, werden sie auch als *Schutzrechte* bezeichnet. Zu den negativen Rechten werden üblicherweise die klassischen Freiheitsrechte gezählt, wie etwa das Recht auf körperliche Unversehrtheit, auf Meinungsfreiheit, Redefreiheit, Versammlungsfreiheit etc. Bei den aus ihnen abgeleiteten Pflichten handelt es sich um Unterlassungspflichten: Jemandes Recht auf Redefreiheit respektiert man vorzugsweise dadurch, dass man eine Handlung *unterlässt,* etwa dass man den Rechtsträger nicht daran hindert, zu sagen, was er sagen will, etc.

Im Gegensatz zu den negativen Schutz- und Abwehrrechten sichern positive Rechte Ansprüche ihrer Träger auf bestimmte Güter und werden darum auch als *Anspruchsrechte* bezeichnet. Sie verpflichten zu bestimmten Formen von aktiver Unterstützung des Rechtsinhabers mit Bezug auf den von ihm zu Recht beanspruchten Rechtsgegenstand. Das Recht auf Bildung kann in modernen Verfassungsstaaten als ein typisches Beispiel eines positiven Rechtes gelten. Es verpflichtet den Staat nicht nur zur Zurückhaltung, also etwa dazu, die Bürger in ihren Bildungstätigkeiten nicht zu stören oder zu behindern, sondern auferlegt ihm die positive Pflicht, seinen Bürgern entsprechende Bildungsmöglichkeiten bereitzustellen und dafür zu sorgen, dass sie diese auch wahrnehmen können.

Oben ist gesagt worden, dass Rechte sich durch ihre Verbindung mit Pflichten im Spannungsfeld von Freiheitsermöglichung und Freiheitsbegrenzung befinden. Entsprechend lässt sich die Unterscheidung zwischen negativen und positiven Rechten auch anhand der Formen von Freiheit treffen, die durch das jeweilige Recht gewährt sind: Negative Rechte gewähren negative Freiheit, also *Freiheit von* intervenierenden Beeinträchtigungen durch den Staat oder die Mitbürger. Positive Rechte verleihen demgegenüber positive Freiheit, *Freiheit zu* bestimmten Handlungen.[12] Positive Rechte garantieren ihren Inhabern die Verfügung über bestimmte Ressourcen, mit deren Hilfe der Einzelne Gebrauch von seiner Freiheit machen, seine Freiheitsräume individuell gestalten kann. Insofern ermöglichen sie „mehr Freiheit" oder substanziellere Formen von Freiheit als negative Rechte. Dies bedeutet zugleich – und hier wird die Doppelnatur von Rechten wiederum offenkundig –, dass positive Rechte auf die jeweils Verpflichteten stärker freiheitsbegrenzend wirken als negative: Es macht einen gegebenenfalls großen Unterschied mit Blick auf meine Handlungsfreiheit, ob ich lediglich dazu verpflichtet bin, bestimmte Handlungen zu unterlassen, also andere an dem, was zu tun ihr Recht ist, nicht zu hindern, oder ob man mich dazu zwingen kann, meine Mitmenschen bei der Verfolgung ihrer Interessen aktiv zu unterstützen. Aus der Perspektive derjenigen Philosophen, die – wie etwa Robert Nozick[13] – die Autonomie des Einzelnen als das höchste moralische Gut ansehen, kann es daher keine Anspruchsrechte geben. Sie wollen die Funktion von Rechten auf den Schutz der negativen Freiheit ihrer Träger begrenzt sehen, die als eine notwendige Voraussetzung individueller Autonomie betrachtet wird. Positive Anspruchsrechte und die damit verbundenen Pflichten schränkten dagegen die Autonomie der Individuen in ungerechtfertigter Weise ein und ließen sich aus diesem Grund moralisch nicht legitimieren. Andere Autoren sind demgegenüber der Meinung, dass die Freiheit, die durch negative Rechte gewährt wird, erst dann als substanzielle Ermöglichung individueller Autonomie aufgefasst werden kann, wenn dem Einzelnen zugleich die Fähigkeiten und Ressourcen zur Verfügung stehen, um von dieser Freiheit sinnvollen Gebrauch zu machen. Die substanzielle Ermöglichung der Freiheit verlangt daher ihrer Ansicht nach die Ergänzung der negativen Freiheitsrechte durch positive Anspruchsrechte.[14]

Dabei ist die Unterscheidung zwischen negativen und positiven Rechten als eine analytische Trennung zu verstehen und nicht etwa als eine natürliche. Nahezu jeder Rechtsanspruch kann sowohl negativ wie auch positiv ausgefasst werden, je nachdem welche Pflichten in begründeter Weise aus ihm abgeleitet werden (können):

„Ein Recht auf körperliche Gesundheit kann ein negatives Recht sein, ein Recht darauf, dass andere den Gesundheitszustand des Rechtsinhabers nicht schädigen oder beeinträchtigen. Aber man kann auch die Auffassung vertreten, dass das Recht auf körperliche Gesundheit darüber hinaus gehe und den Anspruch beinhalte, dass andere einen Schaden, den der Rechtsinhaber erlitten hat, wiedergutmachen. Ebenso kann das Recht auf persönliche Sicherheit ein negatives Recht darauf sein, dass andere der betreffenden Person weder Schaden zufügen noch Zwang auf sie ausüben. Aber es kann auch (und wird gewöhnlich) als ein positives Recht geltend gemacht werden, etwa als ein Recht darauf, dass eine Infrastruktur zur Verfügung gestellt wird, die die Sicherheit von Personen gewährleistet, z.B. ein Polizeiapparat." (Narveson 1991, 336)

Es muss zudem, wie oben bereits angedeutet, nicht in jedem Fall eindeutig vorgegeben sein, welche Pflicht durch ein bestimmtes Recht begründet ist und um wessen Pflicht es sich dabei handelt. Nicht alle Rechte sind unmittelbar mit (inhaltsgleichen) Pflichten verbunden, und manche Rechte sind mit verschiedenen Pflichten verknüpft. Worin diese jeweils bestehen, hängt wiederum nicht nur von der Art des jeweiligen Rechtsanspruchs, sondern auch von empirischen Voraussetzungen, etwa von sozialen Umständen ab, die historisch veränderlich sind. Das Recht auf freie Meinungsäußerung mag zu unterschiedlichen

Zeiten und in unterschiedlichen Umgebungen verschiedene Pflichten generieren. Rechte haben in diesem Sinne einen „dynamischen Charakter"[15]: Sie unterliegen historischen Entwicklungen, können ihrerseits neue Rechte hervorbringen und in unterschiedlichen Kontexten unterschiedliche Pflichten begründen.[16]

Von diesen veränderlichen Umständen unberührt bleibt der mit der Idee von Rechten untrennbar verknüpfte Tatbestand ihrer Erzwingbarkeit. Rechte sind Elemente eines zwangsbewehrten sozialen Regelsystems, insofern „Rechtsordnungen über Institutionen [verfügen], die über das Verhängen von Sanktionen und durch den Einsatz von institutionell organisiertem *Zwang* die *wirksame Durchsetzung* von Rechtsnormen garantieren." (Mohr 1996, 42) Die Durchsetzung von Rechtsnormen betrifft – soweit es um die genannten „Rechte auf etwas" geht – insbesondere die Erfüllung der mit ihnen verbundenen Pflichten.

1.2 Pflichten

Rechte sind mittelbar oder unmittelbar mir Pflichten verbunden, und Pflichten schränken die Freiheit von Individuen ein, indem sie diese zu bestimmten Handlungen oder Handlungsunterlassungen *verpflichten*. Zu etwas verpflichtet zu sein, meint aber letztlich nichts anderes, als dass man legitimerweise gezwungen werden kann, etwas bestimmtes zu tun (oder zu unterlassen). Durch die Tatsache, dass sie in diesem Sinne zwangsbewehrte Pflichten generieren, erhalten Rechte ihre normative Kraft: „Rechte begründen Pflichten, und Pflichten haben eine gebietende Kraft: Sie legen fest, *was man tun muss,* nicht bloß, was zu tun nett oder wünschenswert wäre." (Green 1991, 318; Hervorhebung S.B.) Als Pflichtenträger unterstehen die Individuen einem freiheitseinschränkenden Zwang. Damit ist jedoch nicht gemeint, dass der jeweils Verpflichtete in einem physikalischen Sinne nicht anders handeln kann als im Sinne der Pflichterfüllung. Es ist Teil der Bedeutung des Verpflichtungsbegriffs, dass man seinen Pflichten zuwiderhandeln, sie vernachlässigen oder ignorieren kann, und eben das geschieht, wenn die Rechte von Menschen missachtet oder verletzt werden. Die durch Rechte begründeten Pflichten schränken Freiheiten ein, aber sie heben sie nicht auf. Sie verkleinern lediglich den Bereich der den Verpflichteten *deontisch* möglichen Handlungsoptionen, nicht den der faktisch oder physikalisch möglichen.[17] Eine Pflicht zu haben bedeutet also nicht, im naturgesetzlichen Sinne gezwungen zu *sein,* etwas Bestimmtes zu tun oder zu unterlassen, sondern legitimerweise dazu gezwungen *werden* zu können. Die Grenzen, die die Rechte des einen den Handlungsmöglichkeiten der anderen setzen, sind normativer Art.

Wenn von einem Recht der Person X auf einen „Gegenstand" y die Rede ist, gibt es demnach (mindestens) eine andere Person Z, die der Person X gegenüber mit Blick auf deren Recht verpflichtet ist.[18] Im Folgenden werde ich dabei – der Terminologie Sumners u.a. folgend – Person X als *Rechtssubjekt* und Person Z als *Rechtsobjekt* bezeichnen: „Die *Subjekte* eines Rechts sind jene, die das Recht innehaben. (...) Die *Objekte* eines Rechts sind jene, denen gegenüber das Recht geltend gemacht wird." (Sumner 1987, 11)

Zwischen den Rechten von X und den Pflichten von Y besteht ein Begründungsverhältnis: Die Rechte des einen begründen die Pflichten des anderen. Nun lässt sich jedoch umgekehrt längst nicht jede Pflicht auf ein ihr zugrunde liegendes und sie begründendes Recht zurückführen. Nicht alle Pflichten sind in diesem Sinne *Rechtspflichten:*

„Man kann auf verschiedene Weise für das Vorliegen einer Pflicht argumentieren, jedoch verweisen nur einige dieser Argumentationsweisen auf bestehende Rechte. So kann man etwa eine Pflicht haben, die im öffentlichen Interesse oder im Willen eines Gottes begründet ist. Selbst wenn diese Pflichten Nutzen für andere erzeugen, korrelieren sie nicht mit Rechten." (Green 1991, 317)

Pflichten, die auf Rechte zurückgehen und durch diese begründet sind, unterscheiden sich von anderen Pflichten hinsichtlich ihrer Relationalität, besser: der Form ihrer Gerichtetheit.[19] Es sind Pflichten, deren Befolgung wir a) jemandem schulden, und zwar b) *aufgrund eines Merkmals einer Eigenschaft oder Disposition, die ihm selbst zukommt und die die Grundlage seines entsprechenden Rechtes darstellt.* Gegenstand von Rechtspflichten sind also Handlungen, die nicht zu einem abstrakten Zweck, sondern *um jemandes „Eigenschaft X"* willen unterlassen oder vollzogen werden sollen.[20] Rechte werden, mit anderen Worten, mit Verweis auf den grundlegenden Wert einer bestimmten Eigenschaft von Individuen begründet. Um welches Merkmal handelt es sich dabei?

2. Die Begründung von Rechten

> *„X hat nur dann ein Recht, wenn X ein Interesse hat (...), das ausreichend gewichtig ist, um eine Pflicht anderer zu rechtfertigen, dieses Interesse zu achten oder zu fördern."*
> *(Green 1991, 317)*

Hinsichtlich ihrer jeweiligen Kennzeichnung der Rechte begründenden Eigenschaft divergieren die unterschiedlichen philosophischen Theorien. Zwei diesbezüglich grundlegende Positionen sind die so genannte „choice theory of rights" und die „interest theory of rights".[21] „In beiden Konzeptionen besteht die Funktion eines Rechtes jeweils darin, einen bestimmten Wert seitens des Rechtsinhabers zu schützen." (Sumner 1987, 96) Die beiden Ansätze unterscheiden sich jedoch mit Blick auf ihre Bestimmung des jeweils durch Rechte zu schützenden Wertes. Der „choice theory of rights" zufolge besteht dieser in der Autonomie der Rechtssubjekte, wohingegen die „interest theory of rights" bei der Begründung von Rechten auf das Wohlergehen der Rechtsträger Bezug nimmt, das in diesem Zusammenhang im Wesentlichen als Befriedigung von Interessen aufgefasst wird. Im Folgenden werde ich daher von der *Autonomiekonzeption* von Rechten im Gegensatz zur *Interessenkonzeption* sprechen.[22]

Der Autonomiekonzeption zufolge dienen Rechte letztlich dem Schutz und der Ermöglichung der Autonomie von Subjekten. Damit ist sowohl die – bei unterschiedlichen Subjekten in unterschiedlichem Ausmaß vorhandene – Fähigkeit gemeint, in Kenntnis einer Mehrzahl von Optionen zwischen diesen eine selbstgewählte Entscheidung zu treffen, als auch die Ausübung dieser Fähigkeit als solche. Rechte dienen demzufolge dem Schutz dieser Fähigkeit und der Ermöglichung ihrer Ausübung. Die Freiheitsräume, die durch Rechte gesichert werden, markieren den Bereich der individuellen Autonomie. Rechte eröffnen die Sphären, innerhalb derer es der autonomen Entscheidung des jeweiligen Subjekts überlassen bleibt, wie es sein Leben gestalten, seine Güter investieren und seine Ziele verwirklichen will. Eine autonome Person lässt sich in diesem Sinne als Autorin ihres eigenen Lebens beschreiben, als ein Subjekt, dessen Biographie in grundlegender Weise als Ergebnis von Entscheidungen angesehen werden muss, die es selbst getroffen hat.[23]

„Nach der ‚choice theory' [hier: Autonomiekonzeption] besteht das Wesen von Rechten darin, normativen Schutz für die Umsetzung bestimmter Entscheidungen zu gewährleisten. Rechte grenzen Bereiche ab, in denen, wie H.L.A. Hart es formuliert, Individuen als ‚small-scale sovereigns' [Hart 1982, 183] agieren können." (Green 1991, 319)

Hinsichtlich der Inhalte, die sie ihrer Freiheit geben, der Entscheidungen, die sie treffen, und der Ziele, die sie wählen, sind die Rechtssubjekte souverän. Rechte geben als solche keine Werte vor, und die Freiheit, die sie bereitstellen, ist nicht an einen bestimmten, dem Individuum vorgegebenen Zweck gebunden. Weil ‚das Rechte' der Autonomiekonzeption zufolge in diesem Sinne Vorrang vor ‚dem Guten' hat, darf „die Begründung der für die Angabe unserer Rechte maßgeblichen Gerechtigkeitsprinzipien von keiner bestimmten Auffassung des guten Lebens abhängen." (Sandel 1995, 13)[24] Die rechtlich geschützte Autonomie der Subjekte ist in diesem Sinne als Selbstzweck aufzufassen. Sie ist der letzte oder, wenn man so will, der erste Wert. Aus diesem Grund muss sich die rechtsetzende Instanz hinsichtlich der konkurrierenden subjektiven Auffassungen des guten Lebens aus Respekt vor der Autonomie des Einzelnen neutral verhalten. Im Unterschied zur Autonomiekonzeption nimmt die Interessenkonzeption bei der Begründung von Rechten auf den Wert des Wohlergehens von Individuen Bezug, wobei Wohlergehen hier im Wesentlichen im Sinne der Befriedigung von Interessen aufgefasst wird. Menschen brauchen Rechte, weil sie Träger bestimmter Interessen sind, deren Befriedigung eine notwendige Bedingung ihres Wohlergehens ist. Weil die Befriedigung dieser Interessen im Kontext einer Gesellschaft nicht zuletzt durch die konfligierenden Interessen anderer Individuen latent bedroht ist, benötigt der Einzelne Rechte, die sein Wohlergehen ermöglichen, indem sie den Schutz grundlegender Interessen sichern, die allen Individuen als Trägern bestimmter allgemeiner Merkmale zugeschrieben werden.
    Beide Rechtsbegründungskonzeptionen unterscheiden sich nicht nur hinsichtlich der Werte, die sie als zentral betrachten und der Funktionen, die sie Rechten zuschreiben, sondern vor allem auch bezüglich der konkreten Rechte, deren Begründung sie ermöglichen:

„Strukturen, die die Autonomie betonen, werden Individuen auch dann noch wie aktive Manager ihres je eigenen Lebens behandeln, wenn ihnen dies alles in allem eher schadet. Dagegen werden Strukturen, die stärker auf das Wohler-

gehen abheben, Individuen genau dann als Manager betrachten, wenn zu erwarten ist, dass dies in deren Interesse liegt. Andernfalls werden sie sie wie
passive Nutznießer der Wohltätigkeit anderer behandeln." (Sumner 1987, 97)[25]

Die normative Beurteilung von Gruppenrechten wird also auch und
nicht zuletzt davon abhängen, vor welchem begründungstheoretischen
Hintergrund man argumentiert.

In meiner Untersuchung der moralischen Legitimität von Kollek-
tiv- und Sonderrechten gehe ich von der Interessenkonzeption der Begründung von Rechten aus, und das hat im Wesentlichen zwei Gründe:
Erstens lässt sich meiner Ansicht nach vieles von dem, was wir als eine
Frage von Rechten betrachten und diskutieren, nicht in sachangemes-
sener Weise als ein Problem von Autonomie beschreiben. Gerade die
Gruppenrechtsdebatte liefert dafür eine Reihe von Beispielen. Für
manche der betroffenen Gruppen stellt, wie noch zu sehen sein wird,
die Autonomie des Einzelnen keinen zentralen Wert dar. Wenn ihre
Vertreter die Probleme kennzeichnen, zu deren Beseitigung sie Gruppenrechte fordern, spielt dabei die Einschränkung ihrer Autonomie –
wenn überhaupt – eine weitaus geringere Rolle als die Verletzung ihrer
grundlegenden Interessen. Die verschiedenen Anliegen, die in den
Gruppenrechtsforderungen zum Ausdruck kommen, lassen sich daher
in der Interessenterminologie wesentlich präziser und angemessener
verständlich machen als in der Sprache von Autonomie. Damit soll nun
jedoch nicht behauptet sein, dass diese Problembeschreibungen nicht
dennoch „in terms of autonomy" übersetzt werden können, und hier
liegt der zweite und ausschlaggebende Grund für meine Entscheidung
zugunsten der Interessenkonzeption: Die „interest theory of rights"
lässt die Berücksichtigung des zweifellos zentralen Wertes von Autonomie durchaus zu, insofern sich der Wunsch nach Selbstbestimmung
als grundlegendes menschliches Interesse beschreiben und ihre Ermöglichung als wesentlicher Bestandteil menschlichen Wohlergehens
auffassen lässt: „Weil Autonomie als ein Bestandteil von individuellem
Wohlergehen behandelt werden kann, wird alles, was in der ‚choice
theory' [hier: Autonomiekonzeption] als Recht gilt, auch in der Inte-
ressenskonzeption als Recht gelten." (Sumner 1987, 96) Die Interessenkonzeption ist, mit anderen Worten, sowohl hinsichtlich der Pro-
blemstellungen, die sie erfasst, als auch der Problemlösungen, die sie
ermöglicht, wesentlich inklusiver als die Autonomiekonzeption. Ich
werde daher im Folgenden voraussetzen, dass die zentrale Funktion

von Rechten in der Ermöglichung von Interessenbefriedigung besteht und Rechte mit Verweis auf fundamentale Interessen ihrer Träger begründet sind. Wenn und insofern dazu das Interesse an Autonomie gehört, kann auch dieses einen Grund für die Einrichtung entsprechender Rechte liefern.

Joseph Raz expliziert die Interessenkonzeption in seiner maßgeblichen Definition von Rechten folgendermaßen:

„'X hat ein Recht', genau dann, wenn X Rechte haben kann und *ceteris paribus* ein Aspekt des Wohlergehens von X (sein Interesse) einen hinreichenden Grund dafür darstellt, andere Personen als verpflichtet zu betrachten." (Raz 1986, 166)

Von einem begründeten Rechtsanspruch kann demnach nur dort die Rede sein, wo bestimmte Interessen eines Subjekts bereits einen ausreichenden Grund dafür darstellen, die Freiheit anderer einzuschränken. Die Betonung liegt dabei auf der Tatsache, dass, *wenn X als Träger eines Rechtes aufgefasst werden kann* und *wenn X im Besitz eines bestimmten Rechtes ist,* sein Interesse bereits als *ausreichender Grund* angesehen werden muss, um andere entsprechend zu verpflichten. Dies impliziert einerseits, dass kein weiterer Grund, keine zusätzliche Begründung erforderlich ist, und es bedeutet andererseits, dass keine nachträgliche Verrechnung dieses Interesses mit dem Gesamtnutzen oder den Interessen der anderen möglich bzw. erlaubt ist:

„Rechte begrenzen den Bereich dessen, was Einzelnen um des grösseren Nutzens Anderer willen angetan werden darf. Sie limitieren die Opfer, die von ihnen als Beitrag zum Gemeinwohl verlangt werden dürfen. Während vernünftigerweise von uns gefordert werden kann, einige Verluste und Rückschläge im gesellschaftlichen Leben hinzunehmen, wie es die Utilitaristen vorsehen, zielen Rechte darauf ab, jene unserer Interessen herauszugreifen, die nicht in dieser Weise mit den Interessen anderer verhandelbar sind. Rechte sind, um Ronald Dworkins Bild zu verwenden, 'Trümpfe', die als letzte Rettung ins Spiel gebracht werden können, wenn die Grundlagen unsere individuellen Freiheit und unseres Wohlergehens bedroht sind." (Waldron 1989, 504, 508)[26]

Dworkins Bild von Rechten als Trümpfen bringt einen zusätzlichen Aspekt des freiheitslimitierenden Effekts von Rechten zum Ausdruck: Rechte beschränken nicht nur die Handlungsfreiheit der durch sie Verpflichteten. Sie setzen auch dem allgemeinen Nutzenkalkül Grenzen. Die durch Rechte geschützten Bereiche sind aus der Gesamtnutzenkalkulation ausgenommen und dürfen nicht im Sinne des Gemeinwohls bilanziert werden. Auf diese Weise beschränken Rechte die Verfügungsmacht der Gesellschaft über das Individuum. Sie begrenzen nicht nur die Macht des einen über den anderen, sondern auch die Macht der Vielen über den Einzelnen.

Rechte beinhalten insofern immer eine mehrstellige Beziehung zwischen einem Rechtssubjekt und (mindestens) einem Rechtsobjekt, die hinsichtlich des entsprechenden Rechtsgegenstands aufeinander bezogen sind. Bezüglich eines jeden dieser drei Beziehungselemente enthält das hier zugrunde gelegte Rechtskonzept bereits eine Reihe von Implikationen.

2.1 Rechtssubjekt

Der Interessenkonzeption zufolge nimmt die Begründung von Rechten auf fundamentale Interessen Bezug, deren Befriedigung oder Frustration Auswirkungen auf das Wohlergehen ihrer Träger hat. Als Rechtssubjekte kommen demnach nur Wesen in Frage, bei denen sich in sinnvoller Weise von Wohlergehen und von Interessen sprechen lässt, wobei es prinzipiell möglich sein muss, eine Verbindung zwischen beiden Zuschreibungen herzustellen. Diese Kennzeichnung ist nun nicht sonderlich exklusiv, und insofern ist es gewissermaßen erstaunlich, dass in der Tradition der interessenbasierten Rechtstheorie überwiegend davon ausgegangen wurde und wird, dass ausschließlich menschliche Individuen Träger von Rechten sein können und jede konsistente Rechtsbegründung in diesem Sinne einem anthropozentrischen Individualismus verpflichtet ist. Tatsächlich resultiert diese Auffassung nicht aus der Interessentheorie als solcher. Sie ist vielmehr das Ergebnis einer grundlegenden Ergänzung dieser Rechtsbegründungstheorie um zusätzliche normative Prämissen. Diesbezüglich sind insbesondere zwei Ergänzungsstrategien von Bedeutung: Im ersten Fall besteht die zentrale Zusatzvoraussetzung in der Behauptung, dass die in Frage kommenden Rechtssubjekte in bestimmter Weise werthaft sein müssen, im zweiten Fall in der Auffassung, dass jeder Inhaber von Rechten potentiell auch Träger von Pflichten sein muss. Ich werde daher die erste Position als *Wertstrategie,* die zweite als *Reziprozitätsstrategie* bezeichnen.

Ein Beispiel für die Ergänzung der Interessenkonzeption im Sinne der Wertstrategie liefert die Argumentationsweise von Joseph Raz. Er erweitert seine auf den Schutz von Interessen bezogene Rechtskonzeption um die folgende Kapazitätsbedingung: „Ein Individuum kann genau dann Rechte innehaben, wenn entweder sein Wohlergehen ultimativen Wert hat oder wenn es sich bei ihm um eine ‚artificial person' (z.b. ein Unternehmen) handelt." (Raz 1986, 166) Rechtsbegründende Kraft haben demnach ausschließlich die Interessen von Entitäten, deren Wohlergehen einen „ultimate value"[27] darstellt (oder die „artificial persons" sind). Nur ultimativ werthafte Subjekte können Träger von Rechten sein. Um im Rahmen solcher Wertstrategien eine konkretere Kennzeichnung der Rechtssubjekte vornehmen zu können, benötigt man also ein zusätzliches Kriterium für die Zuschreibung von Werthaftigkeit. Entscheidend ist nun, dass dieses Kriterium der Moraltheorie entlehnt wird, in die die entsprechende Rechtsauffassung eingebettet ist[28]:

„Über die Bedingung hinaus, dass Rechtsinhaber Wesen sind, die über Interessen verfügen, ist mit der Definition von Rechten noch nichts bezüglich der Frage entschieden, wer Rechte innehaben kann. Welche weiteren Eigenschaften ein Wesen als einen potentiellen Rechtsinhaber qualifizieren, ist eine *substanzielle moralische Frage.*" (Raz 1986, 176)

Der Grund für die Konzentration der wertstrategischen Interessenkonzeptionen auf das Individuum als Rechtsträger liegt denn auch letztlich im normativen Individualismus der Moraltheorien, in denen diese Rechtskonzeptionen wurzeln: Weil und insofern das Prädikat „ultimativ wertvoll" in der modernen Ethik in der Regel (dem Wohlergehen von) menschlichen Individuen vorbehalten bleibt, gelangt man im Rahmen der Wertstrategie zu der Auffassung, dass nur diese Träger von Rechten sein können.

Auch die *Reziprozitätsstrategie* kommt zu diesem Schluss, allerdings erreicht sie ihn auf anderen Wegen. Die normative Prämisse, um die die Interessentheorie in diesem Fall ergänzt wird, besteht in einer Reziprozitätsbedingung, die verlangt, dass jeder Inhaber von Rechten auch Träger von Pflichten ist bzw. sein muss.[29] Auch hier verweist die Begründung der Zusatzbedingung auf die zugrunde gelegte Moralkonzeption, bei der es sich in diesem Fall um ein vertragstheoretisches Modell handelt. Von einem *vertragstheoretischen* Konzept von Moral kann man sprechen,

„wenn die (...) moralische Gemeinschaft als eine Gemeinschaft von interagierenden Einzelnen [verstanden wird], deren Pflichten gegenüber einander aus einem Sozialvertrag abgeleitet oder als Ergebnis eines fairen Aushandlungsprozesses aufgefasst werden, oder wenn man die Moral in sonst einer Weise als System zum wechselseitigen Vorteil aller Mitglieder der Gemeinschaft versteht." (Raz 1986, 176)

Die Regeln der Moral werden hier als das Ergebnis eines fiktiven Vertrages aufgefasst, dessen Legitimität und Geltung von der (rationalen) Zustimmung aller Vertragsschließenden abhängig ist. Diese ist jedoch nur dort zu erwarten, wo keiner der Beteiligten durch die Regeln systematisch benachteiligt wäre und insofern einen rationalen Grund hätte, seine Zustimmung zum Vertrag zu verweigern. Die aus dem Zustimmungskriterium resultierende Gleichheits- bzw. Gleichberücksichtigungsbedingung schlägt sich in der um die Reziprozitätsstrategie erweiterten interessenbasierten Rechtstheorie nun dahingehend nieder, dass die Zuteilung von Rechten an ein Individuum notwendigerweise mit der Zuschreibung von Pflichten einhergeht. Wer in den Genuss der Vorteile von Rechten kommt, hat zugleich seinen Teil der Pflichtenlast zu übernehmen. Die Reziprozitätsbedingung setzt daher den Kreis der möglichen Rechtssubjekte mit dem der Rechtsobjekte gleich und schränkt ihn damit auf diejenigen Wesen ein, die legitimerweise zu bestimmten Verhaltensweisen gezwungen werden können. Diese Kennzeichnung trifft, wie im folgenden Abschnitt dargestellt wird, vornehmlich, wenn nicht gar ausschließlich auf menschliche Individuen zu. Nur ihnen kann man prinzipiell die Form von Verantwortungsfähigkeit unterstellen, die vorausgesetzt werden muss, um jemanden in sinnvoller Weise als Träger von Pflichten bezeichnen zu können. So erklärt sich, dass der Reziprozitätsbedingung zufolge nur menschliche Individuen als Rechtssubjekte in Frage kommen. Es ist also erst die Verbindung mit dieser Art von Wert- oder Reziprozitätsstrategie, die die Interessentheorie von Rechten auf jenen Individualismus festlegt, der die liberale Rechtsauffassung kennzeichnet und deren Skepsis gegenüber Kollektivrechtsforderungen zur Folge hat.

Für das Verständnis der Gruppenrechtsproblematik ist der Nachvollzug dieses Zusammenhangs von entscheidender Bedeutung, denn er bildet den normativen Bezugspunkt für die Argumentationsweise der Kollektivrechtsbefürworter: Um vor dem Hintergrund der Interessentheorie die Möglichkeit einer Begründung von Kollektivrechten nachzuweisen, versuchen deren Befürworter zu zeigen, dass *erstens* auch (bestimmte) Kollektive als ultimativ werthaft aufgefasst werden müssen und/oder dass *zweitens* auch sie verantwortungsfähige Subjekte darstellen. Beide Positionen werden uns später in Form des Kollektivgüter- und des Kollektivsubjekt-Argumentes wieder begegnen.

2.2 Rechtsobjekt

Rechte sind „duty-creating properties", die fundamentale Interessen ihrer Träger schützen, indem sie anderen Pflichten auferlegen. Die Begründung von Rechten setzt daher nicht nur seitens der Rechtssubjekte, sondern auch mit Blick auf die Rechtsobjekte das Vorliegen bestimmter Eigenschaften voraus. Jemanden mit Blick auf das Recht eines anderen zu etwas zu verpflichten bedeutet, ihn unter Androhung von Zwangsmaßnahmen und unter Angabe von Gründen zu einer bestimmten Handlung oder Handlungsunterlassung aufzufordern. Die Androhung von Zwang ist in diesem Zusammenhang jedoch nur unter der Voraussetzung möglich, dass es sich bei den Rechtsobjekten um Wesen handelt, die für ihr Tun und Unterlassen legitimerweise verantwortlich gemacht werden können. Wenn jemand nicht wissen kann, was von ihm verlangt wird oder nicht versteht, was es bedeutet, dass er zu etwas verpflichtet ist, kommt er als Rechtsobjekt banalerweise nicht in Frage. Dasselbe gilt für Wesen, die nicht über ein ausreichendes Maß an Handlungsfähigkeit oder Handlungsfreiheit verfügen: Nur wer nicht in einem gewissermaßen naturgesetzlichen Sinne zu einem Verhalten gezwungen ist, kann für sein Tun verantwortlich gemacht werden, und nur wer in diesem Sinne potentiell verantwortungsfähig ist, kann in sinnvoller Weise zu bestimmten Verhaltensweisen verpflichtet werden. Einzig Subjekte, die *erstens* der Möglichkeit nach verstehen können, was von ihnen gefordert ist und was es bedeutet, dass etwas von ihnen gefordert ist, die zudem *zweitens* prinzipiell in der Lage sind, zu tun, was von ihnen gefordert ist, die also im Sinne der Pflichterfüllung handeln können und die schließlich *drittens* mit Blick auf ihr Verhalten entscheidungsfähig sind, können legitimerweise zu etwas gezwungen, können verpflichtet werden.

Neben diesen notwendigen Voraussetzungen für die Zuschreibung von Pflichten, die sich aus der Struktur und Wirkungsweise von Rechten ergeben, legt die normative Funktion des Rechtssystems und der einzelnen Rechte weitere Bedingungen nahe, die sinnvollerweise erfüllt sein sollten, wenn wir jemanden einer Pflicht unterstellen. Dazu gehört etwa die eindeutige Identifizierbarkeit der Rechtsobjekte und die Individuierbarkeit ihres Handelns. Rechte können ihre verhaltensregulierende Funktion nur dann wirksam erfüllen, wenn der durch sie begründete legitime Zwang auch tatsächlich ausgeübt werden kann. Wo – wie z.b. im Fall der Entschädigungspflichten der deutschen Industrie gegenüber ehemaligen Zwangsarbeitern – die Kennzeichnung der Rechtsobjekte nicht entsprechend identifizierend ist, deren Handlungen nicht individuierbar sind und die Handlungsverantwortung demzufolge nicht eindeutig zuschreibbar ist, drohen Rechtsansprüche ins Leere zu laufen.

Für die Frage nach der Legitimität von Gruppenrechten ist die Bestimmung der jeweiligen Pflichtenträger von großer Bedeutung. Am Beispiel der Amish-Klage aber auch mit Blick auf die Frauenquote deutet sich bereits an, dass es hinsichtlich der moralischen Beurteilung von Minderheitenrechten ausschlaggebend sein kann, wen diese Rechte gegebenenfalls in die Pflicht nehmen, wer also die entsprechenden Lasten zu tragen hat. Die Forderungen der Minderheiten richten sich an den Staat, doch die aus diesen Rechtsansprüchen resultierenden Freiheitseinschränkungen betreffen nicht alle Bürger des Staates gleichermaßen. Im Einzelfall wird daher zu prüfen sein, wer genau durch die Rechte der Gruppen verpflichtet werden soll und ob die Zuschreibung von Pflichten an diese Adressaten theoretisch möglich, praktisch sinnvoll und moralisch legitim ist.

2.3 Rechtsgegenstand

Die theoretische Konsistenz und moralische Legitimität von Rechtsforderungen hängt nicht zuletzt vom beanspruchten Rechtsgegenstand ab. Dabei ergibt sich aus der Tatsache, dass Rechte als „duty-creating properties" die Bereitstellung des jeweiligen Rechtsgegenstands einem legitimen Zwang unterstellen, die Bedingung, dass es sich bei den Dingen, auf die jemand ein Recht beanspruchen kann, um „Gegenstände" handeln muss, die prinzipiell erzwingbar sind. Durch diese *Erzwing-barkeitsbedingung* wird der Bereich möglicher Rechtsgegenstände eingeschränkt. Güter, zu deren Wert die Freiwilligkeit der Gabe untrennbar dazugehört, können demnach auch dann nicht rechtlich beansprucht werden, wenn sie für das Wohlergehen von Individuen unverzichtbar scheinen. So kann es zum Beispiel weder ein Recht auf Dankbarkeit, noch ein Recht auf Liebe geben, denn beide Güter sind schon insofern nicht erzwingbar, als es zu ihrem Wesen und wesentlich zu ihrem Wert gehört, dass ihre Bereitstellung freiwillig erfolgt. Eine weitere Begrenzung des Bereichs möglicher Rechtsgegenstände ergibt sich weniger aus dem Charakter der beanspruchten Güter selbst als vielmehr aus der Verbindung zwischen diesen Gütern und den jeweiligen Pflichtenträgern. Diese Bedingung lässt sich im Sinne eines *Erfüllbarkeitskriteriums* formulieren: Pflichten haben präskriptiven Charakter und implizieren als solche ein Sollen. Wie oben bereits angedeutet, setzt jedoch jedes legitime Sollen seitens der Verpflichteten nicht nur ein diesbezügliches Wissen, sondern auch ein entsprechendes Können voraus. Eine Rechtsnorm ist also nur dann erfüllbar, wenn die durch sie in die Pflicht Genommenen prinzipiell in der Lage sind, das beanspruchte Gut gleichsam auf Kommando bereitzustellen, d.h. die geforderte Handlung zu vollziehen. Auch dieses Erfüllbarkeitskriterium hat mit Blick auf den Kreis möglicher Rechtsgegenstände einschränkende Effekte, insofern es besagt, dass Gegenstände, deren Bereitstellung als solche nicht in der Verfügungsmacht der jeweiligen Pflichtenträger liegt, nicht rechtlich beansprucht werden können.[30] Den genannten Bedingungen zufolge kommen also nur diejenigen Dinge als Rechtsgegenstände in Frage, deren Beanspruchung sich in *prinzipiell erzwingbare* und *potentiell erfüllbare* Normen übersetzen lässt. Diese Differenzierung erweist sich in der Beurteilung konkreter Rechtsforderungen als hilfreich, denn das Erfüllbarkeitskriterium ermöglicht aufgrund der Akzentverschiebung, die es vornimmt, eine auch für die Gruppenrechtsdebatte bedeutsame Unterscheidung: Gemeint ist die Differenzierung zwischen jenen Rechtsforderungen, die bereits an der Nicht-Erzwingbarkeit des beanspruchten Gegenstands scheitern, und solchen, die sich nicht begründen lassen, weil der jeweilige Rechtsgegenstand von den Entitäten nicht erzwingbar ist, an die sich die Forderung richtet. Manches, wozu ein Staat legitimerweise ge-zwungen sein mag, kann, wie sich zeigen wird, von Individuen nicht verlangt werden. Auch der jeweilige Rechtsgegenstand und die Grenzen seiner Erzwingbarkeit enthalten also wichtige Hinweise auf die prinzipielle moralische Begründbarkeit eines Rechtsanspruchs.

Nun enthält die Interessentheorie von Rechten ihrerseits eine grundlegende Bedingung mit Blick auf die Klasse möglicher Rechtsgegenstände. Rechte dienen dieser Theorie zufolge dem Schutz derjenigen Interessen (von werthaften und/oder verantwortungsfähigen Subjekten), die insofern als fundamental zu gelten haben, als sie an sich bereits einen ausreichenden Grund für Freiheitseinschränkungen auf Seiten der Pflichtenträger darstellen. Rechtlich beanspruchen lassen sich demnach prinzipiell nur diejenigen „Gegenstände", über die zu verfügen im fundamentalen Interesse von Individuen liegt. Worauf man ein Recht haben kann und wer welche Rechte haben sollte, wird also zusätzlich davon abhängen, welche Interessen in diesem Sinne als fundamental zu betrachten sind:

„Offensichtlich sind nicht alle individuellen Interessen ausreichend gewichtig, um die Grundlage von Rechten zu bilden. Es gibt Interessen, bei denen einzig ein utilitaristischer Nutzenkalkül eine passende Grundlage darstellt, um zu bestimmen, welches moralische Gewicht sie haben. (...) Die Idee von Rechten zielt auf eine Unterscheidung derjenigen Interessen, die besondere Aufmerksamkeit verdienen, von denjenigen Interessen, für die ein utilitaristischer Nutzenkalkül angemessen scheint." (Waldron 1989, 504, 508)

Rechte verleihen bestimmten Interessen einen besonderen Rang, indem sie den Schutz dieser Interessen zur Grundlage legitimer Freiheitseinschränkungen machen. Sie sortieren also aus der nahezu unendlichen Menge möglicher und tatsächlicher Interessen diejenigen aus, deren Befriedigung nicht als bloße Privatangelegenheit des Einzelnen, sondern als gesellschaftliche Aufgabe angesehen wird. Doch welche Interessen verdienen diese vorzügliche Form der Aufmerksamkeit? Welche sind die „Grundlagen unserer individuellen Freiheit und unseres individuellen Wohlergehens" (Waldron 1989, 508), die in besonderer Weise sozialen Schutz und Berücksichtigung verlangen? Diese Frage leitet von der Betrachtung der Struktur und normativen Funktion von Rechten zur genaueren Markierung ihrer konkreten sozialen Funktionsweisen über.

3. Die soziale Funktionsweise von Rechten

> *„Rechte haben einen sozialen Kontext. Beim Versuch, ein einzelnes Recht in einem begrenzten Gebiet zu spezifizieren, entdecken wir, dass wir uns auf die Beschreibung einer gesamten sozialen Ordnung eingelassen haben."*
> *(Tushnet 1984, 1379)*

Für die Beurteilung der moralischen Legitimität einer bestimmten Rechtsforderung im Rahmen einer interessenbasierten Rechtsbegründung ist die Frage entscheidend, ob es sich bei dem durch das Recht zu schützenden Interesse um ein *fundamentales,* also grundlegendes und begründendes Interesse handelt. Derartige Interessen zeichnen sich dadurch aus, dass sie sich auf so genannte Grundgüter richten. Das sind Güter,

> „von denen man annimmt, dass sie ein vernünftiger Mensch haben möchte, was auch immer er sonst noch haben möchte. Wie auch immer die vernünftigen Pläne eines Menschen im einzelnen aussehen mögen, es wird angenommen, dass es verschiedenes gibt, wovon er lieber mehr als weniger haben möchte. Wer mehr davon hat, kann sich allgemein mehr Erfolg bei der Ausführung seiner Absichten versprechen, welcher Art sie auch sein mögen." (Rawls 1993, 112)

Grundgüter sind allgemein begehrt, weil ihr Besitz für das Wohlergehen der Individuen innerhalb einer Gesellschaft unverzichtbar ist oder weil er die individuellen Chancen auf den Erhalt anderer begehrenswerter Güter verbessert. Das Interesse an Grundgütern ist in diesem Sinne und aus diesem Grund fundamental und hat als solches im Rahmen einer interessenbasierten Rechtstheorie prinzipiell rechtsbegründende Kraft.

Nun ist die Festlegung der fundamentalen Interessen von Individuen ein folgenreicher Vorgang: Sobald ein Interesse als fundamental betrachtet und rechtlich geschützt wird, wird seine Befriedigung zu einer gesellschaftlichen und nicht mehr bloß privaten Angelegenheit erklärt und seine Frustration als Anlass legitimer staatlicher Intervention betrachtet. Die konkrete Kennzeichnung der potentiell rechtsbegründenden Interessen ist daher untrennbar verbunden mit dem der Interessentheorie zugrunde liegenden normativen Verständnis der Grundstruktur einer gerechten Gesellschaft und der legitimen Aufgaben und Funktionen des Staates. Mit anderen Worten: In der Kennzeichnung fundamentaler Interessen *als rechtsbegründende Phänomene* sind bereits normative Implikationen enthalten, die ihrerseits in die konkrete Bestimmung der Güter, die als Grundgüter betrachtet werden sollen, einfließen.

Die hier skizzierte interessenbasierte Rechtskonzeption orientiert sich diesbezüglich sowohl an den Individuen als auch an der Gesellschaft als ganzer: Mit Blick auf erstere dienen Rechte dem Schutz von Interessenbefriedigung, mit Blick auf letztere verfolgen sie den Zweck der Sicherung eines durch stabile Verhaltenserwartungen gestützten Gemeinwesens. Das Wohlergehen jedes Einzelnen und die friedliche Koexistenz aller sind die normativen Leitgedanken dieser Rechtsauffassung. In der Kennzeichnung der rechtlich zu schützenden Güter gehen deren normative Prämissen über in ihre politischen Konsequenzen. Als fundamentale Güter, die für das Wohlergehen der Individuen im Kontext einer Gesellschaft unverzichtbar sind, werden in diesem Zusammenhang weitgehend übereinstimmend[31] drei Klassen von Gütern betrachtet, nämlich *a) Rechte, b) Freiheiten ("Chancen") und c) materielle Güter ("Einkommen und Vermögen").*[32] Analog zu diesen Güterklassen lassen sich die drei wesentlichen sozialen Funktionsweisen von Rechten unterscheiden.

3.1 Rechte als Symbole sozialer Anerkennung

Rechte existieren nicht vereinzelt, sondern sind Elemente eines restriktiven sozialen Regelsystems. Damit sie ihre verhaltensregulierende Funktion erfüllen und als Regeln wirksam werden können, muss zunächst klar sein, für wen sie Geltung beanspruchen, wer vom System erfasst wird. In der Kennzeichnung der „Mitspieler" besteht daher die erste wesentliche Funktion von Rechten: Rechte bringen die Anerkanntheit ihrer Träger als Mitglieder der Rechtsgemeinschaft zum Ausdruck und fungieren auf diese Weise als Symbole *sozialer Anerkennung*.

Die Rechtsträgerschaft ist ein Zugehörigkeitskriterium, Ausdruck und Bezugspunkt der sozialen Achtung, die die Mitglieder der Rechtsgemeinschaft einander entgegenbringen, indem sie sich selbst und die anderen als „Mitspieler" erkennen, verstehen und behandeln. „Jedes menschliche Zusammenleben [setzt] eine Art von elementarer gegenseitiger Bejahung zwischen Subjekten voraus, weil anders ein wie auch immer geartetes Miteinandersein erst gar nicht zustande kommen könnte." (Honneth 1994, 73) Diese „vorgängigen Annerkennungsbeziehungen" werden im Rechtsverhältnis explizit gemacht und finden ihren Ausdruck in der Achtung, die jedem einzelnen Individuum als Rechtsträger zukommt. Es ist das elementare Bedürfnis nach Zugehörigkeit und Anerkennung, das im Interesse am Besitz von Rechten zum Ausdruck kommt, und die grundlegende Bedeutung dieser Zugehörigkeit für das Wohlergehen von Individuen qualifiziert das Interesse an Rechten als ein fundamentales Interesse. Dabei ist die Form von Anerkennung, die durch die Rechtsträgerschaft symbolisiert wird, von dem zu unterscheiden, was wir als (persönliche) Wertschätzung zu bezeichnen gewohnt sind. Die Anerkennung eines Subjekts als Rechtsperson ist eben dadurch, dass sie auf ein universales, alle Individuen gleichermaßen kennzeichnendes Merkmal Bezug nimmt, im Kontext moderner Verfassungsstaaten von der sozialen Wertschätzung des konkreten Subjekts als einer bestimmten Person gerade getrennt. Rechte bringen eine unqualifizierte, überpersönliche Form der Anerkennung zum Ausdruck, die dem Subjekt nicht als individueller Persönlichkeit sondern lediglich als Mitglied der Rechtsgemeinschaft und als Träger fundamentaler Interessen, die Berücksichtigung verdienen, zukommt.[33]

Die erste wesentliche soziale Funktionsweise von Rechten besteht also im symbolischen Ausdruck der gleichen Anerkanntheit ihrer Träger als Mitglieder der Rechtsgemeinschaft. Im Rahmen moderner Rechts- und Verfassungsstaaten ist dieser Status eine unverzichtbare Voraussetzung für das Wohlergehen und die erfolgreiche Interessenbefriedigung von Individuen. Er ist die Bedingung für die Ausübung von öffentlichen Ämtern, die Teilnahme am Arbeitsmarkt und an der politischen Willensbildung, für den Genuss bestimmter Formen von Bildung, für die Mitbestimmung über die Zusammensetzung der politischen Institutionen etc. Erst die (reziproke) soziale Anerkennung, die in der Rechtsträgerschaft aller Bürger zum Ausdruck kommt, erlaubt es dem Einzelnen, sein Leben weitgehend selbstbestimmt zu gestalten und gegenüber seinen Mitbürgern und dem Staat Ansprüche geltend zu machen. Als Symbole dieser Anerkennung sind Rechte unverzichtbare Grundgüter.

3.2 Rechte als „Waffen"

Rechte haben sowohl freiheitslimitierende als auch freiheitsstiftende Züge: Indem die Rechte des einen die legitimen Handlungsmöglichkeiten des anderen begrenzen, schaffen sie die Räume, innerhalb derer es dem Einzelnen prinzipiell möglich ist, von seiner Freiheit Gebrauch zu machen und sein Leben nach seinem eigenen Willen und gemäß seinen eigenen Interessen und Bedürfnissen zu gestalten. Ohne rechtliche Grenzen hätte die Freiheit des Einzelnen keinen geschützten Raum, denn die Ausübung der unendlichen Freiheit eines jeden wäre permanent durch die eines jeden anderen bedroht. Die unbeschränkte Freiheit hätte insofern „das Gegenteil der Freiheit zur Folge; denn ohne Schutz und ohne Einschränkungen durch das Gesetz muss die Freiheit zu einer Tyrannei der Starken über die Schwachen führen." (Popper 1960, Bd. 2, 54; zit. n. Koller 1996, 121) Zum Zweck der Ermöglichung individuellen Wohlergehens muss daher die unendliche Freiheit aller zugunsten der größtmöglichen Freiheit eines jeden begrenzt werden:

„Wenn jede Person einen gesicherten Bereich sozialer Freiheiten haben soll, dann muss es *soziale Regeln* geben, die das Handeln der Menschen regulieren und deren Freiheit begrenzen. Soziale Freiheit ist darum nur im Rahmen einer sozialen Ordnung möglich, die den Menschen gerade dadurch, dass sie die Freiheit eines jeden durch soziale Regeln beschränkt, die Möglichkeit bietet, ihr Leben frei von Zwang nach eigenem Gutdünken zu gestalten." (Koller 1996, 121f)

In der „Eroberung und Verteidigung" dieser größtmöglichen persönlichen Freiheit besteht die zweite wesentliche Funktion von Rechten. Im Konfliktfall ermöglichen sie es dem Einzelnen, den ihm zustehenden Bereich der „Herrschaft des Individuums über sich selbst" (Mill 1988, 103) vor Interventionen durch die mit den eigenen Zielen konfligierende Interessenverfolgung der Mitbürger und vor Eingriffen des Staates zu schützen.

Rechte werden daher traditionell als eine Art Bollwerk vorgestellt, ein Ausdruck, der besondere Betonung auf deren *defensiven* Charakter legt: Das Szenario, das diese Metapher zeichnet, ist das Bild eines Individuums, das gegenüber der kräftemäßigen Überlegenheit einzelner anderer, der zahlenmäßigen Übermacht der Gesamtheit der anderen und

Finden ist mehr als Fehlen v. konflikte / Gegensätzen

der strukturellen Übermacht des Staates schutzlos ist und dessen berechtigte Interessen im egoistisch motivierten Kampf aller gegen alle
unterzugehen drohen. Rechte ziehen um dieses Individuum die Grenze,
das Bollwerk, an dem die Angriffe der anderen und die Interventions-
gier des Staates abprallen. Nun tragen Rechte jedoch keineswegs nur
defensive freiheitsstiftende, sondern zugleich auch aggressive freiheitslimitierende Züge: Sie sind ihrerseits „zwangsbewehrte soziale Normen", die es ihren Trägern ermöglichen, ihre legitimen Interessen gegen die Wünsche und Bedürfnisse anderer durchzusetzen. In diesem
Sinne fungieren Rechte als „Waffen" im geordneten gesellschaftlichen
Kampf um die Durchsetzung von Interessen:

„Auch Interessengruppen, zwischen denen ansonsten kaum Einigkeit besteht,
stimmen darin überein, dass Rechte unersetzbare Waffen in der politischen
Auseinandersetzung darstellen. Diese Übereinstimmung spiegelt einen tiefer
liegenden Konsens über die vorrangige Natur von Rechten. Wer behauptet, ein
Recht auf etwas zu haben, sagt – wie viele Kommentatoren richtig bemerkt haben – nicht, dass es seitens der anderen nett, großzügig oder nobel wäre, ihm
das entsprechende Gut zur Verfügung zu stellen. Vielmehr behauptet er, dass
sie dazu verpflichtet sind, dass es unfair oder ungerecht wäre, wenn sie es nicht
täten, dass er es berechtigterweise von ihnen erwarten oder fordern darf usw.
Daher muss die Beanspruchung eines Rechtes von einer der streitenden Partei-
en seitens der anderen durch eine ebenso starke Waffe beantwortet werden. (...)
So wie andere Waffen auch tendieren Rechtsansprüche dazu, sich auszudehnen
und zu eskalieren, wenn sie erst einmal in der öffentlichen Arena in Erscheinung getreten sind." (Sumner 1987, 8)

Der Vergleich von Rechten mit Waffen macht deutlich, dass die Begründung von Rechten eine konflikthafte Situation voraussetzt, in der
Schutz notwendig ist, weil Übergriffe und Angriffe nicht nur möglich,
sondern zu erwarten sind.[34] Es ist eben diese latente Konfliktträchtig-
keit von Rechten, die – einem traditionsreichen Einwand zufolge – angesichts einer zusätzlichen Erweiterung der Rechtsbereiche, wie sie
etwa im Rahmen der Gruppenrechtsansprüche gefordert wird, Skepsis
nahe legt. Nicht wenige Autoren sind der Meinung, dass eine Gesellschaftsordnung, die sich im Wesentlichen als *Rechtsordnung* versteht,
die Interessenkonflikte zwischen den Bürgern eher verschärft als ent-
schärft, eher stabilisiert als beseitigt. Durch die starke normative Betonung des Einzelnen und seiner Ansprüche befördere der Rechtsstaat
eine egoistische Grundhaltung und lenke die Aufmerksamkeit von dem

ab, was nicht nur für jeden Einzelnen, sondern für alle gleichermaßen und die Gemeinschaft als solche und ganze gut sei[35]:

„Keines der so genannten Menschenrechte geht also über den egoistischen Menschen hinaus, über den Menschen, wie er Mitglied der bürgerlichen Gesellschaft, nämlich auf sich, auf sein Privatinteresse und seine Privatwillkür zurückgezogenes und vom Gemeinwesen abgesondertes Individuum ist." (Marx 1976, 349)[36]

Die ausschließliche Orientierung des Einzelnen an seinen egoistischen Interessen, Vorteilen und Rechten provoziere zudem dieselbe Haltung seitens seines Gegenübers. Auf diese Weise verhärteten sich die Fronten immer mehr, die Konflikte verschärften sich, so dass schließlich jeder Einzelne immer mehr Rechte zu brauchen meine und folglich einfordern werde, um die wachsende Bedrohung abzuwenden.[37] Die zunehmende Verrechtlichung sämtlicher Bereiche des sozialen Lebens in liberalen Rechtsstaaten ist dieser Position zufolge als ein nahezu zwangsläufiger Eskalationseffekt zu verstehen – mit den aus den Zusammenhängen des Wettrüstens bekannten kontraproduktiven Begleiterscheinungen: Die starke Betonung der Individualrechte erzeugt ein gesellschaftliches Klima, das letztlich die Konflikte schürt, zu deren Beilegung wiederum Rechte benötigt werden.

Doch Rechte dienen nicht nur als „Waffen" zu Eroberung und Verteidigung der negativen Freiheit ihrer Träger. Sie fungieren zudem als eine Art Währung im Rahmen der Verteilung jener gesellschaftlichen Güter, die das Individuum in die Lage versetzen sollen, diese Freiheit im Sinne seiner eigenen Interessen und Wertvorstellungen positiv zu realisieren.

3.3 Rechte als Währung

Im Rahmen der Interessentheorie werden Rechte mit Verweis auf das Wohlergehen von Individuen begründet. Das setzt einerseits die reziproke Anerkennung der Einzelnen als Träger von fundamentalen Interessen voraus und erfordert andererseits, dass diese davon absehen, sich gegenseitig an der Verfolgung ihrer Pläne zu hindern. Als Symbole sozialer Anerkennung und Waffen im Kampf um die Durchsetzung legitimer Interessen haben Rechte in beiden Zusammenhängen eine wichtige Funktion. Das Wohlergehen von Individuen verlangt jedoch darüber hinaus, dass jeder Einzelne über das notwendige Kontingent an sozialen, kulturellen und materiellen Ressourcen verfügt, um von seinen rechtlich gesicherten Freiheiten Gebrauch zu machen. Aus diesem Grund werden den Individuen in modernen liberalen Rechtsstaaten über die negativen Freiheitsrechte hinaus zusätzliche positive Anspruchsrechte gewährt, die im Sinne einer Währung als ein wesentliches Distributionsmittel für die benötigten Ressourcen fungieren.

Diese Rechte versetzen das Individuum in die Lage, gegenüber dem Staat bestimmte positive Ansprüche geltend zu machen. Dazu gehören insbesondere der Anspruch auf Teilnahme an Prozessen der öffentlichen Willensbildung (politische Teilnahmerechte) und der Anspruch auf einen fairen Anteil an den gesellschaftlichen Grundgütern (soziale Wohlfahrtsrechte).[38] In der Gewährung dieser Anspruchsrechte kommt zweierlei zum Ausdruck: *erstens* die Überzeugung, dass individuelle Selbstbestimmung die Möglichkeit zur Partizipation an der Gestaltung der gesellschaftlichen Strukturen beinhaltet und „dass Freiheit zumindest zum Teil auf der kollektiven Kontrolle über das gemeinsame Leben beruht" (Taylor 1988, 118), und *zweitens* die Auffassung, dass die politischen Teilnahmerechte

„solange ein nur formales Zugeständnis an die Masse der Bevölkerung bleiben müssen, wie die Chance zu ihrer aktiven Wahrnehmung nicht durch einen bestimmten Grad an sozialem Lebensstandard und ökonomischer Sicherheit garantiert wird (...). [U]m als eine moralisch zurechnungsfähige Person agieren zu können, bedarf der Einzelne nicht nur des rechtlichen Schutzes vor Eingriffen in seine Freiheitssphäre, sondern auch der rechtlich gesicherten Chance zur Partizipation am öffentlichen Willensbildungsprozess, von der er faktisch aber nur Gebrauch machen kann, wenn ihm zugleich ein gewisses Maß an sozialem Lebensstandard zusteht." (Honneth 1994, 189f)

Nun ist die Legitimität des Sozialstaats und die moralische Begründbarkeit sozialer Wohlfahrtsrechte in der praktischen Philosophie äußerst umstritten.[39] Im Zentrum dieser Auseinandersetzung stehen unterschiedliche Interpretationen jener grundlegenden liberalen Maxime, die in der sprichwörtlichen Wendung zum Ausdruck kommt, dass „jeder nach seiner Façon selig werden" soll. Demnach ist der Staat verpflichtet, dafür zu sorgen, dass die Individuen, die als Träger fundamentaler Interessen gleich sind und daher gleich zu berücksichtigen sind, ihre legitimen Interessen gleichermaßen befriedigen und über ihr

Leben selbstbestimmt und selbstverantwortlich entscheiden können. Diese Formulierung lässt jedoch zwei Lesarten zu, die sich mit Blick auf die Bestimmung der normativen und sozialen Funktion von Rechten erheblich unterscheiden. Sie könnte einerseits meinen, dass es jedem *erlaubt sein soll,* sein Leben gemäß seinen eigenen Vorstellungen zu gestalten, und andererseits bedeuten, dass es jedem *ermöglicht werden muss,* auf seine höchstpersönliche Weise selig zu werden. Wie sich im nun folgenden Hauptteil dieser Untersuchung zeigen wird, hängt von der Entscheidung zwischen diesen beiden Auffassungen bezüglich der Aufgabe des Staates und der Funktion des Rechtssystems auch für die Beurteilung der Gruppenrechtsforderungen eine Menge ab.

---

1   Vgl. zur historischen Einordnung dieser Entwicklung Marshall 1963, S.67ff; Alexy 1986, Kap. 4; Parsons 1982, Kap. 2 und Kap. 5.

2   Vgl. dazu Sumner 1987, S.15.

3   Vgl. Alexy 1986, S.163-224. In seiner „Dreiteilung der als Rechte zu bezeichnenden Positionen" (171) knüpft er explizit an Bentham (Bentham 1970), Bierling (Bierling 1877) und – wenn auch kritisch – Hohfeld (Hohfeld 1923) an.

4   Vgl. zum Begriff der Kompetenz Alexy 1986, S.211-219.

5   Vgl. zur Verbindung der unterschiedlichen Rechtstypen mit Pflichten Alexy 1986.

6   „Jede in Relation zum Staat bestehende grundrechtliche Freiheit ist mindestens durch ein inhaltsgleiches Recht darauf unmittelbar und subjektiv bewehrt, dass der Staat den Freiheitsträger nicht daran hindert, zu tun, was zu tun er grundrechtlich frei ist. (...) Diese Rechte sind mit der Kompetenz verbunden, ihre Verletzung gerichtlich geltend zu machen." (Alexy 1986, S.209f)

7   Rechte sind als komplexe Phänomene zu beschreiben, die sich in unterschiedlicher Weise aus „claims, privileges, powers and immunities" (s. auch Thomson 1993, S.159 sowie Sumner 1987, S.32) zusammen setzen. Vgl. dazu Sumners Auffassung von Rechten als „bundle of Hohfeldian elements". (Sumner 1987, S.52)

8   Vgl. zum Aufbau und zur logischen Form der Regeln Alexy 1986, Kap. II, insbesondere S.182-194. Siehe auch Sumner 1987, S.18-31.

9   „Grundrechtliche Erlaubnisnormen sind Normen von Verfassungsrang, also Normen höchster Rangstufe. Verbotsnormen und Gebotsnormen niederer Stufen, die etwas verbieten oder gebieten, was sie erlauben, zu tun oder zu unterlassen, *widersprechen* ihnen und sind deshalb verfassungswidrig. Im Rahmen des Stufenbaues der Rechtsordnung haben grundrechtliche Erlaubnisnormen damit die überaus bedeutsame Funktion, ‚dem Sollen Grenzen' zu setzen. Diese Funktion kann durch eine bloße Abwesen-

heit von Gebots- und Verbotsnormen nicht erfüllt werden." (Alexy 1986, S.207)

10 Vgl. dazu Habermas 1997, S.502ff.

11 Der Ausdruck „positive Rechte" ist von dem des „positiven Rechts" zu unterscheiden. Letzteres meint das geltende Recht, bezeichnet also nicht die bloße Singular-Form von „positiven Rechten", sondern bezieht sich auf einen anderen Gegenstand, nämlich das Recht als Gesamtsystem und nicht als einzelne Norm.

12 Vgl. dazu Koller 1996, S.112f; zur Unterscheidung von negativer und positiver Freiheit siehe auch Berlin 1969, insbesondere Kap. 3 und S.xxxvii-lxiii der Einleitung; Feinberg 1973, S.9ff; MacCallum 1967; Oppenheim 1961, S.109-118.

13 Siehe Nozick 1974.

14 Vgl. Tushnet 1984, S.1392.

15 Siehe Raz 1986, S.171; auch Sumner 1987, S.52.

16 Vgl. Raz 1986, S.168f.

17 Vgl. Sumner 1987, S.22.

18 „Der Schlüssel zur Analyse der Korrespondenz von Recht und Pflicht ist, dass die dreistellige Rechte-Relation mit einer dreistelligen Pflicht-Relation oder Gebots-Relation logisch äquivalent ist. Aus: (1) *a* hat gegenüber *b* ein Recht darauf, dass *b* ihm hilft folgt (2) *b* ist gegenüber *a* verpflichtet, *a* zu helfen, und umgekehrt." (Alexy 1986, S.186)

19 Vgl. dazu Sumner 1987, S.24.

20 Vgl. Waldron 1989, S.504.

21 Vgl. zu dieser Unterscheidung Green 1991, S.319 und Sumner 1987, S.97ff.

22 Mit dieser Kennzeichnung weiche ich von der üblichen Unterscheidung zwischen „Willenstheorie" und „Interessentheorie" ab, da der Fokus der folgenden Bemerkungen auf dem durch Rechte zu schützenden Wert und nicht auf der allgemeinen Funktion subjektiver Rechte liegt. Der Begriff der Autonomie scheint mir diesbezüglich gegenüber dem des Willens geeigneter. Vgl. zur Unterscheidung zwischen „Willenstheorie" und „Interessentheorie" Alexy 1986, S.164f, insbesondere Fußnote 20. Zur Kritik am Autonomieansatz siehe Raz 1986, S.203-207; dagegen Sumner 1987, Mackie 1984, S.355 und Green 1991. Eine anders akzentuierte Variante der Autonomieversion findet sich bei Honneth 1994, S.184-191.

23 Vgl. dazu Raz 1986, S.204.

24 Vgl. zur These vom Vorrang des Rechten vor dem Guten: Forst 1993; Gutmann 1985; Honneth 1993; Larmore 1993; MacIntyre 1984; Sandel 1984, 1990, 1995; Taylor 1993a; Walzer 1990. Vgl. zur Kritik an der These vom Vorrang des Rechten vor dem Guten: Buchanan 1989; Feinberg 1988; Gutmann 1985; Kymlicka 1988; Lasch 1986; MacIntyre 1995; Mouffe 1988; Mulhall/Swift 1991; Sandel 1984, 1984a und 1995; Taylor 1988 und 1989; Tomasi 1991; Walzer 1990 und 1998.

25 Die Autonomieversion von Rechten ist daher häufig dahingehend kritisiert worden, dass sie – im Gegensatz zur Interessenkonzeption – allein die Be-

gründung negativer Rechte erlaube, wohingegen der Interessenkonzeption nicht selten vorge worfen wird, dass sie bestimmte Formen von Staatspaternalismus befördere.

26 Es ist daher häufig argumentiert worden, dass Rechte sich im Rahmen utilitaristischer Theorien nicht begründen lassen. Kritisch dazu und zur Idee von „rights as trumps" Sumner 1987 und Raz 1986, (insbesondere) S.186f.

27 Zur Unterscheidung von „ultimate", „intrinsic" und „instrumental values" vgl. Raz 1986, S.177f.

28 Linneweber-Lammerskitten macht die Schwierigkeiten einer solchen Argumentationsweise mit Blick auf die Rechte von Minderheiten in überzeugender Weise deutlich. Vgl. Linneweber-Lammerskitten 1998, S.22f.

29 Es gibt daneben andere Fassungen der Reziprozitätsthese, vgl. dazu Raz 1986, S.176.

30 Gemeint ist hier jedoch nicht der Fall, in dem ein bestimmtes Rechtsobjekt aus kontingenten Gründen außerstande ist, seinen prinzipiell erfüllbaren Rechtspflichten nachzukommen – man denke etwa an eine Situation, in der jemand in einem Ausmaß schadensersatzpflichtig ist, das seine materiellen Möglichkeiten übersteigt, oder seinen Rechtspflichten nicht nachkommen kann, weil er im Koma liegt. Dass bestimmte Rechtspflichten zu bestimmten Zeitpunkten von einzelnen Individuen nicht erfüllt werden können, hat weder etwas mit der Natur der Verpflichteten noch mit der Natur der Güter, sondern lediglich etwas mit kontingenten Situationsmerkmalen zu tun.

31 Vgl. zur feministischen Kritik an Rawls' Bestimmung der Grundgüter Pauer-Studer 1993, S.60f; Nussbaum 1992, S.43-48.

32 Vgl. Rawls 1993, S.113.

33 Vgl. Honneth 1994, S.178f.

34 Vgl. Tomasi 1991, S.532; Wellmann 1985, S.194.

35 Diese Kritik bezieht sich in erweiterter Form auf alle Gesellschafts- und Gerechtigkeitskonzeptionen, für die die Idee des Individualrechts grundlegend ist. Mit Blick auf die störende Funktion von Rechten in kleineren Gemeinschaften findet sich diese Art von Kritik etwa bei Taylor 1979, MacIntyre 1995 und Sandel 1990.

36 Siehe zur marxistischen Kritik am Konzept von Rechten auch Wood 1979 und Miller 1984.

37 Vgl. zur Zurückweisung dieser Kritik Waldron 1987, S.190-209; siehe auch Green 1991, S.316.

38 Vgl. zu dieser Unterscheidung Honneth 1994, S.186f.

39 Zur Debatte um die normativen Grundlagen und die Legitimität des Sozialstaats vgl. Barry 1994; Bouillon 1997; Føllesdal 1997; Goodin 1988; Kliemt 1995; Marsland 1996; Sass 1990; Sen 1994; van Parijs 1995; einen Überblick über die Debatte bietet Boshammer/Kayß 1998.

III. Gruppen, Rechte und Gerechtigkeit

> *„Das strikte Festhalten an einem Prinzip der Gleich-*
> *behandlung tendiert zu einer Verstetigung von Unter-*
> *drückung oder Benachteiligung dort, wo zwischen*
> *den Gruppen Unterschiede in den Fähigkeiten, der*
> *Kultur, den Werten und Verhaltensstilen vorhanden*
> *sind, einige dieser Gruppen aber privilegiert sind.*
> *Die Inklusion und Partizipation eines jeden und*
> *einer jeden an sozialen und politischen Institutionen*
> *verlangt deshalb manchmal die Formulierung spe-*
> *zieller Rechte, die gruppenspezifische Unterschiede*
> *berücksichtigen, um Unterdrückung und Benachteili-*
> *gung zu unterminieren."*
> *(Young 1993, 269)*

In den vorangegangenen Kapiteln ist deutlich geworden, warum der Besitz von Rechten als vorteilhaft angesehen und mit Blick auf die verschiedensten Gegenstände zugunsten unterschiedlicher Subjekte gefordert wird: Wer über Rechte verfügt, ist als vollwertiges Mitglied der Gesellschaft anerkannt, dessen Wohlergehen Schutz genießt, dessen Interessen Berücksichtigung verdienen und gegebenenfalls einen ausreichenden Grund dafür darstellen, die Handlungsfreiheit der Mitbürger und des Staates einzuschränken. Rechte verleihen ihren Trägern soziale Anerkennung, relative Macht und Freiheit. Ihr Besitz ist eine wesentliche Voraussetzung dafür, dass ein Individuum im Rahmen einer Gesellschaft nicht nur existieren, sondern gut und sicher leben kann, und die Geltung von Rechten, das Bestehen einer gerechten Rechtsordnung, ist eine Bedingung für die friedliche Koexistenz und erfolgreiche Kooperation zwischen den Individuen: „Rechte sind längst nicht alles, aber ohne Rechte ist alles nichts." Angesichts dieser Wesens- und Funktionsbestimmung von Rechten liegt es gewissermaßen nahe, dass diejenigen, die sich missachtet, unfrei und ohnmächtig fühlen, zur Verbesserung ihrer Lage Rechte einklagen und diejenigen, die um den sozialen Frieden fürchten, ihre Aufmerksamkeit auf die Struktur des Rechtssystems richten. In diesem Sinne sind auch die Gruppenrechtsforderungen zu verstehen, die wie einleitend dargestellt zwei grundsätzlich voneinander zu unterscheidende, jedoch nicht selten miteinander verbundene Formen annehmen: Die Einrichtung von *Kollektivrechten* soll die normativen Vorteile, die mit dem Besitz von Rechten verbunden sind, bestimmten Gruppen als solchen zukommen lassen und auf diese Weise ihre Existenz und ihren Fortbestand im Rahmen einer plurikulturellen liberalen Gesellschaft sichern. Demgegenüber dienen individuelle *Sonderrechte* zugunsten der Mitglieder bestimmter Gruppen dem Schutz von fundamentalen Interessen und der Beseitigung sozialer Handlungsbeschränkungen, die sich mittelbar oder unmittelbar aus der Gruppenzugehörigkeit ihrer Träger ergeben. Die Gruppenrechtsdebatte dreht sich daher um zwei verschiedene Fragen: 1. Sollten Gruppen als Träger von Rechten angesehen werden? 2. Sollten Gruppenmitgliedschaften Gründe für die Gewährung besonderer Rechte darstellen?

1. Die politische Veranlassung und normative Problematik von Gruppenrechten

> *„Gruppen haben ein fundamentales Recht auf Achtung ihrer Gemeinschaftlichkeit, so wie Personen ein fundamentales Recht auf Achtung ihrer Personhaftigkeit haben. "*
> *(Garet 1983, 1017)*

Um nachvollziehen zu können, wodurch die Forderung nach Gruppenrechten veranlasst ist und worin ihre normative Problematik besteht, ist es unerlässlich, sich vor Augen zu führen, von welchen Grundvoraussetzungen die Kollektivrechtsbefürworter einerseits und die Sonderrechtsanwälte andererseits in ihren Argumentationsweisen ausgehen. Während erstere behaupten, dass die Existenz bestimmter Gruppen in der plurikulturellen liberalen Gesellschaft massiv gefährdet ist, vertreten letztere die Auffassung, dass sich die unterschiedliche Gruppenzugehörigkeit der einzelnen Individuen innerhalb einer solchen Gesellschaft auf die Angehörigen bestimmter Gruppen nachteilig auswirkt. Gemeinsam teilen sie die Überzeugung, dass diese Missstände durch die liberale Individualrechtskonzeption und die mit ihr verbundene Rechtsauffassung nicht beseitigt werden können, ja mehr noch: dass sie

zum Teil durch sie mitverursacht sind. Vor diesem Hintergrund wird
verständlich, warum beide Seiten zur Beseitigung der genannten Übel
eine grundlegende Modifikation der liberalen Individualrechtskonzeption in Form ihrer Ergänzung um Kollektiv- bzw. Sonderrechte fordern.
Konkret stellt die Forderung nach Gruppenrechten eine Reaktion auf
drei Probleme moderner Gesellschaften dar, deren normative Implikationen sich am Beispiel der Gruppenrechtsfälle aus dem Prolog veranschaulichen lassen: Die Gefahr der kulturellen Erosion, die Problematik der strukturellen Diskriminierung und das Phänomen der relativen
Benachteiligung.

1.1 Die Gefahr der kulturellen Erosion (Der Fall der Amish)

In der Rechtssache „Wisconsin gegen Yoder", die 1971 vor dem höchsten amerikanischen Gericht verhandelt worden ist, klagen drei Famili-
en der religiösen Gemeinschaft der „Old Order Amish" erfolgreich gegen den Staat Wisconsin. Dieser hatte sie zu einer Geldstrafe verurteilt,
weil sie sich weigerten, ihre Kinder nach Abschluss des achten Schul-
jahres, so wie es das Gesetz des Staates vorsieht, für zwei Jahre zu einer
weiterführenden Schule zu schicken.[1] Im Bundesstaat Wisconsin unterliegen die Kinder bis zum 16. Lebensjahr der gesetzlichen Schulpflicht.
Auf diese Weise will der Staat gewährleisten, dass jedes einzelne der
Kinder die gleiche Chance erhält, die Bildung zu erwerben, die eine
wesentliche Voraussetzung für ihre spätere politische Partizipation als
Bürger und ihre Unabhängigkeit darstellt und daher sowohl im wohl-
verstandenen Eigeninteresse eines jeden Individuums als auch im Interesse des Staates zu liegen scheint: Nur wer lesen, schreiben und rechnen kann und über ein Mindestmaß an Allgemeinbildung verfügt, ist in
der Lage, seine Rechte wahrzunehmen und seine Staatsbürgerpflichten
zu erfüllen, sich in der Gesellschaft zu orientieren, selbständig für seinen Lebensunterhalt zu sorgen und an der politischen Willensbildung
zu partizipieren. Um als Individuum im Kontext der liberalen Gesellschaft gut und sicher leben zu können, ist eine solche Grundausbildung
unverzichtbar. Die allgemeine Schulpflicht gilt demnach sowohl mit
Blick auf das individuelle Grundrecht auf Bildung als auch durch das
öffentliche Interesse an der Selbständigkeit und Mündigkeit der Bürger
als moralisch begründet, als legitim.[2]

Mit ihrer Klage vor dem Supreme Court wollen die Amish eine teilweise Befreiung von dieser Rechtspflicht erreichen, denn sie sehen
durch die Schulpflicht der Kinder über das 14. Lebensjahr hinaus ihr
verfassungsmäßig gesichertes Recht auf freie Religionsausübung verletzt und den Fortbestand ihrer Gemeinschaft durch die Einschränkung
der ungehinderten Ausübung ihres Glaubens gefährdet. Dieser Glaube
schreibt ein von der übrigen Gesellschaft nahezu hermetisch abgeschlossenes Gemeinschaftsleben vor[3]: Die Separation von der modernen Welt, die Begrenzung nahezu aller sozialen Kontakte auf Mitglieder der eigenen Gemeinschaft und die Orientierung an den Gesetzen
der Bibel und den daraus abgeleiteten Regeln des Kollektivs stehen im
Zentrum der religiösen Überzeugungen der Amish, die ausnahmslos
alle Bereiche des Lebens bestimmen. Ihre Absonderung von der amerikanischen Gesellschaft kommt nicht nur in ihrer Kleidung, ihrer Sprache[4] und ihrem Lebensstil zum Ausdruck. Sie verzichten auch auf jede
Form von Elektrizität, da sie die Stromleitungen als Verbindung zur
Außenwelt begreifen. Sie benutzen und besitzen keine Autos, die als
Hilfsmittel zur „Flucht in die Welt" angesehen werden, sie kennen kein
Telefon, und private Kontakte zu Nicht-Mitgliedern der Gemeinschaft
sind strengstens untersagt. Die Pflicht zum täglichen Besuch einer weiterführenden öffentlichen Schule außerhalb der Gemeinschaft ist mit
dieser Vorstellung vom „guten, wahren und richtigen Leben" nicht zu
vereinbaren. Eltern, die ihre Kinder dazu zwingen, verletzen ihre religiösen Pflichten, indem sie die ihrem Schutz Anbefohlenen einer feind-
lichen Umgebung aussetzen, deren Werte denen der Gemeinschaft fundamental widersprechen. Auf diese Weise gefährden sie nicht nur ihr
eigenes Seelenheil, sondern auch das ihrer Kinder.[5] Die Amish betrachten das Schulpflichtgesetz des Staates Wisconsin daher als eine massive Verletzung ihrer fundamentalen Interessen. Sie sehen sich durch die
Regelung diskriminiert[6] und in eine verzweifelte Lage gebracht, in der
sie entweder ihren Glauben und damit ihre Identität verleugnen oder
ihre angestammte Heimat aufgeben müssen. Der liberale Staat zwingt
sie zu einem Verhalten, das ihren fundamentalen Überzeugungen zuwiderläuft, um sie für ein Leben zu präparieren, das sie gar nicht führen
wollen. Seine Gesetzgebung orientiert sich am Ideal eines autonomen,
selbständigen, mündigen Bürgers, der innerhalb der Gesellschaft seine
Interessen verfolgt. Doch die Amish wollen nicht innerhalb der amerikanischen Gesellschaft leben, sondern ausschließlich im Rahmen ihrer

eigenen Gemeinschaft. Dort jedoch ist Autonomie ein Fremdwort, und um überleben zu können, braucht man keinen „High-school"-Abschluss, sondern eine fundierte landwirtschaftliche oder handwerkliche Ausbildung und einen unerschütterlichen Glauben. Die Amish argumentieren daher auch nicht aus der Perspektive eines universellen Individualrechts, sondern aus der der „Gemeinschaftlichkeit": Ihnen geht es nicht um den Schutz eines individuellen Interesses, sondern um die Bewahrung eines kollektiven Gutes. Sie haben das Wohl ihrer Gemeinschaft vor Augen, von dem ihr individuelles Wohlergehen in keiner Weise zu trennen ist. In der Glaubens- und Vorstellungswelt der Amish haben weder Individuen noch individuelle Ansprüche einen Platz. Hier gibt es keine Trennung zwischen Individuum und Gemeinschaft: Der Wert jedes Einzelnen ergibt sich aus seinem Beitrag zum Wohlergehen des Kollektivs, und die Idee individueller Rechte, Interessen und Ziele ist ihnen völlig fremd. Ihre Selbst-Sorge ist die Sorge um die Gemeinschaft, und es ist die Furcht vor den gemeinschaftszersetzenden Effekten der staatlichen Schulpflicht, vor der kulturellen Erosion ihrer Gruppe, die ihre Klage motiviert. Doch auch wenn ihre Weltanschauung und ihr Selbstverständnis vom „conventional mainstream" abweicht, sind die Amish nichtsdestotrotz gute amerikanische Bürger: Sie zahlen Steuern, befolgen die Gesetze des Bundesstaates und nehmen keinerlei staatliche Unterstützung in Anspruch.[7] Es ist die Gesetzgebung des Staates respektive das Schulpflichtgesetz, das sie zu Kriminellen macht, wenn sie ihrem eigenen Gewissen folgen. Eben darin besteht das Unrecht, das sie (erfolgreich) beklagen, und zu dessen Beseitigung ganz offensichtlich eine Ausnahme von der geltende Rechtsregelung erforderlich ist.[8]

Dabei ruht die geltende Rechtsregelung sicher auf den drei oben genannten moralischen Pfeilern der liberalen Gerechtigkeitskonzeption: Sie legt allen Individuen die gleichen Pflichten auf, sie macht keine willkürlichen Unterschiede zwischen ihnen, sie ist allen gegenüber gleichermaßen gerechtfertigt und behandelt alle Individuen gleich. Doch obwohl das Schulpflichtgesetz des Staates Wisconsin auf alle Bürger gleichermaßen angewendet wird und (wie vom Gericht ausdrücklich betont[9]) prima facie keine religiösen Diskriminierungen beinhaltet, hat es dennoch aus Sicht der Amish eine eklatante Ungerechtigkeit zur Folge, nämlich die effektive Sanktionierung und nachweisliche Gefährdung ihrer Tradition und Lebensweise und damit ihrer

„kollektiven Identität". Das Gesetz befördert die kulturelle Erosion der Amish-Gemeinschaft und dies nicht etwa trotz, sondern gerade wegen seiner individualistischen, universalistischen und egalitären Ausrichtung. Es ist gerade die unterschiedslose Anwendung des Gesetzes, seine Ignoranz gegenüber den bestehenden religiösen Unterschieden zwischen den Bürgern, die letztlich zur Benachteiligung der Amish führt. Um effektiv gleiche Freiheit zu gewährleisten, scheint daher eine Ungleichbehandlung der Gruppe der Amish, d.h. die Berücksichtigung ihrer Religionszugehörigkeit als eines moralisch relevanten und rechtlich ausschlaggebenden Merkmals, notwendig zu sein.

Die Amish fordern folglich ein entsprechendes Gruppenrecht zu ihren Gunsten, und meiner Ansicht nach spricht vieles dafür, dieses Recht als Kollektivrecht zu verstehen[10]: Die Klage der Amish ist motiviert durch die Sorge um den Fortbestand ihrer Gemeinschaft. Es geht ihnen um den rechtlichen Schutz ihrer Lebensweise, für den die Freistellung der Kinder von der Schulpflicht eine notwendige Bedingung ist. Ihrem Anliegen wäre keineswegs gedient, wenn der Staat die Gemeinschaft z.B. durch Steuererleichterungen für den wirtschaftlichen Verlust entschädigte, der durch die Abwesenheit der jugendlichen Arbeitskräfte entsteht.[11] Doch ebenso wenig wäre ihnen damit geholfen, wenn die Entscheidung über den Schulbesuch in die Hände der einzelnen Kinder respektive ihrer Eltern gelegt würde, ohne dass garantiert wäre, dass diese ihre diesbezügliche Freiheit im Sinne der Gemeinschaft nutzen. Um den Fortbestand der Gemeinschaft zu sichern, benötigt das Kollektiv selbst das Recht, über den Lebensalltag der Kinder und die Art ihrer Ausbildung zu bestimmen. Es ist letztlich das Existenzrecht der Amish-Gemeinschaft, das hier eingeklagt wird und das durch die Schulpflichtregelung beeinträchtigt ist. Auch die Richter greifen diesen Gedanken in ihrer Urteilsbegründung auf, indem sie auf die Gefahr der „cultural erosion" der „Old Order Amish Gemeinschaft wie sie heute in den Vereinigten Staaten existiert" hinweisen, die es nach Ansicht des Gerichts durch die Ausnahmeregelung abzuwehren gilt.

Vor dem Hintergrund dessen, was in den vorangegangen Kapiteln über die Struktur und Funktion von Rechten gesagt worden ist, lässt sich die Forderung nach Kollektivrechten mit Blick auf den Fall der Amish People nun schon etwas genauer kennzeichnen: Wer zugunsten von Kollektivrechten argumentiert, geht *erstens* davon aus, dass nicht nur Individuen, sondern auch bestimmte Kollektive als vollwertige Mitglieder der Gesellschaft anerkannt werden müssen. Er behauptet *zweitens,* dass auch das Wohlergehen von Kollektiven Schutz genießen sollte und die Beeinträchtigung oder Gefährdung dieses Wohlergehens ein Unrecht ist. Und er meint *drittens,* dass auch die Interessen von bestimmten Gruppen Berücksichtigung verdienen und einen ausreichenden Grund dafür darstellen können, die Handlungsfreiheit der Individuen und die des Staates einzuschränken. Er behauptet also gegen das liberale Bekenntnis zum Individualismus, dass der ungestörte Fortbestand von religiösen, sprachlichen oder ethnischen Gemeinschaften einen moralisch zu berücksichtigenden Wert darstellt, der hoch genug anzusiedeln ist, um zu seinem Schutz die Freiheit der Individuen und die Interventionsrechte des Staates einzuschränken. Von diesen Freiheitseinschränkungen werden mit hoher Wahrscheinlichkeit vor allem die Mitglieder der rechtlich geschützten Gruppe selbst betroffen sein.[12] Eben diese Gefahr einer Begrenzung der individuellen Freiheit durch die Macht des Kollektivs begründet wie einleitend bereits erläutert die liberale Ablehnung von Kollektivrechten. Das Beispiel der Amish People zeigt dagegen, dass auch die rechtliche Nicht-Berücksichtigung der besonderen Interessen dieser Gruppen erhebliche negative Folgen für die Freiheit des Einzelnen haben kann, sein Leben gemäß seinen eigenen Vorstellungen und Überzeugungen zu gestalten.

1.2 Das Problem der strukturellen Diskriminierung (Der Quotenstreit)

Die Situation der Amish People verdeutlicht, inwiefern eine individualistische, universalistische und egalitäre Rechtskonzeption den Fortbestand bestimmter Gruppen bedrohen und dadurch gegebenenfalls auch die Freiheit der einzelnen Individuen beeinträchtigen kann. Die Gruppenrechtsregelung, die im Fall der Frauenquoten strittig ist, hat damit auf den ersten Blick nur wenig gemeinsam. Die Gruppe der Frauen ist – jedenfalls bisher – keineswegs vom Aussterben bedroht. Ihre Mitgliedschaft macht in den meisten Staaten der Welt mehr als die Hälfte der Bevölkerung aus. Überhaupt fällt es schwer, die Frauen in einem den Amish und anderen kulturellen oder religiösen Gemeinschaften vergleichbaren Sinne als Gruppe zu bezeichnen. Im Gegensatz zu den Amish leben ihre Mitglieder nicht als organisiertes Kollektiv in gemeinsamer Isolation. Sie haben keine eigene Sprache und keine separate gemeinsame Geschichte. Sie leben, denken, glauben und fühlen ganz unterschiedlich, und es macht kaum Sinn, in mehr als nur metaphorischer Weise von einer kollektiven weiblichen Identität zu sprechen, von der gemeinsamen Teilhabe aller Frauen an einem kollektiven Gut der Weiblichkeit, das noch dazu spezifisch und fassbar genug wäre, um durch besondere Rechte geschützt werden zu können.

Das Recht, das mithilfe von Frauenquoten gewährt wird, ist denn auch kein Kollektiv-, sondern ein Sonderrecht, das einzelnen Personen aufgrund ihrer Zugehörigkeit zu einer bestimmten Gruppe zugesprochen und mit Verweis auf die Benachteiligung der Gruppe begründet wird. Dabei ergibt sich die Diagnose der Benachteiligung aus der Beobachtung einer krassen Unterrepräsentation von Frauen in bestimmten Bereichen der Gesellschaft. Im Bremer Landesgleichstellungsgesetz, auf dessen Grundlage der Personalrat im Prologfall die Beförderung von Herrn Kalanke verweigerte, kommt dieser Zusammenhang deutlich zum Ausdruck:

„Bei der Übertragung einer Tätigkeit in einer höheren Lohn-, Vergütungs- und Besoldungsgruppe sind Frauen bei gleicher Qualifikation wie ihre männlichen Mitbewerber vorrangig zu berücksichtigen, *wenn sie unterrepräsentiert sind* [Hervorhebung S.B.], sofern nicht in der Person eines Mitbewerbers liegende Gründe überwiegen. Das gilt auch bei der Übertragung eines anderen Dienstpostens und bei Beförderung. (...) Eine Unterrepräsentation liegt vor, wenn in den einzelnen Lohn-, Vergütungs- und Besoldungsgruppen der jeweiligen Personalgruppe einer Dienststelle nicht *mindestens zur Hälfte* [Hervorhebung S.B] Frauen vertreten sind." (Bremer LGG, Abschnitt II, §4, Abs.2 und 5)

Es ist also die im Verhältnis zu ihrem Anteil an der Bevölkerung signifikante Unterrepräsentation von Frauen insbesondere in denjenigen Bereichen der Gesellschaft und des Arbeitsmarktes, die mit höherem Einkommen, Einfluss und sozialem Ansehen verbunden sind, die die Forderung nach Quotenregelungen zu ihren Gunsten politisch veranlasst. Dahinter verbirgt sich die Überzeugung, dass die mangelnde Teilhabe der Frauen an diesen erstens knappen und zweitens zwischen den Geschlechtern gleichermaßen begehrten[13] Gütern nicht als Ausdruck ihres freiwilligen Verzichts, also als Ergebnis einer unbestimmten Menge voneinander unabhängiger persönlicher Entscheidungen verstanden werden kann. Vielmehr stellt sie ein Resultat *struktureller Diskriminie-*

rung zum Nachteil von Frauen dar und muss daher als Unrecht und Ungerechtigkeit gedeutet werden:

„Wenn in einer Gesellschaft, in der formale Chancengleichheit verwirklicht ist, eine auffällige Korrelation besteht zwischen den Inhabern gut und besser dotierter Stellen, Ämter und Funktionen auf der einen Seite und einer für diese Stellen, Ämter und Funktionen irrelevanten Eigenschaft, nämlich der des Geschlechts oder der Hautfarbe, auf der anderen Seite, dann muss man annehmen, dass die Strukturen dieser Gesellschaft die Diskriminierung einer oder mehrerer gesellschaftlicher Gruppen fördern und unterstützen." (Rössler 1993, 8)

Die Unterrepräsentation von Frauen wird also als Ungerechtigkeit verstanden, als Indiz für deren Benachteiligung bei den Verteilungsverfahren, als Ausdruck eines Mangels an effektiver Chancengleichheit *trotz* formaler Gleichberechtigung. Quotenregelungen sind demnach eine politische Reaktion auf ein gesellschaftliches Problem, das es in liberalen Verfassungsstaaten, in denen „gleiches Recht für alle" gilt, eigentlich gar nicht geben sollte, ja dessen Beseitigung und Verhinderung ein erklärtes Ziel der liberalen Rechtskonzeption ist: die Benachteiligung von Personen aufgrund ihres Geschlechtes, ihrer Abstammung, ihrer „Rasse", ihrer Sprache, ihrer Heimat und Herkunft, ihres Glaubens, ihrer religiösen oder politischen Anschauungen.

Nun liegt die eigentliche Ursache für die effektive Benachteiligung von Frauen trotz formal gleicher Rechte sicher nicht in der liberalen Rechtsordnung. Im Gegenteil: Sie ist überwiegend ein Erbe jener Zeiten, in denen sich der Gedanke rechtlicher Gleichberechtigung aller Individuen gerade noch nicht durchgesetzt hatte.[14] Die jahrhundertelange rechtliche Diskriminierung von Frauen hat nicht nur dazu geführt, dass die politische Macht und der Großteil der gesellschaftlichen Ressourcen bis vor wenigen Jahrzehnten nahezu ausschließlich in den Händen von Männern lagen. Sie hat darüber hinaus zur Folge, dass die Strukturen der Gesellschaft und insbesondere des Arbeitsmarktes patriarchalisch geprägt, d.h. den Interessen der dominanten Gruppe angepasst sind, dass sie sich, mit anderen Worten, in mancherlei Hinsicht „männerfreundlich" und „frauenfeindlich" darstellen.[15] Infolge der in den Strukturen der Gesellschaft fortwirkenden und in diesem Sinne *strukturellen Diskriminierung*[16] sind Männer und Frauen hinsichtlich ihrer faktischen Teilhabe an den sozialen Gütern bis heute „ungleich". Nach An-

sicht der Befürworter von Frauenquotenregelungen muss diese strukturell bedingte Ungleichheit rechtliche Berücksichtigung finden. Da die
formal gleiche Anwendung gleicher Rechte für Männer und Frauen
dieser Position zufolge zu einer zwangsläufigen Verstärkung des sozialen Gefälles zwischen den Geschlechtergruppen führen würde und
führt, hat die liberale Rechtskonzeption mit Blick auf die effektive
Gleichberechtigung der Geschlechter unter den genannten Voraussetzungen kontraproduktive Effekte:

„Wenn einige Gruppen privilegiert sind und andere marginalisiert werden, ist
eine Politik der formalen Gleichheit (Gleichheit de jure) nicht ausreichend, da
sie aller Wahrscheinlichkeit nach in der Praxis zu substantieller Ungleichheit
(Ungleichheit de facto) führt. Am Prinzip formaler Gleichheit festzuhalten,
dient den Interessen herrschender Gruppen in einer Gesellschaft: Auf diese
Weise wird die Unterdrückung nicht unterminiert, sondern aufrechterhalten."
(Galenkamp 1995, 168)

So wie sich die Religionszugehörigkeit der Amish trotz der für alle
gleichermaßen geltenden Schulpflichtregelung als faktische Benachteiligung auswirkt, wird im Rahmen der Argumentation zugunsten von
Frauenquoten die Zugehörigkeit zur Gruppe der Frauen aufgrund der
effektiv patriarchalischen Strukturen der Gesellschaft als eine Art „sozialer Wettbewerbsnachteil" aufgefasst. Auch wenn die Geschlechtszugehörigkeit als solche ein moralisch irrelevantes Merkmal darstelle und
ihre rechtliche Berücksichtigung daher dem Willkürverdacht unterlie-
ge, erlange sie aufgrund der bestehenden Verteilungssituation zwischen
den Geschlechtergruppen und dem diesbezüglich festzustellenden Gefälle soziale und moralische Relevanz. Wolle man die liberale Forderung nach gleichen Chancen und gleicher Freiheit für alle verwirklichen, müsse dieser Nachteil durch die Gewährung besonderer Rechte
für Frauen ausgeglichen werden.

Wie im Fall der Amish People geht es also auch bei der Frauenquote
um die Frage der normativen Bedeutung und angemessenen rechtlichen
Berücksichtigung der gruppenspezifischen Unterschiede zwischen den
Bürgern. Gestritten wird einerseits um die Behauptung, dass die Menschen in normativ relevanter Hinsicht eben nicht gleich, sondern ungleich sind, und andererseits um die aus dieser Auffassung resultierende Forderung, dass Justitia diesen Ungleichheiten gegenüber nicht
blind, sondern vielmehr hellsichtig sein sollte. Ein entscheidender Un-

terschied zwischen den Rechtsforderungen zugunsten der Amish und denen zugunsten der Frauen besteht jedoch darin, dass es bei der Frauenquote nicht um den Schutz einer Gruppe geht, sondern vielmehr um die Verwirklichung von *Chancengleichheit für Individuen*. Die Herstellung von Parität zwischen den Geschlechtergruppen ist hier nur als eine Art Etappenziel zu verstehen: Der mithilfe der Quote angestrebte Verteilungsausgleich zwischen den Geschlechtergruppen ist bloß (vorläufiges) Mittel zum Zweck der Herbeiführung einer sozialen Ausgangssituation, in der das soziale Machtgefälle zwischen den Geschlechtern egalisiert ist und auf diese Weise Bedingungen geschaffen sind, in deren Rahmen „Gleiches Recht für alle" auch tatsächlich „Gleiche Chancen für jeden Einzelnen" bedeutet.[17] Frauenquoten stellen daher zeitlich limitierte Bevorzugungsmaßnahmen dar[18]: Frauen sollen solange in den Genuss bestimmter Sonderrechte kommen, bis die Gruppe der Frauen über den ihr rechtmäßig zustehenden Anteil an den sozialen Gütern verfügt. Es geht hier also nicht etwa um den dauerhaften rechtlichen *Schutz der natürlichen Unterschiede* zwischen Männern und Frauen im Sinne der Anerkennung und Bewahrung einer substantiellen Differenz. Quotenregelungen zielen vielmehr auf die *Beseitigung sozialer Ungleichheiten* zwischen den Geschlechtergruppen, die eine sozial verursachte und damit sozial zu verantwortende Folge der Diskriminierungspraxis darstellen.[19]

Wer im Sinne der Frauenquote zugunsten von Sonderrechten argumentiert, geht also davon aus, dass *erstens* Rechte nicht nur mit Verweis auf fundamentale Interessen von Individuen begründet werden können, sondern auch durch übergeordnete gesellschaftliche oder staatliche Ziele. Er behauptet darüber hinaus *zweitens*, dass sich das maßgebliche normative Gleichheitskriterium hinsichtlich der Verteilung dieser Rechte weniger auf die Verteilungsverfahren als vielmehr auf ihre Ergebnisse beziehen sollte, und vertritt *drittens* die Auffassung, dass ein ergebnisorientierter Gleichheitsgedanke die Berücksichtigung aktuell bestehender sozialer Ungleichheiten zwischen Gruppen und den Ausgleich faktischer Benachteiligungen verlangt. Kurz: Er behauptet, dass die Herstellung effektiver Gleichheit zwischen bestimmten sozialen Gruppen als Mittel zum Zweck der Ermöglichung substanzieller Chancengleichheit für Individuen die ungleiche Berücksichtigung individueller Interessen und die ungleiche Behandlung von Individuen aufgrund ihrer unterschiedlichen Gruppenzugehörigkeit nicht nur erlaubt, sondern gegebenenfalls sogar gebietet.

1.3 Das Phänomen der relativen Benachteiligung
(Die Kopftuchdebatte)

Die Argumentation zugunsten jener Gruppenrechtsregelung, um die im Rahmen der Kopftuchdebatte gestritten wird, verläuft in weiten Bereichen ganz ähnlich wie in der Debatte um die Frauenquote. In der Bundesrepublik hat sich der Streit um das Kopftuch am Fall der muslimischen Grund- und Hauptschullehrerin Lehrerin Fereshta Ludin entzündet, die mit ihrer Klage mittlerweile vor der dritten gerichtlichen Instanz gescheitert ist.[20] Die Begründungen, mit denen das Anliegen der Lehrerin zunächst vom Oberschulamt, dann vom Landtag und schließlich von den Verwaltungsgerichten zurückgewiesen worden ist, unterscheiden sich im Detail, berufen sich jedoch im Kern allesamt auf das so genannte Neutralitätsgebot des Staates. Demzufolge haben sich die Institutionen und Bediensteten eines liberalen Rechtsstaates gegenüber den unterschiedlichen Weltanschauungen und den religiösen und politischen Überzeugungen der Bürger neutral zu verhalten und selbst auf jedes diesbezügliche Bekenntnis zu verzichten.[21] Die normative Grundlage dieses Neutralitätsgebotes bildet das Gleichheitspostulat: Weil der Staat dazu verpflichtet ist, seine Bürger ungeachtet der weltanschaulichen Unterschiede, die zwischen ihnen bestehen, als Individuen gleich zu behandeln, ihnen die gleiche Achtung und den gleichen Respekt entgegenzubringen, darf er sich zu keinem von ihnen mehr „bekennen" als zu jedem anderen. Aus diesem Grund untersagt er es seinen Vertretern, in Ausübung ihres Dienstes selbst in irgendeiner Form ein religiöses oder weltanschauliches Bekenntnis abzulegen, da dieses als ein Ausdruck der Parteilichkeit des Staates verstanden werden müsste und damit einen Verstoß gegen den Gleichheitsgrundsatz beinhalten würde.[22] Der liberale Staat versteht sich als ein neutraler Vermittler zwischen den Individuen, der unvoreingenommen und unparteilich die konfligierenden Interessen seiner Bürger gleichermaßen zu berücksichtigen und sich jeder Beeinflussung in religiöser oder weltanschaulicher Hinsicht zu enthalten hat.

Um die Gleichbehandlung aller Bürger und die Gleichberücksichtigung ihrer Interessen zu gewährleisten und entsprechende Unvoreingenommenheit zu signalisieren, schränkt der Staat die Grundrechte seiner Vertreter – und zwar insbesondere ihr Recht auf freie Religionsausübung und Meinungsäußerung – im Bereich ihrer Dienstausübung ein.

Staatliche Beamte unterliegen einer diesbezüglichen Unterlassungs-
pflicht, der entsprechende Rechte der Bürger korrespondieren. Diese
haben einen rechtlich geschützten und staatlich zu gewährleistenden
Anspruch darauf, nicht gegen ihren Willen oder „ohne Ausweichmöglichkeiten dem Einfluss eines bestimmten Glaubens, den Handlungen,
in denen dieser sich manifestiert und den Symbolen, in denen er sich
darstellt"[23] ausgesetzt zu sein. Frau Ludins Kopfbedeckung stellt nach
Ansicht der zuständigen Entscheidungsgremien ein solches religiöses
Symbol dar, dessen Präsentation dem Neutralitätsgebot widerspricht.
Dass sie durch das religiös motivierte Tragen des Kopftuches ihre
Dienstpflicht verletzt, ist letztlich der Grund, warum das Gericht in seinem Urteil zu dem Ergebnis gelangt, dass sie zwar die fachlichen, je-
doch nicht die persönlichen Voraussetzungen für die Einstellung in den
Schuldienst erfüllt.[24]

Frau Ludin dagegen betrachtet das – auch unter Juristen durchaus
umstrittene[25] – Kopftuchverbot als eine Benachteiligung aufgrund ihrer
Religionszugehörigkeit. Dabei beruft sie sich u.a. auf das Grundgesetz,
in dem es heißt, dass jeder Staatsbürger entsprechend seiner Eignung,
Befähigung und fachlichen Leistung „gleichen Zugang zu jedem öffentlichen Amte" (GG, Art. 33, Abs.2) hat, dass „die Zulassung zu öffentlichen Ämtern (...) unabhängig von dem religiösen Bekenntnis" der
individuellen Person ist und „niemandem (...) aus seiner Zugehörigkeit
oder Nichtzugehörigkeit zu einem Bekenntnisse oder einer Weltanschauung ein Nachteil erwachsen" (GG, Art. 33, Abs. 3) darf. Frau
Ludin hat jedoch infolge des staatlichen Neutralitätsgebotes bzw. seiner Interpretation durch das Gericht offensichtlich erhebliche Nachtei-
le aufgrund ihres Glaubens zu erleiden. Für sie ist das Kopftuch Teil ihrer Glaubensidentität, und ohne diese Kopfbedeckung fühlt sie sich in
Gegenwart von Männern oder männlichen Schülern „entblößt"[26]. Die
Erfüllung der dienstlichen „Bekenntnis-Unterlassungspflicht" ist aus
ihrer Perspektive für sie nicht zumutbar und kann daher nicht legitimerweise von ihr erwartet werden, denn sie kann dieser Pflicht nicht nachkommen, ohne ihren religiösen Überzeugungen zuwider zu handeln,
ihre Identität zu verleugnen und ihr Schamgefühl zu verletzen. Das
Neutralitätsgebot des Staates legt zwar rein formal betrachtet
allen Staatsdienern dieselben Pflichten auf, effektiv aber verlangt es
von Frau Ludin weitaus mehr als z.B. von ihren christlichen Kollegen:
Für Fereshta Ludin kommt die Entscheidung des Gerichts einem Be-

rufsverbot an staatlichen Schulen gleich, das sie faktisch vor die Alternative stellt, entweder ihren Beruf aufzugeben oder ihren Wohnort zu wechseln.[27] Ihre Chancen, in ihrem Beruf arbeiten zu können, sind also gegenüber den Chancen ihrer nichtmuslimischen Mitbewerber (und ihrer männlichen muslimischen Mitbewerber!) trotz gleicher oder gegebenenfalls sogar höherer fachlicher Qualifikation erheblich minimiert. Sollte das Kopftuchverbot sich bundesweit durchsetzen, sind ihre Anstellungschancen im Bereich staatlicher Schulen gleich null.[28] Darin besteht die *relative Benachteiligung,* die Frau Ludin als Ungerechtigkeit empfindet, und dies um so mehr, als diese Benachteiligung in einem direkten Zusammenhang zu ihrer Glaubenszugehörigkeit steht.

Aus Sicht derjenigen, die das Kopftuch in der Schule zulassen wollen, besteht kein Zweifel daran, dass das für alle Betroffenen gleichermaßen geltende Neutralitätsgebot effektiv diskriminierend wirkt. Die Pflicht, die der liberale Staat seinen Bediensteten hier auferlegt, ist nicht für jeden von ihnen gleichermaßen erfüllbar: Für muslimische Lehrerinnen, die das Tragen des Kopftuchs als ihre religiöse Pflicht ansehen und diese Art der Bekleidung als einen Teil ihrer persönlichen Identität betrachten (Frau Ludin trägt das Kopftuch ihrer Aussage nach seit ihrem 12. Lebensjahr[29]), bedeutet es den Ausschluss aus dem staatlichen Schuldienst, und zwar auch dann, wenn sie ansonsten ausgezeichnete fachliche Qualifikationen vorweisen. Durch die staatlich verfügte Dienstpflicht wird die Vergabe von Lehrerstellen im öffentlichen Dienst somit von einer Bedingung abhängig gemacht, die von manchen Menschen *aufgrund ihrer Religionszugehörigkeit* gar nicht erfüllt werden kann, die also von vornherein die (weiblichen) Mitglieder einer bestimmten religiösen Gruppe ausschließt. Um diese Benachteiligung auszuhebeln und in der Praxis effektive Chancengleichheit herzustellen, braucht Frau Ludin – und mit ihr alle anderen betroffenen Muslima – eine Sondergenehmigung, ein *Sonderrecht.* Andernfalls hat sie aufgrund einer Eigenschaft, für die sie nichts kann (und die zudem mit Blick auf die Vergabe von Stellen im öffentlichen Schuldienst nicht unmittelbar relevant ist), schlechtere Chancen als andere. Ein solches Sonderrecht könnte die *relative Benachteiligung* ausgleichen, die sich für Frau Ludin und ihre Glaubensgenossinnen im Kontext liberaler Gesellschaften mittelbar oder unmittelbar aus ihrer Gruppenzugehörigkeit ergibt.

Das zugunsten von Fereshta Ludin beanspruchte Sonderrecht ähnelt in mancherlei Hinsicht den beiden bereits dargestellten Gruppenrechtsfällen: Auch hier geht es um die Freistellung der Mitglieder einer bestimmten Glaubensgemeinschaft von einer für alle Betroffenen gleichermaßen geltenden Rechtspflicht mit Verweis auf deren benachteiligende Wirkung – darin besteht die Parallele zur Klage der Amish People. Zugleich wird auch hier die Einrichtung eines Sonderrechtes und damit die Ungleichbehandlung einer bestimmten Personengruppe zum Zweck effektiver Chancengleichheit gefordert – diesbezüglich ähnelt das „Kopftuch-Sonderrecht" der Frauenquote. Es gibt jedoch auch bedeutsame Unterschiede: Im Gegensatz zum Recht der Amish handelt es sich bei der „Kopftucherlaubnis" für muslimische Lehrerinnen nicht um ein Kollektivrecht, sondern um ein individuelles, wenn auch gruppenspezifisches Sonderrecht, über dessen Inanspruchnahme das einzelne Individuum selbst entscheiden kann. Und im Gegensatz zur Quotenregelung geht es in diesem Fall nicht um eine zeitlich befristete, sondern um eine dauerhafte Einrichtung, um die rechtliche Berücksichtigung einer „permanenten Differenz" zwischen Individuen: Während die Quote letztlich der *Beseitigung einer sozialen Ungleichheit* dient, beabsichtigen Sonderrechte im Sinne der Kopftucherlaubnis die ausdrückliche Anerkennung und „*Bewahrung" einer kulturellen Differenz*. Es ist eben diese Forderung nach einer dauerhaften rechtlichen Berücksichtigung der kulturellen und religiösen Differenz durch die Einrichtung von im weiteren Sinne kulturspezifischen Sonderrechten, durch die die Befürworter der Kopftucherlaubnis in Konflikt mit der liberalen Maxime des „Gleichen Rechts für alle" geraten. Im Rahmen der Kopftuchdebatte wird diese Maxime aus einer zusätzlichen Perspektive attackiert: Während sich die Kritik der Kollektivrechtsbefürworter vornehmlich gegen die ausschließlich *individualistische* Ausrichtung der liberalen Rechts- und Gerechtigkeitsauffassung richtet und im Rahmen der Argumentation zugunsten von temporären Sonderrechten nach Art der Frauenquote insbesondere die Mängel ihrer *bloß formal egalitären* Orientierung sichtbar werden, gerät im Kontext der Kopftuchdebatte die *universalistische* Basis der liberalen Individualrechtsauffassung ins Licht der Kritik.

Dabei besteht der universalistische Anspruch der liberalen Individualrechtskonzeption grundsätzlich in zwei verschiedenen Hinsichten: Einerseits bezieht er sich auf die (innerhalb einer Rechtsgemeinschaft) *universelle, „allgemein verbindliche" Geltung des Rechts als eines normativen Regelsystems.* Davon nicht zu trennen, aber sorgfältig zu unterscheiden ist andererseits die Forderung nach einer *universalistischen, „verallgemeinerbaren" Begründung der einzelnen im System enthaltenen Regeln,* d. h. hier der einzelnen Rechte. Letzteres, also die universalisierbare Begründung von Rechten, wird dabei als eine *moralische Legitimationsbedingung* für ersteres, also die universelle Geltung des Rechtssystems verstanden: Weil das Recht für alle Bürger gleichermaßen verbindlich sein soll und der Staat die Befolgung der Rechtspflichten nötigenfalls mithilfe seines Gewaltmonopols erzwingen kann (universelle Geltung), muss aus moralischen Gründen gewährleistet sein, dass das System die Anliegen aller Bürger gleichermaßen repräsentiert und seine Regeln in dem Sinne verallgemeinerbar sind, als sie die gleiche, d.h. unparteiliche Berücksichtigung der Interessen aller Bürger erlauben (universalistische Begründung). Nur wenn diese Bedingung erfüllt ist, kann sich die Rechtsgemeinschaft auf die freie Zustimmung aller in sie einbezogenen Individuen berufen, denn ein parteiliches Rechtssystem, dessen Regeln vorrangig auf die Interessen bestimmter Gruppen (oder Individuen) zugeschnitten sind, gäbe allen anderen einen rationalen Grund, eben diese Zustimmung zu verweigern. Da jedoch die Legitimität jeder Rechtsordnung nach liberaler Überzeugung von der antizipierten allgemeinen Zustimmung, von „der Idee einer rationalen Übereinkunft zwischen gleichberechtigten Individuen" (Honneth 1994, 184) abhängig ist, wäre eine solche Rechtsordnung moralisch nicht legitimiert.

Der universalistische Anspruch hinsichtlich der Begründung von Rechten lässt sich also stark vereinfachend in ein Unparteilichkeitsgebot übersetzen, das jede Form von Parteinahme, von willkürlicher Ungleichberücksichtigung der Bürger durch die Rechtsregeln verbietet. „In relevanter Hinsicht gleiches ist gleich zu behandeln", und die für die Gewährleistung von Rechten relevante Hinsicht ist durch deren normative Funktion vorgegeben: Weil und insofern Rechte dem Schutz fundamentaler Interessen dienen, ergibt sich die normative Relevanz des Einzelnen aus der Tatsache, dass er Träger dieser Interessen ist, und die normative Gleichheit der Vielen aus der Tatsache, dass ihnen bestimmte fundamentale Interessen gemeinsam sind. Weil nun „gültige Normen (...) die Anerkennung von Seiten *aller* Betroffenen *verdienen"* (Habermas 1983, 75) müssen, hat die Gewährleistung von Rechten aus

einer überpersönlichen, die Ebene subjektiven Wollens transzendieren-
den Perspektive zu erfolgen. Diese Perspektive wird in Form eines unvoreingenommenen Beobachters simuliert, der die individuellen Verschiedenheiten zwischen den Bürgern aus seinem Blickwinkel ausblendet, von allen Partikularismen abstrahiert, und sich allein auf das Vorliegen verallgemeinerbarer fundamentaler Interessen konzentriert, die
dem universalistischen Anspruch zufolge unabhängig von ihren jeweiligen individuellen Trägern betrachtet und gewichtet werden müssen.

Das „Kopftuch-Sonderrecht" zugunsten muslimischer Lehrerinnen
kann diesem universalistischen Anspruch ganz offensichtlich nicht genügen. Die Gewährleistung eines solchen Sonderrechtes, das von vornherein auf muslimische Lehrerinnen begrenzt bliebe, würde bedeuten,
dass der Staat innerhalb der Menge der Betroffenen eine willkürliche
Differenzierung vornähme: Das Recht schützt ein besonderes Interesse
an freier Religionsausübung, und es ist nicht einzusehen, warum ein
solches Interesse von vornherein nur muslimischen Lehrerinnen zugeschrieben werden sollte.[30] Wenn der Staat den Muslima das Kopftuch
erlaubt, während allen anderen möglicherweise Betroffenen die Präsentation religiöser Symbole im Schudienst verboten ist, gewichtet er das
Interesse der Muslima an freier Religionsausübung höher als das ihrer
Kolleginnen und Kollegen. Entscheidend ist hier, dass sich das zusätzliche und letztlich ausschlaggebende Gewicht ihres Anliegens nicht
daraus ergibt, dass es sich um ein anderes Interesse handelt, sondern
dass es sich *um das Interesse einer anderen Person* bzw. Personengruppe handelt. Hier bekommen also individuelle bzw. gruppenspezifische
Merkmale ein begründendes Gewicht, von denen der liberale Gesetzgeber bei der Berücksichtigung von Interessen dem universalistischen
Anspruch zufolge gerade zu abstrahieren hat, um Willkür zu vermeiden
und Unparteilichkeit zu gewährleisten.

Wie ein Fotograf, der mit seiner Kamera eine große Gruppe von Personen ablichten will, ohne eine von ihnen auszublenden, muss der unparteiliche Gesetzgeber von den konkreten Personen und ihren höchst-
persönlichen Anliegen weit genug zurücktreten, damit alle „ins Bild
kommen" und die Interessen eines jeden in den allgemeinverbindlichen
Regeln berücksichtigt werden können. Am Ende dieses von allen subjektiven Verschiedenheiten absehenden Abstraktionsprozesses fällt sein
Blick auf eine homogene Menge in normativ relevanter Hinsicht gleich
bedeutender menschlicher Individuen, die Träger fundamentaler Inte-

ressen sind und als Staatsbürger Anspruch auf diesbezüglichen rechtlichen Schutz haben.[31] Erst die Distanziertheit des universalistischen Standpunkts von allen subjektiven Präferenzen erlaubt es, die „pluralistische Vielfalt" der Lebensweisen und Interessen in ihrer Gesamtheit einzufangen und Regeln zu formulieren, die dieser Vielfalt gerecht werden und die friedliche Koexistenz der verschiedenen Individuen und unterschiedlichen Gruppen im Kontext pluralistischer Gesellschaften ermöglichen: „Der Universalismus ist in diesem Sinne nicht antipluralistisch, sondern eine Bedingung des Pluralismus." (Bayertz 2000, 229) Nun geht jedoch die mit der Distanznahme verbundene Erweiterung des Blickwinkels zugleich auf Kosten der Erkennbarkeit von Details: Aus der universalistischen Ferne ist der Einzelne als ein Besonderer kaum mehr zu identifizieren. Alles, was nur ihn höchstpersönlich auszeichnet, ist mit jedem Abstraktionsschritt des „Fotografen" zunehmend unkenntlich geworden, bis er schließlich nur noch als einer von vielen annähernd Gleichen in den Blick gerät. Es ist diese abstrakte, „homogenisierende", Partikularität und Differenz zwischen den Individuen transzendierende Vorgehensweise des Liberalismus, gegen die die Befürworter von Sonderrechten im Wesentlichen zwei, jedoch unterschiedlich weitreichende Einwände vorbringen: Der eine stellt die *Güte des konkreten Abstraktionsergebnisses* in Frage, der andere bezweifelt die *grundsätzliche Tauglichkeit des Abstraktionsverfahrens selbst.*

Dem ersten Einwand zufolge ist der unparteiliche Standpunkt, auf den sich die liberale Rechtskonzeption zurückzieht, keineswegs unparteilich, sondern propagiert eine falsche Universalität, die letztlich den Interessen der dominanten Gruppe innerhalb der Gesellschaft dient und berechtigte Anliegen bestimmter Minderheiten systematisch ausblendet: „Liberale Neutralität nützt der Mehrheitskultur." (Margalit/Halbertal 1994, 510) Die liberale Rechtsauffassung orientiere sich am Prototyp des Staatsbürgers als eines atomistischen, ungebundenen Subjekts, dem vorrangig an individueller Autonomie, äußerer Sicherheit und dem Schutz seines Privateigentums liege. Dieser Prototyp sei jedoch keineswegs repräsentativ, sondern verkörpere vielmehr die Bedürfnisse und die Lebenskonzeption einer ganz bestimmten Bevölkerungsgruppe. Nach Ansicht der Kritiker ist der so entworfene vermeintlich universalistische Standpunkt also nicht von allen gleichermaßen weit entfernt, sondern steht denjenigen Lebenskulturen innerhalb der Gesellschaft näher, die Werte wie Individualismus, Autonomie und Eigentum hochhalten, während er die Interessen anderer Gruppen, für die z.B. Gemeinschaftsideale maßgeblicher sind, nicht erfassen kann. Um im Rahmen zunehmend kulturell heterogener Gesellschaften die Unparteilichkeit der rechtlichen Regeln zu gewährleisten, muss demzufolge die Positionierung, also die inhaltliche Ausrichtung des universalistischen Standpunkts neu überdacht werden.

Der zweite Einwand ist demgegenüber radikaler, denn er stellt das Universalisierungsverfahren und die ihm zugrunde liegende Vorstellung eines überparteilichen, unvoreingenommenen Moralstandpunktes grundsätzlich in Frage. Dieser Auffassung zufolge ist der damit verbundene Abstraktionsprozess im Kontext einer Rechtstheorie, der es um den Schutz fundamentaler Interessen geht, unangemessen, ja wenn man so will nahezu paradox, da das, was im eigentlichen Sinne unter fundamentalen Interessen zu verstehen ist – also diejenigen Anliegen, deren Erfüllung eine Voraussetzung für das Wohlergehen von Individuen darstellt – notwendigerweise an die spezifische Persönlichkeit konkreter Subjekte gebunden ist. Die Individuen haben fundamentale Interessen gerade nicht als Träger allgemeiner Charakteristika, sondern als Träger einer partikularen Identität, die sich erst im Kontext bestimmter Gruppen ausbildet und sich an den Werten und Normen dieser Gruppen orientiert. Fundamentale Interessen sind demnach gar nicht im geforderten Sinne verallgemeinerbar, sondern an eben jene partikularen Kontexte gebunden, die im Rahmen des Universalisierungsverfahrens gerade ausgeblendet werden sollen. Das, was der liberale Gesetzgeber vom universalistischen Standpunkt aus erblickt, ist also nicht das, wonach er Ausschau halten sollte: diejenigen Interessen, die das Wohlergehen der Individuen ausmachen und deren rechtlicher Schutz eine Bedingung für die friedliche Koexistenz der Bürger und ihre Gleichberechtigung innerhalb einer pluralistischen Gesellschaft ist.

Den verschiedenen Argumentationen zugunsten gruppenspezifischer Sonderrechte liegen unterschiedliche Versionen dieser Kritik zugrunde, die im Folgenden noch genauer unterschieden und geprüft werden müssen. Für den Moment genügt es festzuhalten, dass diejenigen, die z.B. im Sinne der „Kopftucherlaubnis" für die Einrichtung partikularer Rechte zugunsten der Mitglieder kultureller Gruppen argumentieren, *erstens* davon ausgehen, dass die Individuen innerhalb pluralistischer Gesellschaften in Hinsichten, die für die Einrichtung und Vertei-

lung von Rechten normativ relevant sind, nicht gleich, sondern ungleich sind. Sie behaupten *zweitens,* dass die vom Liberalismus
geforderte gleiche Anerkennung jedes Einzelnen verlangt, dass diese
kulturellen Differenzen (im Gegensatz zu den sozialen Ungleichheiten)
nicht beseitigt, sondern respektiert werden. Und sie vertreten *drittens*
die Ansicht, dass der Respekt vor der Verschiedenheit der Bürger die
Einrichtung von partikularen Rechten notwendig macht, die für die unterschiedlichen kulturellen Identitätskontexte der Einzelnen sensibel
sind.

Der Blick auf die Prologbeispiele hat gezeigt, dass es im Wesentlichen
drei Probleme sind, die die Forderung nach einer Ergänzung der liberalen Individualrechtskonzeption um verschiedene Modelle von Gruppenrechten motivieren: a) Die Erosion kultureller Gruppen unter dem
expliziten oder impliziten Assimilationsdruck im „Schmelztiegel" liberaler Staaten; b) die strukturelle Diskriminierung der Mitglieder sozialer Gruppen durch die historisch gewachsenen und den dominanten
Gruppen angepassten Strukturen der gesellschaftlichen Institutionen
und c) die relative Benachteiligung (der Interessen von) Angehörigen
von Gruppen, deren Lebensweise und Weltanschauung sich von der des
„Durchschnittsbürgers" unterscheidet. Diese drei Phänomene bieten
begründeten Anlass zu der Behauptung, dass der Liberalismus als eine
politische Theorie, deren normativer Bezugspunkt die *gleiche Freiheit
und Anerkennung aller Individuen* ist, in seiner praktischen Umsetzung
(notwendig) kontraproduktive Effekte hat: Im Kontext moderner pluralistischer Staaten, d.h. unter den Bedingungen von „difference and
inequality" (Olsen 1984, 397), führt die liberale Maxime des „gleichen
Rechts für alle" im Ergebnis zu einer Ungleichverteilung der Freiheit
bzw. der individuellen Möglichkeiten, von ihr Gebrauch zu machen.
  Gleichzeitig scheint jedoch eine effektive Gleichverteilung individueller Lebenschancen, also die Verwirklichung von „real freedom for
all" (van Parijs 1995) nur mithilfe von Maßnahmen möglich zu sein,
die den liberalen Prinzipien, dem individualistischen, universalistischen und egalitären Geist des Liberalismus zuwiderlaufen. Die wahr-
haft liberale Gesellschaft, eine Gesellschaft, in der die Bürger in ihrer
Verschiedenheit respektiert und dennoch als Gleiche behandelt werden,
„das heißt als Personen, die die gleiche Chance haben sollen, ihr Leben
in *Freiheit* zu führen" (van den Brink 1997, 3), ist offenbar nur mit illi-
beralen Mitteln zu realisieren: Insofern die Verwirklichung von Chan-

cengleichheit vor dem Hintergrund kultureller Differenz und sozialer Ungleichheit die Einrichtung besonderer Rechte zugunsten der einen und damit die Tolerierung der mit ihnen verbundenen Pflichten zu Lasten der anderen erfordert, geht sie auf Kosten der gleichen individuellen Freiheit. Die Rechte einiger werden partiell zugunsten der Verwirklichung eines übergeordneten gesellschaftlichen Ziels, nämlich der Herstellung substanzieller Chancengleichheit eingeschränkt. Insofern dagegen der liberale Respekt vor der formal gleichen Freiheit der Einzelnen die Einführung solcher Bevorzugungsmaßnahmen verbietet, verhindert er die Verwirklichung effektiver Chancengleichheit und lässt das Prinzip der gleichen Anerkennung praktisch ins Leere laufen. Darin besteht das Dilemma des klassischen Liberalismus, hier zeigen sich seine tragischen Züge:

„Indem ich den Liberalismus als eine tragische Doktrin bezeichne, behaupte ich, dass ihm konzeptuelle Spannungen und praktische Konflikte innewohnen, die sowohl *notwendig* als auch, zumindest in einem beträchtlichen Ausmass, *unüberwindbar* sind. (…) Diese Spannungen und Konflikte sind notwendig (unausweichlich), weil sie nicht bloss von der Widerspenstigkeit der sozialen Welt herrühren, mit welcher der Liberalismus konfrontiert ist. Vielmehr resultieren sie aus unausweichlichen Spannungen zwischen normativen Konzepten wie dem der Staatsneutralität, persönlichen und öffentlichen Autonomie sowie der Achtung vor der Individualität *per se,* die zentral sind für die liberale Herangehensweise an die soziale Welt. (...) Diese Spannungen und Konflikte sind unüberwindbar, weil der Liberalismus entgegen seinem üblichen Anspruch nicht in der Lage ist, sie dadurch zu überwinden, dass er auf höhere Prinzipien von Moral und praktischer Vernunft verweist, die alle Menschen akzeptieren können und sollen. Meine Behauptung ist, dass diese Spannungen und Konflikte insofern tragisch sind, als sich der Liberalismus bei dem Versuch der Realisation seines höchsten Zieles – den Interessen aller Bürger, ein gutes Leben zu führen, gleiches Gewicht zu geben – auf eben dieses Ziel manchmal unweigerlich kontraproduktiv auswirkt." (Van den Brink 1997, 1)

In der Problematik der Gruppenrechte wird dieses Dilemma offensichtlich: Gruppenrechte sind *prima facie* mit der hier skizzierten liberalen Konzeption von Recht und Gerechtigkeit nicht zu vereinbaren. Gleiches gilt jedoch für die oben beschriebenen Phänomene, die mithilfe solcher Rechtsregeln wenn nicht beseitigt, so doch abgemildert werden sollen: *Eine Gesellschaft, in der legitime Lebensweisen effektiv sanktioniert sind, in der manche Menschen aufgrund ihrer Zugehörigkeit zu den genannten Gruppen benachteiligt sind, ist keine liberale Gesellschaft.*

Nun beinhaltet die Situation im speziellen Fall der Gruppenrechtsproblematik zwar durchaus ein Dilemma, doch sie stellt, wie mir
scheint, keineswegs eine Tragödie dar, also ein unausweichliches
Schicksal, das jeden Liberalen dazu zwingt, entweder die bestehenden
sozialen Ungerechtigkeiten zum Nachteil der Mitglieder bestimmter
Gruppen in Kauf zu nehmen oder seinen Überzeugungen untreu zu
werden und den Glauben an Freiheit und Gleichheit an den Nagel zu
hängen. Tatsächlich bieten sich nämlich zwei Auswege aus dem Dilemma an: Entweder man zeigt, dass eine liberale Verteidigung von Gruppenrechten konsistent möglich ist, oder man weist nach, dass Gruppenrechte gar nicht notwendig sind, um die bestehenden Gerechtigkeitslük-
ken im Kontext liberaler Gesellschaften zu schließen. Der entscheidende Schritt besteht nun darin, diese beiden Möglichkeiten nicht – wie in
weiten Bereichen der Debatte üblich – als einander ausschließende Alternativen zu betrachten, sondern das eine zu tun, ohne das andere zu
lassen. Mithilfe dieser scheinbar paradoxen Strategie soll im Folgenden
gezeigt werden, dass bestimmte Gruppenrechtsregelungen durchaus
mit liberalen Prinzipien vereinbar sind, wohingegen andere keineswegs
zwingend notwendig erscheinen, um die mit ihnen angestrebten liberal-
len Zwecke zu verwirklichen. Eine in diesem Sinne differenzierte Beurteilung von Gruppenrechten setzt eine differenzierende Betrachtung
der verschiedenen Modelle voraus. Dazu ist neben den bereits eingeführten formalen Unterscheidungskriterien von Kollektivrechten und
Sonderrechten (anhand des jeweiligen Rechtssubjekts, Rechtsobjekts
und Rechtsgegenstands) eine genauere Differenzierung der Gruppen
erforderlich, über deren rechtlichen und moralischen Status hier gestritten wird.

2. Welche Gruppen? Wessen Rechte?

*„Die Ablehnung von Gruppenrechten beruht größ-
tenteils auf dem Zweifel an der Möglichkeit, hinläng-
liche Kriterien dafür zu entwickeln, was für Entitäten
auf solche Rechte Anspruch haben. Die Skeptiker (...)
befürchten, dass Kollektivrechte zu einer Büchse der
Pandora werden, aus der alle möglichen Arten von
Gruppierungen entspringen und Rechte einfordern."
(Johnston 1989, 20)*

Die Amish, die Frauen und die Muslima stellen sehr unterschiedliche
„Gruppierungen" dar, und sie sind bei weitem nicht die einzigen, die
von den oben skizzierten Problemen betroffen sind und zu deren Gunsten infolgedessen besondere Rechte gefordert werden. Es sind jedoch
drei repräsentative Beispiele. Wirft man nämlich einen genaueren Blick
auf die entsprechenden Gruppen, fällt auf, dass es sich um ganz bestimmte Typen sozialer Kollektive handelt, und oben ist bereits angedeutet worden, dass es nicht zuletzt die Auswahl ausgerechnet *dieser*
Gruppen ist, die die liberale Skepsis gegenüber ihrer rechtlichen Berücksichtigung hervorruft. Was aber ist das Besondere an jenen durch
Nationalität, Ethnie, Kultur, Sprache, Rasse und Geschlecht bestimmten Gruppen, über deren rechtlichen und moralischen Status hier gestritten wird? Die Antwort, die im folgenden Kapitel auf diese Frage
gegeben wird, unterscheidet zwischen verschiedenen Betrachtungswei-
sen sozialer Kollektive, die, wie sich zeigen wird, jeweils unterschiedliche Implikationen hinsichtlich der angemessenen Form und möglichen
Begründung von Gruppenrechten beinhalten: Bei den fraglichen Gruppen handelt es sich nicht um *freiwillige Assoziationen,* sondern um so
genannte *„natürliche Gruppen",* deren moralische und politische Bedeutung sich aus der Tatsache ergibt, dass sie als *konstitutive* Gemeinschaften fungieren und/oder als *soziale Minderheiten* in Erscheinung
treten.

2.1 Freiwillige Assoziationen

Liberale Theorien des Politischen zeichnen sich durch eine im wörtli-
chen Sinne radikal individualistische Grundhaltung aus: Nicht nur das
ihnen zugrunde liegende Bild der sozialen Welt, auch die Prinzipien

des Rechts und der Gerechtigkeit, die innerhalb dieser Welt zur Anwendung kommen sollen, werden vom Individuum ausgehend konstruiert, im Individuum verwurzelt. In gezielter Abgrenzung von holistischen Theorien[32], die unter Vernachlässigung oder Unterordnung des menschlichen Individuums dem sozialen Ganzen den zentralen Wert beimessen, vertreibt der Liberalismus die Kollektive aus dem Zentrum der politischen und moralischen Galaxie und setzt das Individuum, das allen Formen von Gemeinschaft und Gesellschaft, allen politischen und sozialen Institutionen *moralisch vorgeordnet wird,* an deren Stelle: Das Wohlergehen, die Freiheit und die unveräußerlichen Rechte des Einzelnen bilden den normativen Maßstab, an dem sich die Legitimität des Staates und seiner Verfassung bemisst. Dieser erscheint aus liberaler Perspektive als ein von den Individuen per fiktivem Vertragsschluss eingesetztes Instrument zur Sicherung ihres Wohlergehens, dessen vorrangige Aufgabe darin besteht, die Freiheit des Einzelnen gegenüber der Macht der Vielen zu schützen und durch die Garantie der individuellen Grundrechte dafür zu sorgen, dass die Individuen ihr Leben nach ihren eigenen Maßstäben gestalten, ihre Bedürfnisse befriedigen und ihre Interessen verfolgen können.[33]

„Es ist nun eine Tatsache, dass zu den Bedürfnissen und Interessen, die die Individuen haben und zu befriedigen suchen, durchweg auch das Bedürfnis nach Gemeinschaft mit anderen und das Interesse am Zusammenschluss mit ihnen gehört. Es ist dabei gleichgültig, ob dieses Bedürfnis in der Natur des Menschen angelegt ist, oder ob es kontingenten Ursprungs ist. Was zählt, ist allein die Tatsache, *dass* (nahezu) alle Menschen dieses Bedürfnis haben und es in einer Vielzahl verschiedenartiger Gemeinschaftsformen (...) befriedigen." (Bayertz 2000, 228)

Für die meisten Menschen gehört das Zusammenleben mit anderen zum guten Leben notwendig dazu. Die Gemeinschaft mit anderen Menschen ist für sie ein fundamentales Gut, und sie ist zugleich die unverzichtbare Voraussetzung für den Genuss einer Reihe anderer, so genannter partizipatorischer Güter[34], die für das menschliche Wohlergehen gleichermaßen unerlässlich sind: Nur in Gemeinschaft mit anderen kann man Liebe und Freundschaft erfahren, Intimität, Vertrauen, Treue, Mitgefühl, Solidarität und Loyalität. Nur in Gemeinschaft mit anderen kann man Fußball spielen und Choräle singen. Nur in Gemeinschaft mit anderen kann man Güter tauschen und teilen lernen etc. Zudem lassen sich viele individuelle Ziele nur oder jedenfalls weitaus leichter mit vereinten Kräften erreichen. Die meisten Menschen haben daher ein tiefes Bedürfnis nach Gemeinschaft, ein fundamentales Interesse an Gruppenbildung und Gruppenzugehörigkeit.

Dieses Bedürfnis erfährt im Rahmen der liberalen, an den Individuen und ihren legitimen Interessen orientierten Rechtsauffassung ausdrückliche Anerkennung: Von der Eheschließung über die Gründung eines Schachclubs bis hin zur Bildung einer Partei oder einer Kirche wird der Wunsch der Einzelnen nach unterschiedlichsten Formen von Gemeinschaftsbildung in der Verfassung liberaler Rechtsstaaten insbesondere durch das Grundrecht auf Versammlungs- und Vereinigungsfreiheit explizit geschützt.[35] Dabei handelt es sich um ein negatives Freiheitsrecht, das die Freiheit des Einzelnen zum Zusammenschluss mit anderen ebenso umfasst, wie seine Freiheit, auf Gemeinschaft zu verzichten. Das Recht auf Assoziationsfreiheit zwingt niemanden zur Gemeinschaft mit anderen und verpflichtet keinen, die Gemeinschaft der anderen aktiv zu fördern oder zu unterstützen, aber es legt jedem Bürger und dem Staat die negative Pflicht auf, die unterschiedlichen legitimen Gemeinschaftsformen zu respektieren und zu tolerieren. Auch die liberale Rechtskonzeption stellt also trotz, nein vielmehr aufgrund ihrer Konzentration auf das Individuum und seine Interessen den rechtlichen Schutz sozialer Gruppen sicher, und zwar weil und insofern diese *im Interesse der Individuen* liegen, also auf deren freien Vereinigungswillen zurückgehen, ohne Zwang entstehen und bestehen, niemandes Rechte verletzen und keine widerrechtlichen Ziele verfolgen. Wenn klar ist, dass der Einzelne der Gruppe aus freien Stücken beigetreten ist und/oder dass er sie jederzeit verlassen kann, wenn seine Bedürfnisse sich ändern, kann die Mitgliedschaft als Ausdruck eines individuellen Interesses, kann die Existenz der Gruppe als Ergebnis des legitimen Freiheitsgebrauchs von Individuen verstanden werden, und als solche erfährt und „verdient" sie rechtlichen Schutz. Das liberale Paradigma der legitimen sozialen Gruppe ist demzufolge *die Assoziation, die freiwillige Vereinigung von Individuen im gegenseitigen Eigeninteresse,* das heißt: Die liberale Individualrechtskonzeption nimmt Gruppen als Assoziationen zur Kenntnis und „in Schutz", „als Koalitionen jener Individuen, deren jeweilige Eigeninteressen für den Moment kompatibel sind". (Svensson 1979, 425)

Da nun die verschiedenen Individuen eine Vielzahl unterschiedlicher und zudem wechselnder Interessen haben, bildet sich in jeder Ge-

sellschaft, die die Assoziationsfreiheit ihrer Bürger garantiert, eine pluralistische, sich stetig wandelnde Vielfalt von Gemeinschaftsformen
heraus. Manche von ihnen (Wohngemeinschaften, Lerngruppen,
Selbsthilfegruppen etc.) haben nur wenige Mitglieder, die sich gegenseitig kennen, einander regelmäßig begegnen und zwischen denen
mehr oder weniger enge persönliche Beziehungen bestehen. Andere
sind eher anonyme, unpersönliche Vereinigungen einer großen Zahl
einander unbekannter Personen, die ein gemeinsames Interesse haben
(man denke etwa an Verbände, Parteien, Gewerkschaften etc.). Einige
bestehen nur kurze Zeit, andere können auf eine längere gemeinsame
Geschichte zurückblicken. Manche, wie z.B. Vereine, Kirchen, Verbände, weisen eine klare Organisationsstruktur auf, bei anderen handelt
es sich um eher unkonventionelle, lockere Verbindungen von Gleichgesinnten. Ein Teil dieser Gruppen dient einem ganz bestimmten Zweck,
tritt öffentlich in Erscheinung und setzt sich möglicherweise auch auf
politischer Ebene für die Ziele der Gemeinschaft ein, andere sind eher
privater, informeller Natur. Aber wie auch immer die unterschiedlichen
Formen von Gemeinschaft, die die Individuen bilden, aussehen und
verfasst sind, und worin auch immer die gruppenkonstituierende Ge-
meinsamkeit zwischen ihren Mitgliedern bestehen mag: Aus liberaler
Perspektive haben sie lediglich als von den Individuen freiwillig ge-
schaffene und durch deren Engagement bestehende „self-collective
artificial groups"[36] Bedeutung, und diese Betrachtungsweise ist sowohl
für die Frage nach dem Verhältnis zwischen Individuum und Gruppe
als auch mit Blick auf den rechtlichen und moralischen Status sozialer
Kollektive folgenreich.

Wenn man soziale Gruppen als freiwillige Vereinigungen von Personen im gegenseitigen Eigeninteresse betrachtet und dabei davon ausgeht, dass der Einzelne sich zur Mitgliedschaft entschieden hat und seine Wahl jederzeit revidieren kann, ist in dieser Betrachtungsweise
erstens die Unabhängigkeit des Einzelnen vom Kollektiv quasi per definitionem vorausgesetzt. Nicht nur die Entstehung, auch das Fortbestehen einer solchen Assoziation ist vollständig von den Interessen und
Entscheidungen der beteiligten Individuen abhängig: Ohne das „ich"
gibt es hier kein „wir", denn es ist erst das gemeinsame Interesse der
Einzelnen, der freie Vereinigungswille der einzelnen Individuen, der
die Gruppe ins Leben ruft, der ihr vorausgeht und ihr zugrunde liegt.[37]
Die Zugehörigkeit zu einer (oder mehreren) Gruppe(n) kann daher,

auch wenn sie für den Einzelnen durchaus von großer Bedeutung sein mag, nicht als etwas verstanden werden, was das Individuum ausmacht, sondern ist vielmehr etwas, worin der Einzelne sich und seine Interessen ausdrückt: Sie ist Gegenstand und Ergebnis seiner freien Wahl. Die auf diese Weise entstehenden Gemeinschaften sind *zweitens* keine homogenen Gruppen einander in allen relevanten Hinsichten ähnlicher Personen, sondern „Vereinigungen unterschiedlich beschaffener Individuen, deren Mitgliedschaften nicht beständig, sondern im Fluss sind". (Kukathas 1992, 674f) Ihren Mitgliedern muss über das Interesse, das ihren Zusammenschluss motiviert, hinaus nicht viel gemeinsam sein.[38] Sie sind *drittens* keine Kollektivpersonen mit eigener Identität, eigenen Interessen und Bedürfnissen, sondern freiwillig zusammengetretene Personenkollektive, die sich vollständig mit Verweis auf die sie konstituierenden Individuen beschreiben lassen, deren Interessen restlos in die aggregierten Interessen ihrer Mitglieder übersetzbar sind und deren moralische und rechtliche Bedeutung sich daher vollständig aus dem *instrumentellen Nutzen* ableitet, den die Individuen aus ihnen ziehen.[39]

Nun ist auch im liberalen Rechtskontext keineswegs ausgeschlossen, dass entsprechend organisierte Gruppen gewisse rechtliche Befugnisse innehaben, doch handelt es sich hier nicht im eigentlichen Sinne um Gruppenrechte.[40] Wie oben dargestellt, ist eine notwendige Bedingung für den Besitz von Rechten das Vorliegen fundamentaler Interessen. Da die Interessen von Assoziationen aber nichts weiter sind als aggregierte Individualinteressen, kann die Gruppe selbst auch keine Rechte haben. Rechte haben nur ihre Mitglieder, denen es allerdings freisteht, im Interesse der Gemeinschaft auf die Ausübung ihrer Rechte zu verzichten oder diese teilweise auf die Gruppe zu übertragen. Aus dem liberalen Grundrecht auf Assoziationsfreiheit sind also keine Rechte *von* Gemeinschaften, sondern lediglich Rechte *auf* Gemeinschaft abzuleiten. Diese wiederum ergeben sich aus dem fundamentalen Interesse der Individuen, und die mit ihnen verbundenen Pflichten sind immer nur den einzelnen Individuen geschuldet, die die verschiedenen Gruppen konstituieren, nicht aber den Gemeinschaften selbst. Es handelt sich daher weder um Kollektiv- noch um Sonderrechte, sondern vielmehr um *universelle Individualrechte:* Sie kommen nicht nur einigen Individuen aufgrund ihres spezifischen Interesses am ungestörten Bestand einer ganz bestimmten Gemeinschaft zu, sondern allen Individuen gleichermaßen. Es ist also keineswegs so, dass der Liberalismus die soziale Na-

tur des Menschen, sein fundamentales Bedürfnis nach Gemeinschaft
ignoriert. Im Gegenteil: Er stellt die individuelle Befriedigung dieses
Bedürfnisses unter den ausdrücklichen Schutz des Staates, und dieser
Schutz erstreckt sich mittelbar auf alle legitimen Assoziationsformen,
d.h. auf sämtliche sozialen Gruppen, die aus dem Interesse der Individuen heraus entstehen und in ihrem Interesse liegen. Das Recht auf Assoziationsfreiheit wurzelt dabei jedoch nicht im Respekt vor den Gruppen, sondern verdankt sich der gleichen Anerkennung jedes einzelnen
Individuums und seines Interesses am Zusammenschluss mit anderen.

2.2 „Natürliche Gruppen"

Die kulturellen, ethnischen, religiösen etc. Gemeinschaften, zu deren
Schutz die Einrichtung besonderer Rechte gefordert wird, werden von
dieser Betrachtungsweise sozialer Gruppen als freiwilliger Assoziationen von Individuen im gegenseitigen Eigeninteresse nicht erfasst. Sie
passen sozusagen nicht ins liberale Konzept, denn es handelt sich bei
ihnen nicht um freiwillig zusammengetretene Personenkollektive, und
auch wenn ihre Mitglieder sicherlich manche Interessen teilen, sind sie
nicht „wie Mitglieder eines Tennisclubs, die nach Überprüfung der Optionen freiwillig beigetreten sind und denen es jederzeit freisteht auszu-
treten." (Green 1994, 111) Die Frauen, die Kurden, die Homosexuellen, die Moslems etc. bilden keine von ihren Mitgliedern im eigenen
Interesse geschaffenen „artificial groups", sondern lassen sich im Gegensatz zu diesen angemessener als *„natürliche Gruppen"*[41] beschreiben. Was diese Gruppen auszeichnet und zugleich von allen liberalen
Assoziationsformen unterscheidet, ist *erstens* die Tatsache, dass es sich
bei ihnen um mehr oder weniger unfreiwillige Gemeinschaften handelt.
Damit ist nicht gemeint, dass das Individuum gegen seinen Willen zur
Mitgliedschaft gezwungen wird, sondern dass sich die Zugehörigkeit
zu diesen Gruppen dem Willen und der Wahl des Einzelnen weitgehend
entzieht: Sie ist *nicht gewählt, sondern gegeben,* und sie kann nicht
oder nur schwer wieder aufgegeben werden.[42] Niemand sucht sich sein
Geschlecht, seine „Rasse", seine Muttersprache, seine Staatsangehörigkeit aus, und wenn man sie einmal hat, wird man sie kaum wieder los,
und dies gilt bedingt auch für die Religionszugehörigkeit.[43] Statt dessen
findet sich das Individuum als Angehöriger dieser Gruppen, als Träger
der gruppenspezifischen Merkmale vor.

Damit verbunden ist *zweitens,* dass der Einzelne auch von seiner (engeren) sozialen Umgebung als Mädchen oder Junge, als Deutscher oder Türke, als Christ, Moslem oder Jude, als „Farbiger" oder „Weißer" etc. angesehen und erkannt wird, und zwar in der Regel noch bevor er sich selbst so betrachtet, versteht und verortet. Natürliche Gruppen sind „askriptive Gemeinschaften"[44], und die Zugehörigkeit zu ihnen ist insofern gleich in zweifacher Hinsicht unfreiwillig zu nennen: Einerseits verdankt sie sich der „Lotterie der Natur", andererseits ist sie ein Ergebnis externer sozialer Zuschreibungen, die sich in einer dem Wirken der Natur vergleichbaren Weise der direkten Einflussnahme des Individuums entziehen. Nun schließt die Unfreiwilligkeit der „Mitgliedschaft" in diesen Gruppen keineswegs die Möglichkeit aus, dass das Individuum die eigene Gruppenzugehörigkeit begrüßt, dass es z.B. stolz ist, ein Deutscher oder froh, ein Mädchen zu sein. Doch die aktive Identifikation mit der Gruppe und der Wunsch des Einzelnen dazuzugehören, ist keine Bedingung für die diesbezügliche passive Identifizierung durch andere: Das Individuum *wird* zum Mitglied dieser Gruppen *gemacht,* und zwar nicht zuletzt, indem es von seiner sozialen Umgebung als solches betrachtet und behandelt wird.[45]

Das bedeutet nun *drittens,* dass die Zugehörigkeit zu natürlichen Gruppen von Anfang an in die soziale Identität des Einzelnen einfließt:

„Tritt man einer Assoziation bei, dann fasst man die Mitgliedschaft selbst dann, wenn sie das Leben grundlegend beeinflusst, nicht so auf, als definiere sie die eigentliche Identität, wie beispielsweise die Bestimmung, ein Navajo zu sein, sie zu definieren vermag. Die Gruppenaffinität dagegen hat den Charakter dessen, was Heidegger ‚Geworfenheit' nennt: Man findet sich selbst als Mitglied einer Gruppe vor, deren Existenz und Verhältnisse man als immer schon da gewesen erlebt, denn die Identität einer Person wird im Zusammenhang damit definiert, wie andere sie oder ihn identifizieren, und andere tun dies gemäß den Gruppen, mit denen schon spezifische Attribute, Stereotypen und Normen assoziiert sind, auf die auch Bezug genommen wird, wenn sich die Identität einer Person ausbildet." (Young 1993, 281)

Die enge Verbindung zwischen der sozialen Identität des Einzelnen und seiner Zugehörigkeit zu bestimmten natürlichen Gruppen macht nun in theoretischer Hinsicht eine systematische Unterscheidung zwischen dem Individuum als solchem und dem Individuum als Mitglied einer bestimmten natürlichen Gruppe nahezu unmöglich. Zugleich erschwert diese Bindung in praktischer Hinsicht die Trennung des Einzelnen von der Gemeinschaft, seinen Austritt aus der Gruppe, und zwar auch in den Fällen, in denen er – wie z.B. bei den meisten Religionsgemeinschaften und im Fall der Staatsangehörigkeit – durchaus möglich wäre. Im Zentrum der Gruppenrechtsdebatte stehen also soziale Kollektive, denen der Einzelne mehr oder weniger unfreiwilligerweise, d.h. von Natur aus oder „seiner Natur nach", zugehörig ist und denen er sich, wenn überhaupt, nur schwer entziehen kann. Es handelt sich mit anderen Worten um Gruppen, „denen anzugehören, eine ‚organische' Beziehung darstellt, wo der Eintritt nicht freiwillig erfolgt, die Zugehörigkeit teilweise eine Sache von Zuschreibung ist und ein Austritt, so er denn überhaupt möglich ist, mit hohen Kosten verbunden wäre." (Green 1994, 111)

Vor diesem Hintergrund ist die liberale Abneigung gegenüber Gruppenrechten nur zu verständlich: Die Zugehörigkeit zu natürlichen Gruppen entzieht sich dem Willen, der Wahl und damit auch der Verantwortung des Einzelnen, und sie ist zugleich etwas, hinsichtlich dessen sich die Individuen von Natur aus unterscheiden, denn offensichtlich haben nicht alle Menschen dasselbe Geschlecht, dieselbe Hautfarbe, dieselbe Muttersprache. Bei der Verteilung von Rechten auf diese natürlichen Gruppenzugehörigkeiten Bezug zu nehmen, hieße daher, die Individuen nicht als Gleiche, sondern als Ungleiche zu betrachten. Es würde bedeuten, sie aufgrund von Eigenschaften, für die sie nichts können, unterschiedlich zu behandeln und auf diese Weise die kontingenten natürlichen Unterschiede zwischen ihnen gewissermaßen zu institutionalisieren. Die Gewährung von Sonderrechten zugunsten der Mitglieder natürlicher Gruppen wäre mit der liberalen Rechts- und Gerechtigkeitsauffassung nicht nur unvereinbar, sie liefe ihr diametral entgegen, und das gilt gleichermaßen für die Einrichtung diesbezüglicher Kollektivrechte: Rechte verleihen ihren Inhabern relative Macht, und am Beispiel der Amish People ist oben bereits angedeutet worden, inwiefern sich die Macht des Kollektivs gegebenenfalls gegen die eigenen Mitglieder richtet. Natürliche Gruppen zeichnen sich nun aber dadurch aus, dass das Individuum sie nicht oder nur unter hohen Kosten verlassen kann. Der Einzelne wäre also der Rechtsmacht der Gruppe auf Gedeih und Verderb ausgeliefert:

„Wenn das Kollektiv als *solches* ein Recht über seine Mitglieder hätte (zum Beispiel dass sie seine Rituale befolgen, seine Geschichte und Traditionen achten oder was auch immer) (…), würde es zu einer Art metaphysischem Sklavenhalter, an den die Mitglieder auf Gedeih und Verderb gebunden wären. Freiheitsliebende Menschen sollten dies gewiss ablehnen." (Narveson 1991, 332)

Die Tatsache, dass es sich bei den fraglichen Gruppen um „natürliche Kollektive" handelt, ist daher für die Schwierigkeit der moralischen Begründung von Gruppenrechten im Kontext liberaler Konzeptionen politischer Gerechtigkeit von maßgeblicher Bedeutung und findet aus diesem Grund in der Debatte um Kollektiv- und Sonderrechte ausführliche Beachtung. So entsteht gelegentlich der Eindruck, als ginge es den Gruppenrechtlern um den Schutz natürlicher Kollektive bzw. um die Berücksichtigung der natürlichen Unterschiede zwischen den Menschen schlechthin. Davon kann jedoch keine Rede sein. Niemand fordert Rechte zugunsten dieser Gruppen, weil es sich bei ihnen um natürliche Gruppen handelt, und das wird schon daran deutlich, dass bei weitem nicht alle natürlichen Gruppen als potentielle Nutznießer eigener Rechte im Gespräch sind[46]: Unter den Gruppenrechtskandidaten sucht man die natürliche Gruppe der Männer – jedenfalls bisher – ebenso vergeblich wie die der Europäer oder der Menschen mit heller Hautfarbe oder die der Frauen mit blonden Haaren. Die Gruppenrechtsforderungen beschränken sich vielmehr auf diejenigen natürlichen Gruppen, von denen sich sagen lässt, dass die Zugehörigkeit zu ihnen in besonderer Weise die Wertvorstellungen und Handlungsmöglichkeiten, die Lebensperspektiven und Interessen der ihnen angehörigen Individuen beeinflusst und bestimmt, weil diese Gruppen erstens als *konstitutive Gemeinschaften* den maßgeblichen Kontext bilden, innerhalb dessen sich die Identität und Lebensvorstellung des Individuums konstituiert und/oder weil sie zweitens *als soziale Minderheiten* marginalisiert und benachteiligt werden.

2.3 Konstitutive Gemeinschaften

Dass jeder Einzelne von Natur aus einer Rasse, einer Nation, einer Kultur angehört, ist eine unbestreitbare und unbestrittene Tatsache: Es gibt kein Individuum ohne Hautfarbe, ohne Geschlecht, ohne Muttersprache. Die im hier zu untersuchenden Kontext entscheidende Frage ist jedoch, ob dieser Tatsache irgendeine normative Bedeutung zukommt, und diesbezüglich gehen die Meinungen auseinander.[47] Weitgehend unstrittig ist, dass die natürliche Gruppenzugehörigkeit der Individuen nicht schon als solche eine Rolle spielt, wenn es darum geht, wer welche Rechte haben sollte. Man könnte ebenso gut und zu Recht darauf verweisen, dass es kein Individuum ohne Blutgruppe, ohne Sternzeichen, ohne Augenfarbe gibt, doch niemand würde behaupten wollen, dass wir den Menschen je nach Blutgruppe unterschiedliche Rechte zusprechen sollten. Soweit es die Rechte des Einzelnen betrifft, gelten solche natürlichen Merkmale als irrelevant und ihre Berücksichtigung als willkürlich. Das ist darauf zurückzuführen, dass es der interessenorientierten liberalen Individualrechtskonzeption zufolge bei der Begründung und Verteilung von Rechten letztlich darum geht, die fundamentalen Interessen von Individuen zu schützen, um ihnen die Freiheit zu geben, ihre Ziele zu verfolgen und ihre Vorstellung vom guten Leben zu realisieren. Nun gibt es zweifellos Situationen, in denen die Blutgruppe einer Person eine entscheidende Rolle spielt und mit etwas Phantasie mag man sich Zusammenhänge ausmalen, in denen der Augenfarbe eines Menschen eine wesentliche Bedeutung zukommt. Mit Blick auf seine fundamentalen Interessen und seine Vorstellung vom guten Leben sind diese Merkmale jedoch in der Regel völlig irrelevant, und demzufolge dürfen sie auch keine Rolle spielen, wenn es um die Frage geht, welche Rechte der Einzelne haben soll.

Dieser Schluss legt nun jedoch zugleich den Gedanken nahe, dass unter bestimmten Umständen durchaus auch Gruppen im Rahmen einer individualistischen Rechtstheorie bedeutungsvoll sein können, nämlich dann, wenn sie mit Blick auf die fundamentalen Interessen der Individuen eine entscheidende, ja eine *konstitutive* Rolle spielen. Eben diese Auffassung liegt letztlich der Argumentation der Befürworter von so genannten „community rights" zugrunde: Sie gehen erstens davon aus, dass (nicht nur) im Kontext pluralistischer Staaten die Existenz bestimmter Gruppen und die Zugehörigkeit zu ihnen für die Identität der Individuen, für ihr Wohlergehen, ihre Wertvorstellungen, Interessen und Ziele konstitutiv ist, und sie vertreten zweitens die Ansicht, dass diese Gruppen rechtlich geschützt werden sollten. Mit anderen Worten: Gruppen verdienen dieser Position zufolge rechtliche Berücksichtigung, wenn sie eine identitätsstiftende Funktion haben, d.h. wenn es sich bei ihnen um so genannte *konstitutive Gemeinschaften* handelt, um Gruppen, denen anzugehören in ausschlaggebender Weise beeinflusst, wie sich das Individuum versteht, woran es glaubt, worauf es hofft, wofür es kämpft.

Doch wie muss eine Gruppe beschaffen sein, damit man behaupten kann, dass die Zugehörigkeit zu ihr das Individuum in dieser Weise festlegt? Was ist gemeint, wenn eine soziale Gruppe als konstitutive Gemeinschaft beschrieben wird? Und welche Voraussetzungen müssen erfüllt sein, damit ein soziales Kollektiv in diesem Sinne als „identifying group"[48] fungieren kann? Margalit/Raz nennen in ihrer Untersuchung zum Selbstbestimmungsrecht nationaler und ethnischer Gruppen sechs Charakteristika, die (ohne dass dies von den Autoren beabsichtigt wäre) die in der Debatte üblichen, jedoch häufig nur implizit vorgenommenen Kennzeichnungen konstitutiver Gemeinschaften anschaulich zusammenführen. Dabei zeigt sich, dass es sich hier um ein höchst voraussetzungs- und implikationsreiches Konzept handelt. Als konstitutive Gemeinschaften bezeichnet man demnach Gruppen, auf die die folgenden Charakteristika zutreffen[49]:

1. Die Gruppe hat einen gemeinsamen Charakter, eine gemeinsame Geschichte und gemeinsame Kultur, die viele verschiedene und bedeutende Aspekte des Lebens umfasst.
2. Wer innerhalb der Gruppe aufwächst, eignet sich die Kultur der Gruppe an und wird durch ihren Charakter in entscheidender und tiefgreifender Weise geprägt.
3. Die Gruppen sind nicht institutionalisiert und verfügen über keine formalisierten Zulassungsprozeduren. Ihnen anzugehören ist vielmehr eine Frage informeller Anerkennung durch andere, und zwar insbesondere durch andere Mitglieder.
4. Die Zugehörigkeit zur Gruppe ist sozial bedeutsam, insofern sie ein entscheidendes externes Identifikationsmerkmal von Personen darstellt. Sie löst Verhaltenserwartungen aus und leitet Verhaltensinterpretationen an.
5. Die Mitgliedschaft ist nicht eine Frage von Verdiensten, sondern von Zugehörigkeitsgegebenheiten. Man kann sich nicht freiwillig zur Mitgliedschaft entschließen, sondern man gehört der Gruppe an, weil man ist, wer man ist.
6. Die fraglichen Gruppen sind keine überschaubaren face-to-face Gruppen, deren Mitglieder einander bekannt sind, sondern anonyme Gruppen, innerhalb derer die wechselseitige Anerkennung durch das Vorliegen allgemeiner Merkmale garantiert wird.

Am Beispiel der Amish-Gemeinschaft lässt sich gut veranschaulichen, was mit dieser Kennzeichnung konstitutiver Gemeinschaften konkret gemeint ist: Die Gemeinschaft der Amish besitzt zweifellos eine eigene Gruppenkultur, die alle Lebensbereiche ihrer Mitglieder durchdringt und das Individuum tief und weitreichend beeinflusst. Sie verkörpert ein eigenes Normensystem, pflegt eine eigene Sprache und kann auf eine lange und traditionsreiche Geschichte zurückblicken. Mitglied der Gruppe wird man nicht durch eigenen Entschluss, etwa indem man nach sorgfältiger Erwägung der Alternativen einen entsprechenden formgerechten Antrag stellt. Der Einzelne wird vielmehr unfreiwilligerweise in die Gemeinschaft „hineingeboren" und im Rahmen bestimmter Initiationsriten und symbolischer Handlungen von den anderen Mitgliedern aufgenommen und anerkannt. Für die soziale Umgebung außerhalb der Gruppe ist ein Mitglied der Amish-Gemeinde aufgrund seiner Kleidung, seiner Sprache, seiner Verhaltensweisen etc. leicht als solches zu erkennen, und auf dieselbe Weise können sich die Angehörigen der Gruppe untereinander identifizieren, auch wenn sie einander nicht persönlich bekannt sind. Konstitutive Gemeinschaften wie die der Amish People lassen sich in diesem Sinne als Gruppen mit eigener „Kollektividentität" beschreiben, und das unterscheidet sie nicht nur von freiwilligen Assoziationen, sondern auch von solchen natürlichen Gruppen wie der der Männer oder der der Menschen mit blauen Augen. Im Gegensatz zu jenen verkörpern konstitutive Gruppen eine eigene Kultur, die sich von der Lebens- und Denkweise der gesellschaftlichen Umgebung, in die sie eingebettet sind, unterscheidet und ihre Mitglieder von außen identifizierbar macht.[50] Dabei bildet die Kulturgeschichte der Gruppe zugleich den Narrationskontext für die Lebensgeschichten der ihr Angehörigen, sie ist das Gewebe, das die Mitglieder der Gemeinschaft zusammenhält.[51] Diese teilen nicht nur *ein* spezielles Interesse oder *ein* mehr oder weniger kontingentes natürliches Merkmal. Konstitutive Gemeinschaften sind vielmehr „multidimensionale"[52] Gruppen, deren Mitglieder durch die geteilte Kultur, d.h. ihre gemeinsame Geschichte, ihr gemeinsames Wertesystem, ihre gemeinsame Sprache, ihre gemeinschaftlichen Traditionen, Rituale und Symbole etc. in vielfältiger Weise miteinander verbunden und an die Gruppe gebunden sind. Der Einzelne weiß um diese Bindung, und sein Wissen wird von Gefühlen begleitet und ist mit Wertungen, mit normativen Einstellungen verbunden, auch wenn sich das Individuum ihrer nicht permanent bewusst ist.[53] Die Zugehörigkeit zur Gruppe ist ihm „in Fleisch und Blut übergegangen", sie konstituiert sein Selbstverständnis, strukturiert sein Weltverständnis, motiviert sein Handeln und formiert seine soziale und persönliche Identität: Ohne das gemeinsame „wir" gibt es kein separates „ich", und ohne die Zugehörigkeit zur Gemeinschaft wäre die Person als diese nicht mehr wiederzuerkennen, sie wäre in wesentlicher Hinsicht nicht dieselbe. Als Mitglied einer konstitutiven Gemeinschaft betrachtet, versteht und empfindet der Einzelne sich selbst daher „eher als Teil eines *Wir* denn bloß als ein separates *Ich*" (McDonald 1991, 219f) – er ist Teil eines Ganzen, das zugleich mehr ist als die Summe seiner Teilhaber. Die konstitutive Gemeinschaft ist nicht auf ihre jeweils aktuellen Mitglieder reduzierbar. In gewisser Weise hat sie eine von ihnen unabhängige Existenz, die es u.a. erlaubt, Aussagen über die Gruppe zu machen, die keinen der ihr Angehörigen persönlich betreffen[54] und deren Wahrheitsgehalt unverändert bleibt, auch wenn die Mitgliedschaft wechselt und sich die personelle Zusammensetzung der Gruppe verändert.[55] Die konstitutive Gemeinschaft erscheint daher als

„eine Entität (wenn auch eine ohne physischen Körper). Das bedeutet, dass die Gruppe unabhängig von ihren Mitgliedern eine eigene Existenz hat und über eine eigene Identität verfügt. Man kann über die Gruppe sprechen, ohne sich auf die einzelnen Individuen zu beziehen, die zufällig zu einem bestimmten Zeitpunkt ihre Mitglieder sind. (...) Es gibt zudem eine Bedingung der *Interdependenz*. Identität und Wohlergehen der einzelnen Mitglieder der Gruppe sind aufs engste verknüpft. Die Mitglieder der Gruppe identifizieren sich – erklären, wer sie sind – indem sie darauf verweisen, dass sie der Gruppe angehören, und ihr Wohlergehen oder ihr Status ist teilweise durch das Wohlergehen oder den Status der Gruppe bestimmt." (Fiss 1976, 148f)

Diese Betrachtungsweise liefert nun zwei unterschiedliche Ansatzpunkte für die moralische Begründung von Gruppenrechten: Der ersten Argumentationsweise zufolge brauchen und verdienen solche Gruppen um ihrer selbst willen, d.h. als intrinsisch werthafte Entitäten mit fundamentalen Interessen und als Träger einer bewahrenswerten Kollektividentität Anerkennung und Schutz durch entsprechende Kollektivrechte. Diese „Rechte des Kollektivs" werden analog zu den Rechten von Individuen konstruiert und begründet, insofern konstitutive Gemeinschaften im Rahmen dieses (von mir so bezeichneten) *Kollektivsubjekt-Argumentes* als eigenständige Subjekte aufgefasst werden, die in recht-

licher Hinsicht wie Individuen zu betrachten und zu behandeln sind.
Der zweiten Auffassung zufolge müssen diese Gruppen aufgrund ihrer
existenziellen Bedeutung für die Freiheit und das Wohlergehen der ihnen angehörigen Individuen vor der oben genannten Gefahr ihrer sukzessiven Erosion durch entsprechende Kollektivrechte geschützt werden. Im Rahmen dieses von mir so genannten *Kollektivgüter-Argumentes* werden konstitutive Gemeinschaften als fundamentale und für das
Wohlergehen der Individuen unverzichtbare Kollektivgüter betrachtet,
da sie nicht nur den Rahmen bilden, innerhalb dessen der Einzelne seine Interessen befriedigt, seine Entscheidungen trifft und seine Vorstellung vom guten Leben zu verwirklichen versucht, sondern vielmehr
den Boden darstellen, auf dem diese Vorstellungen und Interessen erst
gedeihen und Freiheit sinnvoll ausgeübt werden kann. Beiden Argumentationsweisen ist gemeinsam, dass sie (aus unterschiedlichen Gründen) die Schutzwürdigkeit der entsprechenden Gruppen betonen und
dabei die Aufmerksamkeit insbesondere auf deren Innenleben, ihren
korporativen Charakter, ihre kollektive Identität, das Gemeinschaftsgefühl unter ihren Mitgliedern, die spezifischen Normen, die ihr Verhalten untereinander und ihre Haltung zueinander bestimmen und die besondere, meist positiv besetzte Bedeutung solcher Gemeinschaften für
das Selbstverständnis, die Identität und soziale Verortung ihrer Mitglieder richten. Dabei entspringt der Argumentationsfluss der Gruppenrechtler der Sorge um den gesicherten Fortbestand konstitutiver Gemeinschaften in kulturell differenzierten liberalen Gesellschaften und
mündet auf unterschiedlichen Wegen in die For-derung nach Kollektivrechten zu deren Gunsten. Dieser Akzent verlagert sich, wenn man den
Blickwinkel erweitert und nicht nur die interne Struktur jener durch
Nationalität, Ethnie, Kultur, Sprache, Rasse und Geschlecht bestimmten Gruppen, sondern deren soziale Situation und ihr Verhältnis zur gesamtgesellschaftlichen Umgebung betrachtet.

2.4 Minderheiten

Viele der Gruppen, deren Ansprüche in der Gruppenrechtsdebatte untersucht und bewertet werden sollen, stellen konstitutive Gemeinschaften im oben erläuterten idealtypischen Sinne dar, doch bereits an den
Prologbeispielen wird deutlich, dass andere sich weniger gut in diese

konzeptionelle Passform einfügen: Die Gruppe der Frauen lässt sich sicher nicht in einem den Amish vergleichbaren Sinne als Gemeinschaft mit einer eigenen, alle Lebensbereiche ihrer Mitglieder durchdringenden traditionsreichen Kultur verstehen, und ebenso verhält es sich mit den Homosexuellen[56] und anderen sozialen Gruppen, die besondere Rechte fordern. Es gibt jedoch noch ein tiefer liegendes Merkmal, das diesen Gruppen bei aller Verschiedenheit gemeinsam ist. Es wird augenfällig, wenn man deren soziale Position in den Blick nimmt und ihr Verhältnis zur gesamtgesellschaftlichen Umgebung betrachtet: Was die Amish *und* die Frauen *und* die Zeugen Jehovas *und* die Muslima *und* die Homosexuellen verbindet, ist die Tatsache, dass es sich bei ihnen um so genannte *Minderheitengruppen* handelt, d.h. um Gruppen, die sich von der übrigen Bevölkerung mit Blick auf ein bestimmtes Merkmal (z.B. ihre Nationalität, ihre Sprache, ihre Kultur, ihre Religion, ihre ethnische Abstammung etc.) unterscheiden und sich – sieht man von den Frauen vorerst ab – in der Regel auch mengenmäßig in der Minderheit befinden.[57] Die Kennzeichnung einer Gruppe als Minderheit enthält daher immer sowohl ein komparatives als auch ein kontextuelles Element, d.h. sie impliziert einen Vergleich zwischen der betreffenden Gruppe und „den anderen", und sie setzt einen bestimmten Vergleichsrahmen voraus: Eine Gruppe, die in einem bestimmten gesellschaftlichen Kontext eine Minderheit darstellt, kann in einer anderen Umgebung durchaus die Mehrheit bilden.[58] Welche Gruppen als Minderheiten zu gelten haben, hängt also nicht von der internen Struktur der einzelnen Gruppe und auch nicht in erster Linie von der Art des gruppenkonstituierenden Merkmals, sondern immer vom jeweiligen sozialen Kontext, d.h. vom Vergleichsrahmen ab.

Jedes Sozialgebilde hat demnach seine eigenen Minderheiten, die sich dadurch auszeichnen, dass sie *erstens* „untereinander durchaus verschiedene, aber gegenüber der ‚Mehrheit' gemeinsam abweichende Normen, Verhaltensweisen und Identitäten entwickeln" (Yletyinen 1982, 9), dass sie *zweitens* aufgrund ihrer Andersartigkeit „Objekte von Vorurteilen, Stigmatisierung, negativen Projektionen, diskriminierenden Verhaltensweisen und Aggressionen durch die ‚Mehrheit' sind oder werden können, wenn auch nach unterschiedlichen Mustern, mit unterschiedlichen Inhalten und mit unterschiedlicher Stärke" (ebd.) und dass sie *drittens* aus unterschiedlichen Gründen und in unterschiedlicher Hinsicht benachteiligt sind: Insofern sich die entsprechenden Gruppen

mengenmäßig „in der Minderheit" befinden, haben sie im Rahmen de-
mokratischer Entscheidungsverfahren, die auf dem Mehrheitsprinzip
beruhen, eine relativ geringe Chance, ihre *gruppenspezifischen* Interessen durchzusetzen. Sie müssen gegebenenfalls große Anstrengungen
unternehmen, um die Mitglieder der andersdenkenden Mehrheit für
ihre Anliegen zu gewinnen, und häufig wird ihr Bemühen nicht von
Erfolg gekrönt sein.[59] Und doch ist bei weitem nicht jede Gruppe, die
sich mengenmäßig in der Minderzahl befindet, auch schon eine benachteiligte Minderheit im eigentlichen Sinne, denn die Durchsetzbarkeit von Interessen ist keineswegs nur und längst nicht immer eine Frage ihrer Mehrheitsfähigkeit, sondern hängt zudem wesentlich von den
wirtschaftlichen, sozialen und kulturellen Ressourcen ab, über die die
Interessenträger verfügen. Den größten Einfluss haben – auch in demokratischen Gesellschaften – nicht notwendigerweise diejenigen, die
über die Mehrzahl der Stimmen verfügen. Vielmehr liegt der Vorteil in
der Regel auf Seiten derjenigen Personen, Gruppen und Institutionen,
die den Großteil der wirtschaftlichen und sozialen Ressourcen kontrollieren (und dadurch im übrigen auch in die Lage versetzt sind, in denjenigen gesellschaftlichen Bereichen, in denen Mehrheitsentscheidungen
ausschlaggebend sind, ihren Stimmen entsprechend Gehör zu verschaffen und für ihre Interessen zu werben). Die einflussreichsten Gruppen
sind also keineswegs notwendigerweise auch die größten, und die benachteiligten Minderheiten sind wiederum nicht zwangsläufig in der
Minderzahl:

„Es geht einfach darum, dass die, die am wenigsten Macht haben und über die
wenigsten Ressourcen verfügen, die Verletzlichsten sind und dass sie sich oft,
wenn auch nicht ausnahmslos in der Minderheit befinden. Der Minderheitenstatus ist ein unvollkommenes Korrelat sozialer Marginalität. Einige Minderheiten, etwa die Reichen, haben außerordentlich viel Macht. Einige Mehrhei-
ten, etwa die Frauen, dagegen nicht. (Das erklärt, warum es zwischen den
Rechten von Frauen und den Rechten von Minderheiten einen Zusammenhang
gibt.) Den wichtigsten Kontext, in dem Minderheiten benachteiligt sind, bilden
Mehrheitsentscheidungen wie Abstimmungen. Diese Verfahren sind jedoch gewöhnlich nicht die einzige Art und Weise, wie die Dinge geregelt werden. (Die
Reichen mögen überstimmt werden, überboten werden sie selten.)" (Green
1994, 105)

Der für die Gruppenrechtsdebatte entscheidende Minderheitenbegriff
ist denn auch kein *quantitativer,* sondern ein *qualitativer* Begriff: Rein
numerisch betrachtet sind auch Einkommensmillionäre und Bildungs-

eliten Minderheiten in Deutschland, doch deren Minderzahl macht sie noch nicht zur Minderheit im qualifizierten Sinne.[60] Gleiches gilt, wenn auch mit umgekehrtem Vorzeichen, für die Gruppe der Frauen. Ihre Mitglieder befinden sich numerisch in der Mehrheit, und doch wird sie aufgrund ihrer strukturellen Benachteiligung im Kontext der Gruppen-rechtsdebatte als Minderheit betrachtet und behandelt. Ausschlagge-bend ist also nicht das Mengenverhältnis, sondern das *Machtverhältnis* zwischen Mehrheit und Minderheit.[61] Es ist nicht die zahlenmäßige Un-terlegenheit, die „mindere" Größe der entsprechenden Gruppen, die ihre Bezeichnung als Minderheit rechtfertigt und die Forderung nach besonderen Rechten zu ihren Gunsten motiviert, sondern ihre Benach-teiligung, ihr relativer Mangel an Einfluss und Macht, also ihre minde-re Chance, „den eigenen Willen in einem Gemeinschaftshandeln auch gegen den Widerstand anderer Beteiligter durchzusetzen." (Weber 1964, 38)[62]

Wenn im Folgenden von Minderheiten die Rede ist, sind damit also soziale Gruppen gemeint, die sich in der Regel, aber nicht notwendi-gerweise in der Minderzahl befinden *(zahlenmäßige Unterlegenheit),* sich von der übrigen Bevölkerung hinsichtlich eines bestimmten Merk-mals unterscheiden *(Deviation),* aktuell oder potentiell Opfer von Dis-kriminierung sind *(Stigmatisierung),* über einen überproportional ge-ringen Anteil an wirtschaftlichen und sozialen Ressourcen *(sozio-öko-nomische Benachteiligung)* und über *keinen* oder kaum gesellschaftli-chen und politischen Einfluss verfügen *(Marginalisierung).* Auch diese Kennzeichnung ist idealtypisch zu verstehen, d.h. dass nicht alle Min-derheitengruppen alle Kriterien im gleichen Umfang erfüllen müssen, und in diesem Zusammenhang ist insbesondere die geläufige Unter-scheidung zwischen sozialen und kulturellen Minderheiten zu erwäh-nen: Während der Minderheitenstatus ersterer sich vorrangig aus ihrer sozio-ökonomischen Benachteiligung ableitet (z.B. Frauen), ergibt er sich im Fall kultureller Minderheiten vor allem aus deren zahlenmäßi-ger Unterlegenheit und ihrer von der gesamtgesellschaftlichen Umge-bung abweichenden Sprache, Weltanschauung, Religion oder Lebens-führung (z.B. türkische „Gastarbeiter" in Deutschland). Insofern all diese Faktoren sich im Kontext liberaler Gesellschaften mit Blick auf die Möglichkeit der Individuen, nach ihrer Façon selig zu werden, nachteilig auswirken, begründen sie die Kennzeichnung der von ihnen betroffenen Gruppen als Minderheiten.

Welche Gruppen diese Bedingungen nun jeweils erfüllen, ist eine empirische Frage, die nur mit Blick auf einen bestimmten historischen Zeitpunkt und ein konkretes Sozialgefüge beantwortet werden kann.[63] Im hier zu untersuchenden Kontext entscheidend ist jedoch weniger die empirische Frage, welche Gruppen in der Bundesrepublik, den USA etc. als Minderheiten zu gelten haben, sondern vielmehr die normative Frage, ob die Mitglieder von Minderheitengruppen besondere Rechte haben sollten, und die Gruppenrechtler beantworten diese Frage eindeutig positiv: Ihrer Ansicht nach genügen Minderheitengruppen dem oben erwähnten „Relevanz-Kriterium", demzufolge die Berücksichtigung von Gruppen(-Zugehörigkeiten) bei der Begründung und Verteilung von Rechten dann gerechtfertigt erscheint, wenn diese für die Interessen, das Selbstverständnis, die Lebenskonzeption etc. des Einzelnen von ausschlaggebender Bedeutung sind. Auch im Fall von Minderheitengruppen scheint diese Bedingung erfüllt zu sein, denn die Zugehörigkeit zu einer sozialen und/oder kulturellen Minderheit wirkt zweifellos in mehr oder weniger vielfältiger, tiefgreifender, nachhaltiger und in aller Regel *nachteiliger* Weise auf das Individuum und seine Lebenssituation innerhalb der liberalen Gesellschaft ein: Die Mitglieder einer Minderheitengruppe teilen ein „Sozialschicksal"[64], das eng mit dem geringen gesellschaftlichen Status ihrer Gruppe verknüpft und an deren benachteiligte soziale Situation gebunden ist, so dass sich sagen lässt, dass die Zugehörigkeit zu einer solchen Gruppe den Einzelnen und seine Lebensperspektiven nicht nur beeinflusst, sondern beeinträchtigt.

Wo die Argumentation zugunsten von Gruppenrechten auf den Minderheitenstatus der entsprechenden Gruppen Bezug nimmt, liegt die Betonung daher nicht wie im Fall der konstitutiven Gemeinschaften auf der besonderen *Schutzwürdigkeit* der Kollektive als solcher, sondern vielmehr auf der besonderen *Schutzbedürftigkeit* ihrer Mitglieder. Die hier geforderten Rechte zielen nicht nur auf die Bewahrung einer kulturellen Differenz, sondern auch auf die Beseitigung einer sozialen Ungleichheit, die wiederum nicht mithilfe von Kollektivrechten, sondern vielmehr durch die Einrichtung entsprechender individueller gruppenspezifischer Sonderrechte bewirkt werden soll. Auch hier lassen sich verschiedene Argumentationsstrategien unterscheiden: Das *Kompensations-Argument* hält die Einrichtung von Sonderrechten zugunsten von Minderheiten für eine moralisch nicht nur legitimierte, sondern gebote-

ne Form der Entschädigung für das Unrecht, das die Mitglieder dieser
Gruppen in der vorliberalen Vergangenheit erlitten haben, und für dessen Folgen, unter denen sie bis in die Gegenwart hinein leiden. Demgegenüber betont das *Gleichheits-Argument* die Notwendigkeit einer besonderen, gegebenenfalls zeitlich befristeten Förderung von Minderheiten zum Zweck der Gewährleistung gleicher Startchancen und zum
Ausgleich des strukturellen Wettbewerbsnachteils ihrer Mitglieder. Im
Gegensatz dazu stützt das *Differenz-Argument* die dauerhafte Einrichtung kulturspezifischer, partikularer Gruppenrechte zum Schutz derjenigen fundamentalen Interessen, die sich erst aus den entsprechenden
Gruppenzugehörigkeiten ergeben und aus diesem Grund nur die Mitglieder bestimmter Gruppen betreffen.

Nun ist die Unterscheidung zwischen konstitutiven Gemeinschaften
und Minderheiten keine sachliche Trennung im eigentlichen Sinne, die
eine „entweder-oder"-Einordnung erlaubt. Viele der fraglichen Gruppen lassen sich als Minderheiten *und* als konstitutive Gemeinschaften
beschreiben, und nicht wenige von ihnen sind sowohl als Kandidaten
für Kollektivrechte wie auch als Anspruchsberechtigte für entsprechende Sonderrechte im Gespräch. Beide Bezeichnungsweisen führen
jedoch jeweils unterschiedliche Implikationen hinsichtlich der Argumentation zugunsten von Gruppenrechten mit sich. Insofern dienen sie
nicht dem Zweck einer trennscharfen Unterscheidung sozialer Gruppen, sondern markieren die beiden wesentlichen Argumentations- bzw.
Diskurssträngen, die in der leitenden Fragestellung der Gruppenrechtsdebatte zusammenfließen und im Folgenden getrennt voneinander diskutiert werden: Das ist *erstens* die Frage nach der normativen Begründung von Kollektivrechten, d.h. nach dem moralischen und rechtlichen
Status von konstitutiven Gemeinschaften, und *zweitens* die Frage nach
der moralischen Legitimität von gruppenspezifischen Sonderrechten,
d.h. nach gerechten Normen im gesellschaftlichen Umgang mit sozialen und kulturellen Minderheiten.

---

1 Der vollständige Text des Urteils und der Urteilsbegründung findet sich
   unter http://laws.findlaw.com/US/406/205.html.
2 Vgl. zur Begründung des Schulpflichtgesetzes des Staates Wisconsin 406
   U.S. 205 (1972), S.222.
3 Vgl. zur Geschichte, Kultur und Lebensweise der Amish Hosteler 1993.
   Der Autor wurde im Prozess um die Schulpflicht der Amish als Experte
   befragt.

4   Die Amish sprechen untereinander nicht Englisch, sondern das sogenannte „Pennsylvania Dutch", einen dem Pfälzischen ähnelnden deutschen Dialekt, der auf ihre Ursprünge in Mitteleuropa zurückgeht. Außerdem pflegen sie ihre Kenntnisse des Hochdeutschen bei der täglichen gemeinschaftlichen Bibellektüre.

5   Vgl. zur Begründung der Ablehnung des Besuchs weiterführender Schulen 406 U.S. 205 (1972), S.210f.

6   Das Gericht bestätigt den Diskriminierungsvorwurf in seiner Urteilsbegründung. Vgl. 406 U.S. 205 (1972), S. 220.

7   Dieser Umstand findet in der Urteilsbegründung des Gerichts ausdrückliche Erwähnung. Vgl. 406 U.S. 205 (1972), S.222.

8   Die Mehrheit der Richter des Supreme Court gibt ihnen in ihrer Urteilsbegründung diesbezüglich Recht. Vgl. 406 U.S. 205 (1972), S.218.

9   Vgl. 406 U.S. 208, S.222.

10 Tatsächlich ist die Frage, ob es hier um ein Kollektiv- oder ein Sonderrecht geht, nicht nur unter Philosophen, sondern auch unter Juristen umstritten. Ein überzeugendes Argument zugunsten der „Kollektivrechtsthese" findet sich bei Garet. Er weist darauf hin, dass die Entscheidung des Gerichts, wenn sie den Schutz des individuellen Grundrechts auf freie Religionsausübung beabsichtigen sollte, als kontraproduktiv verstanden werden müsste. „Die Idee des individuellen Freiheitsrechts legt eher den Gedanken nahe, die Amish-Kinder vor ihren Eltern schützen zu müssen als die Eltern vor dem Staat." Vgl. Garet 1983, S.1032f.

11 Die etwa 220 Amish-Gemeinden in Nordamerika (mit insgesamt ca 145.000 Mitgliedern) verfügen jeweils über eine komplette eigene Infrastruktur und sind wirtschaftliche Selbstversorger. Ihre Subsistenz sichern sie durch die Produktion und den Verkauf von landwirtschaftlichen Gütern, und dabei ist die Gemeinschaft auf die Mitarbeit der Jugendlichen angewiesen, die von Kindesbeinen an an die Arbeit auf dem Feld und im Haushalt herangeführt werden. Ab dem 14. Lebensjahr übernehmen sie bestimmte Arbeiten und Gemeinschaftspflichten und erhalten (z.T. an gemeinschaftseigenen Berufsschulen) die Ausbildung, die sie für ihr späteres Leben innerhalb der Amish-Gemeinde benötigen.

12 Tatsächlich betrachten einige Autoren eben diese Stärkung der Gruppe gegenüber ihren eigenen Mitgliedern als das wesentliche Ziel, den eigentlichen Zweck von Kollektivrechten. Vgl. dazu Kymlicka 1994, S.19.

13 Damit wird nicht behauptet, dass jede Frau und jeder Mann gerne Universitätsprofessor(in) wäre, sondern lediglich, dass es ebenso viele Frauen wie Männer gibt, die diese Güter begehren bzw. dass der im Vergleich zu den Männern geringe Anteil der Frauen an diesen Positionen nicht auf ein *entsprechend* geringeres Interesse ihrerseits zurückzuführen ist.

14 Eine andere Ursache für die effektive Benachteiligung von Frauen ist in der Tatsache zu sehen, dass sexistische Vorurteile gegenüber Frauen noch immer in den Köpfen vieler Menschen und eben auch derjenigen, die die entsprechenden Ämter und Positionen letztlich „verteilen", tief verankert sind. Die Bürger in liberalen Rechtsstaaten sind häufig weit weniger liberal als

die Verfassung ihres Staates, und so schleichen sich in der Stellenvergabe-praxis aufgrund „menschlichen Versagens" immer wieder Diskriminierun-gen ein. Diese können jedoch kaum der Rechtslage, bzw. der liberalen Indi-vidualrechtskonzeption angelastet werden. Im Gegenteil: Es handelt sich um Ungerechtigkeiten, die dadurch zustande kommen, dass die entspre-chenden Gremien das „gerechte Recht" nicht anwenden, dass sie sich also gerade nicht daran halten. Das wiederum soll nicht heißen, dass der Gesetz-geber nicht dennoch aufgefordert sein kann, entsprechende Regelungen zu erlassen, die die Möglichkeit solcher „privater" Diskriminierungen mini-mieren. In der Debatte um die Frauenquote sind diese Fragen umfassend diskutiert worden. Vgl. Rössler 1993, Boshammer/Kayß 1999.

15 Vgl. dazu Frye 1983, S.38f; Kymlicka 1996, S.202ff; MacKinnon 1987, S.37; Olsen 1984, S.397ff; Taub 1986, S.1686. Siehe auch Radcliffe Richards 1980, S.113f: „Wird eine Gruppe lange genug von etwas ausge-schlossen, so ist es so gut wie sicher, dass sich diese Tätigkeiten in einer Weise entwickeln, die nicht auf die ausgeschlossene Gruppe passt. Es steht fest, dass die Frauen von vielen Berufen ausgeschlossen waren, und das bedeutet, dass diese dann wahrscheinlich auch nicht mehr für sie geeignet waren. Das deutlichste Beispiel dafür ist die Diskrepanz zwischen den An-forderungen für die meisten Arbeiten und dem Gebären und Aufziehen von Kindern. Ich bin fest davon überzeugt, dass die Frauen, wären sie von An-fang an voll an den gesellschaftlichen Vorgängen beteiligt gewesen, eine Möglichkeit gefunden hätten, Arbeit und Kinder aufeinander abzustimmen. Die Männer waren dazu nicht motiviert, und die Ergebnisse sind bekannt." (Zit. nach Kymlicka 1996, S.204)

16 Damit soll in keiner Weise behauptet sein, dass Frauen nicht auch heute noch unter direkter (im Gegensatz zu „struktureller") Diskriminierung zu leiden haben. Das Gegenteil trifft zu: „Es handelt sich bei kompensatori-schem Recht zugunsten von Frauen nicht um eine ausgleichende Gerech-tigkeit zugunsten der Enkelinnen für das Unrecht, das man den Großmüt-tern angetan hat, sondern um den Ausgleich einer durch sozialstatistische Befunde belegten, fortdauernden Benachteiligung der Gruppe der Frauen." (Slupik 1988, S.126)

17 Vgl. Compensis 1999, S.150f.

18 Vgl. Galenkamp 1995, S.168.

19 Vgl. zur Unterscheidung zwischen „differences" und „inequalities" Olsen 1984, S.397f; MacKinnon 1987, S.126ff.

20 Anfang Juli 2002 hat in dritter Instanz das Bundesverwaltungsgericht des Landes Baden-Württemberg Frau Ludins Klage abgewiesen.

21 „Der Staat bildet (...) lediglich den neutralen Rahmen, innerhalb dessen Vertreter verschiedener Religionen, Weltanschauungen, Lebensideale friedlich miteinander leben können". (Bayertz 2000, S.223)

22 Vgl. Dworkin 1985, S.196.

23 So zitiert eine „Pressemitteilungen des Verwaltungsgerichts Stuttgart" die Rechtsprechung des Bundesverfassungsgerichts zur Frage des beamten-rechtlichen Neutralitätsgebotes. Siehe VWG Stuttgart 2000.

24 Vgl. Pressemitteilung des VGH Stuttgart vom 6.7.2000: „Das Tragen eines
islamisch-religiös motivierten Kopftuchs durch die Klägerin im Schulunterricht würde der staatlichen Neutralitätspflicht und damit auch den
Dienstpflichten einer Lehrerin widersprechen. Dieses religiöse Bekenntnis
sei im Schulunterricht unzulässig. Der Religionsfreiheit der Klägerin stün-
den überwiegende Pflichten des Staates und Rechte der Schüler bzw. ihrer
Eltern gegenüber, so dass ein Verstoß gegen die staatliche Neutralitätspflicht gegeben wäre. Nach der Rechtsprechung des Bundesverfassungsgerichts seien im Schulbereich demonstrative religiöse Bekenntnisse nur
bei strikter Einhaltung des Prinzips der Freiwilligkeit und bei zumutbaren
Ausweichmöglichkeiten zulässig. Beim Kopftuchtragen durch die Klägerin handele es sich um ein demonstratives religiöses Bekenntnis im Sinne
dieser Rechtsprechung. Dem gegenüber bestünden keine Ausweichmöglichkeiten der Schüler bzw. ihrer Eltern, denn es bestehe allgemeine Schulpflicht und die Schüler bzw. ihre Eltern könnten sich die Lehrer nicht aussuchen. (...) Das Grundschulalter sei zudem eine wichtige Prägungsphase
für Charakter und Wertvorstellungen. Grundschüler seien kaum in der
Lage, die religiöse Motivation für das Kopftuchtragen intellektuell zu ver-
arbeiten und sich bewusst für Toleranz oder Kritik zu entscheiden. Daraus
ergebe sich die Gefahr einer, wenn auch ungewollten, Beeinflussung durch
den als Respektsperson empfundenen Lehrer."

25 Dass der Verwaltungsgerichtshof in Stuttgart Frau Ludins Berufung mit
der Begründung zugelassen hat, dass deren Erfolg mindestens ebenso
wahrscheinlich sei wie ihr Misserfolg (VGH Stuttgart, Beschluss vom
5.7.2000 - 4 S 1110/00), macht deutlich, dass die „Kopftuchfrage" auch
unter Juristen strittig ist, und das wird nicht zuletzt daran ersichtlich, dass
die Gerichte in anderen Bundesländern in vergleichbaren Fällen gegentei-
lige Entscheidungen getroffen haben. Das Verwaltungsgericht Lüneburg
hat im Oktober 2000 die Pädagogin Iyman Alzayed, die zum Islam überge-
treten war, für den Schuldienst zugelassen. Auch in Hamburg ist nach
Gerichtsentscheid das Tragen des Kopftuchs kein Hinderungsgrund für die
Einstellung in den staatlichen Schuldienst. Vgl. dazu und zu weiteren
Fällen: Alex Rühle, Das Kleid der Welt, in: Süddeutsche Zeitung vom
18.10.2000, S.17; Sibylle Thelen, Konrektorin mit Kopftuch. Streit um
muslimische Pädagoginnen führt oft vor Gericht, in: Stuttgarter Zeitung
vom 15.09.1999, S.5.

26 Vgl. taz vom 25.03.2000, S.8; SZ vom 18.10.2000, S.17.

27 Solange der Staat ihr keine Sondergenehmigung erteilt, kann sie lediglich
an privaten islamischen Grundschulen ihrer Lehrertätigkeit nachgehen,
und deren Zahl ist in der Bundesrepublik vergleichsweise gering. Mittlerweile ist Frau Ludin mit ihrer Familie nach Berlin gezogen, wo sie derzeit
im Stadtteil Kreuzberg an einer staatlich geförderten privaten islamischen
Grundschule unterrichtet.

28 Die Landtagsdebatte über den „Fall Ludin" kam 1998 auf Antrag der Fraktion der Republikaner zustande, die ein „generelles Kopftuchverbot" an
baden-württembergischen Schulen durchsetzen wollten. Dieser Antrag

wurde jedoch nicht zuletzt mit Verweis darauf, dass er „aller Wahrscheinlichkeit nach verfassungswidrig" sei, einstimmig abgelehnt. Sowohl die Kultusministerin als auch die Mitglieder der übrigen Fraktionen betonten dagegen, dass es sich bei der Nicht-Einstellung von Frau Ludin um eine „Einzelfallentscheidung" handele.

29 Vgl. Andrea Nüsse, Ein Stoff für Streit. Warum eine Lehrerin mit Kopftuch im Berliner Exil lebt, in: Der Tagesspiegel, 13. November 1999.

30 Es ist keineswegs ausgeschlossen, dass es im staatlichen Schuldienst Mitglieder anderer Religionsgemeinschaften gibt, die ebenfalls ein Interesse daran haben, ihr Glaubensbekenntnis auch im Unterricht durch entsprechende Symbole zum Ausdruck zu bringen. Während deren Interessen durch das Gewicht der negativen Rechte der Eltern und Schüler aufgewogen werden, wiegt (die Geltung des Sonderrechts vorausgesetzt) das der Muslima diesbezüglich schwerer.

31 „Das moderne politische Denken unterstellte ganz allgemein, dass die Universalität des Staatsbürgerstatus, im Sinne eines Staatsbürgerstatus für alle, eine Universalität des Staatsbürgerstatus in dem Sinne einschließt, dass dieser Status Partikularität und Differenz transzendiert. Ganz gleich welche sozialen Unterschiede oder gruppenspezifischen Differenzen es unter den Bürgern geben mag (...), in der politischen Öffentlichkeit verleiht der Staatsbürgerstatus jedem den gleichen Status als einem Gleichgestellten. Gleichheit wird als Gleichsein aufgefasst. Damit führt das Ideal des universalen Staatsbürgerstatus zumindest zwei weitere Bedeutungselemente mit sich (...): 1. Universalität definiert als allgemein im Gegensatz zu partikular, was Bürger gemein haben, nicht, wie sie sich unterscheiden, und 2. Universalität im Sinne von Gesetzen und Regeln, (...) die für individuelle Verschiedenheiten und Unterschiede von Gruppen blind sind." (Young 1993, S.268)

32 Vgl. Dumont 1991, S.287f.

33 Diese vertragstheoretische („kontraktualistische") Konstruktion des Staates ist kennzeichnend für liberale Theorien des Politischen. Vgl. dazu Kymlicka 1996, S.63ff; Dworkin 1990, S.152f; Rawls 1993, S.27ff. Zu den historischen Vorbildern der Theorie vom Gesellschaftsvertrag vgl. Locke 1967; Rousseau 1988; Kant 1974; Hobbes 1998. Einen Überblick bietet Gough 1957.

34 Vgl. zum Begriff partizipatorischer Güter Réaume 1994, S.120. Siehe auch Green 1991, S.321.

35 Vgl. GG Art. 8 und 9.

36 Der Ausdruck der „self-collection" ist von Michael McDonald in die Debatte eingeführt worden und dient der Unterscheidung sozialer Gruppen von bloß numerischen oder zu analytischen Zwecken konstruierten Gruppen, so genannten „Aggregaten", z.B. „a set of left-hand goalies within a hockey league (...). Such numerical or analytical constructs are ‚othercollected' inasmuch as they do not exist independently of our thinking about them." (Johnston 1989, S.23) Dabei versteht er den Begriff der „self-collection" in Analogie zu dem der „self-reflection": „If self-reflection is

basic to individual identity, self-collection is also basic to collective identity. Sometimes the manner of self-collection is formal, as in the rules of incorporation or a nation's constitution. In other cases, it is fairly informal, as in the kind of self-constitutional understanding that unites a discussion group or a tribe." (McDonald 1986a, S.116) Zudem unterscheidet er zwischen zwei verschiedenen Formen von „self-collection", nämlich „(W) self-collection based on will or choice, and (R) self-collection based on internal recognition of some significant commonality." (McDonald 1986, S.27) Gruppen, die im ersten Sinne „self-collective" sind, die sich also durch den freien Entschluss ihrer Mitglieder konstituieren, nennt er „artificial groups", wohingegen diejenigen, die auf die interne gegenseitige Anerkennung der Mitglieder als Zugehörige zurückgehen, von ihm als „natural groups" bezeichnet werden. (Vgl. McDonald 1986, S.41; siehe auch Johnston 1989, S.23) Ganz ähnlich lautet die Unterscheidung von Aggregaten und sozialen Gruppen bei Young: „Ein Aggregat ist jede Klassifizierung von Personen gemäß irgendeinem Attribut. Personen können entsprechend einer Anzahl von Attributen, von denen alle gleichermaßen willkürlich sein können – unsere Augenfarbe, die Autotypen, die wir fahren, die Straße, in der wir leben – aggregiert werden. (...) Eine soziale Gruppe wird jedoch nicht in erster Linie durch eine Menge geteilter Attribute definiert, sondern von dem Identitätsempfinden, das die Menschen haben." (Young 1993, S.280)

37 Vgl. Svensson 1979, S.425.
38 Vgl. Buchanan 1989, S.857.
39 Vgl. zur Unterscheidung solcher „aggregate collectivities" von sogenannten „conglomerate collectivities" French 1975, S.160f und S.164f.
40 Z.B. kann ein Sportverein befugt sein, von seinen Mitglieder einen bestimmten Mitgliedsbeitrag zu erheben, und diese sind im Gegenzug verpflichtet, die entsprechende Summe zu zahlen. Manche Autoren verwenden dieses Beispiel zur Veranschaulichung eines „Gruppenrechtes": Das Mitglied schuldet dem Verein Geld und nicht jedem einzelnen seiner Mitglieder, und insofern scheint „die Gruppe" hier als Rechtssubjekt zu fungieren. Diese Verwendungsweise des Rechtsbegriffs ist jedoch nach der hier vorgestellten Definition der Geltungsbedingungen von Rechten irreführend: Das „Recht" des Vereins geht nicht auf ein fundamentales Interesse der Gruppe als einer Art „Kollektivsubjekt" zurück, sondern auf das aggregierte Interesse ihrer Mitglieder. Weil und insofern „das Interesse der Gruppe" nichts weiter ist als eine zusammenfassende Bezeichnung für die gemeinsamen Interessen ihrer Mitglieder, sind auch die „Rechte der Gruppe" nichts weiter als kollektiv ausgeübte oder verwaltete Rechte von Individuen. Vgl. dazu auch Narveson 1991, S.332f; McDonald 1991, S.218f; Hartney 1991, S.307ff. Zur Frage der Rechte von „Korporationen" und „juristischen Personen" siehe Hartney 1991, S.304-306 (kritisch dazu Réaume 1994, S.124f); Drucker 1964; French 1979; French 1982.
41 Vgl. die Gegenüberstellung von „artificial" und „natural groups" bei McDonald 1986, S.41. Siehe auch Johnston 1989, S.23.

42 Vgl. Narvesons Unterscheidung der beiden Formen von „partly voluntary groups". (Narveson 1991, S.341)

43 Vgl. zur Frage der Austrittskosten McDonald 1991, S.230.

44 Vgl. dazu Williams 1994, S.34; Green 1994, S.109 und 111; Johnston 1989, S.24; Garet 1983, S.1007; McDonald 1986a, S.117.

45 Nicht selten ist es erst das Verhalten der sozialen Umwelt, das dem Einzelnen die eigene Gruppenzugehörigkeit ins Bewusstsein ruft und bedeutsam macht, und in diesem Zusammenhang spielen Diskriminierungserfahrungen eine besondere Rolle. So berichten etwa viele Opfer der nationalsozialistischen Judenverfolgung, dass erst der Antisemitismus der Deutschen sie „zu Juden gemacht" habe.

46 Zudem ist die „Natürlichkeit" der fraglichen Gruppen eine graduelle Angelegenheit: Die Mitgliedschaft in einer Religionsgemeinschaft hat sicher keinen vergleichbar schicksalhaften Charakter wie z.B. die Zugehörigkeit zu einem Geschlecht.

47 In diesem Zusammenhang ist die Auffassung einiger feministischer Philosophinnen zu berücksichtigen, der zufolge das Geschlecht (aber auch die Hautfarbe) einer Person insofern normative Bedeutung hat, als die Identität von Personen nicht anders als „engendered und embodied (vergeschlechtlicht und verkörpert) vorgestellt werden [kann], d.h. nach Maßgabe eines Selbst, das sich über seinen Körper und die darin eingeschriebene Rolle definiert." (Pieper 1996, S.29) Insofern es kein „geschlechtsloses" Subjekt gibt, darf es auch keine „geschlechtsneutrale" Ethik geben. Vgl. dazu auch Butler 1993; Butler 1995; Cornell 1993; Nagl-Docekal 1993; Pauer-Studer 1993.

48 Siehe zur Bedeutung von Gruppenzugehörigkeiten für die Identitätskonstitution McDonald 1991, S.219f.

49 Siehe Margalit/Raz 1995, S.83ff.

50 Vgl. zur Unterscheidung von „communities" und „associations" Buchanan 1989, S.856ff.

51 Vgl. dazu MacIntyre 1981, S.201ff.

52 Vgl. Svensson 1979, S.434f.

53 Die Zugehörigkeit zu konstitutiven Gemeinschaften hat insofern eine kognitive, eine emotive und eine normative Komponente. Vgl. dazu Tajfel 1978, Mummendey 1985.

54 Vgl. dazu Ezorsky 1977, S.184.

55 French bezeichnet diese Gruppen daher als „conglomerate collectivities". (French 1975, S.164f)

56 Eine die Homosexuellen betreffende Gruppenrechtsforderung ist in der BRD jüngst unter dem Stichwort der „Homosexuellenehe" diskutiert und erfüllt worden.

57 Zum Begriff der Minderheit siehe Heckmann 1978 und 1992.

58 Vgl. zur Umgebungsrelativität des Minderheitenbegriffs Dinstein 1976, S.112.

59 Man denke etwa an die Vertreter der muslimischen Gemeinde in einer deutschen Kleinstadt, die versuchen, die ausnahmslos christlichen Mitglie-

der des Stadtrats dazu zu bewegen, die Genehmigung für den Bau einer Moschee zu erteilen.

60 Vgl. Yletyinen 1982, S.10f; Hoffmann-Nowotny 1974, S.175; Markefka 1975, S.14ff.

61 Vgl. dazu Dinstein 1976, S.112.

62 „Eine Minderheit, und dies steckt schon im Begriff, setzt eine Mehrheit, also eine superiore Gruppe voraus. Es ist jedoch nicht der quantitative Aspekt, etwa die numerische Größe, die eine Gruppe zur Minorität, bzw. Majorität macht, sondern der Grad der Macht, über welche diese Gruppe verfügt und die ihr erlaubt, *die eigenen Normen und Maßstäbe als normative Verhältnisse innerhalb einer Gesellschaft zu behaupten* [Hervorhebung S.B.]. Eine Betrachtung aus dem Blickwinkel des Anteils einer Gruppe an den Machtverhältnissen und des daraus resultierenden, bzw. damit interagierenden Sozialstatus, schließt eine quantitative Begriffsbestimmung der Minderheit als eine verhältnismäßig kleinere Menge bewusst aus, auch wenn es auf den ersten Blick verblüffend zu sein scheint, dass eine numerische Mehrheit aufgrund ihres minderen sozialen Status und ihrer untergeordneten Stellung in der Gesellschaft eine Minderheit darstellen kann. Daher erheben sich die Indikatoren ‚geringes Prestige' und ‚unvorteilhafte Machtlage' zu zentralen Termini für die Operationalisierung des Minderheitenbegriffs." (Trubeta 1998, S.26f)

63 Hier spielen historische Daten eine große Rolle, etwa die Frage, welche Gruppen in der Vergangenheit systematisch diskriminiert worden sind – in Deutschland etwa die Frauen oder die Juden, in den USA die „Farbigen". Dass die dazu erforderlichen sozialstatistischen Befunde allerdings erfahrungsgemäß vielseitig interpretierbar sind, hat sich etwa im Rahmen der Quotendebatte am Streit um den Minderheitenstatus der Frauen in der Bundesrepublik gezeigt. Vgl. dazu Lindecke 1995.

64 Vgl. zum gemeinsamen Sozialschicksal der Frauen etwa Slupik 1988, S.95; kritisch dazu Huster 1999, S.144f; zum gemeinsamen Sozialschicksal der „Farbigen" als einer „natürlichen Klasse" vgl. Fiss 1976, S.107 und 148ff; Taylor 1993, S.177ff.

IV. Die moralische Begründung von Kollektivrechten

> „Die Zugehörigkeit zu Gruppen gehört zum ‚Wesen des Menschen'. (...) Sie ist nicht nur eine unergründliche Tatsache im Leben eines jeden von uns, sondern zugleich ein unergründlicher Wert."
> (Garet 1983, 1066 und 1070)

In den vorangegangenen Kapiteln ist verdeutlicht worden, inwiefern der Fortbestand konstitutiver Minderheitsgemeinschaften im Kontext liberaler Gesellschaften gefährdet ist, und zwar aus Gründen, die sowohl mit der plurikulturellen Zusammensetzung dieser Gesellschaften als auch mit der liberalen Staats- und Rechtskonzeption zusammenhängen. Ohne gezielten rechtlichen Schutz sind die betroffenen Gruppen nicht in der Lage, ihre historisch gewachsenen Strukturen aufrechtzuerhalten, ihre Sitten, Gebräuche und Traditionen gegenüber dem impliziten oder expliziten Assimilationsdruck der Gesellschaft zu behaupten und ihre kulturelle Identität zu bewahren. Sie sind vielmehr zunehmend gezwungen, sich ihrer liberalen Umgebung mehr und mehr anzugleichen, und laufen Gefahr, ihre Eigenheit und Eigenständigkeit zu verlieren und sich sukzessive aufzulösen. Die liberalen Individualrechte bieten zwar umfassenden Schutz für die verallgemeinerbaren fundamentalen Interessen von Individuen, aber sie reichen offenbar nicht aus, um den Fortbestand der betroffenen Minderheitskulturen zu sichern: Nicht nur das Beispiel der Amish People zeigt, dass eine Gemeinschaft effektiven Schaden erleiden kann, ohne dass auch nur eines der Individualrechte auch nur eines ihrer Mitglieder verletzt worden wäre. Die Freiheitsrechte der individuellen Gruppenmitglieder gewährleisten also nicht den Schutz der Gruppe als solcher, ja mehr noch: Sie wirken sich gegebenenfalls sogar zum Nachteil konstitutiver Gemeinschaften aus, insofern sie es den Einzelnen erlauben, auch gegen die Interessen der Gemeinschaften, denen sie angehören, zwischen den unterschiedlichen

Handlungsoptionen, die eine pluralistische Gesellschaft bietet, vorrangig an ihren persönlichen Interessen orientierte autonome Entscheidungen zu treffen. Der Liberalismus macht Ernst mit der Überzeugung, dass das gute Leben für jeden Einzelnen etwas anderes beinhalten mag, und er gesteht jedem das gleiche Recht darauf zu, seine diesbezügliche Vorstellung unabhängig von den Vorgaben eines Kollektivs zu entwickeln, zu revidieren und zu realisieren. Die Wahl seiner Werte und Ziele, seiner Glaubenssätze und Lebensweisen muss dem Individuum selbst überlassen bleiben. Sie fällt in den entpolitisierten Bereich des Privaten, aus dem sich der zur Neutralität verpflichtete Staat herauszuhalten hat.

Durch die Garantie gleicher Freiheitsrechte für alle Individuen ermöglicht der liberale Rechtsstaat so die Emanzipation des Einzelnen von der Macht der Kollektive. Die damit einhergehende grundlegende Individualisierung des Politischen mag manchem in ihren Konsequenzen für den Fortbestand konstitutiver Gemeinschaften beunruhigend erscheinen: Der liberale Rechtsstaat hat sich auf den Schutz der individuellen Grundrechte zu konzentrieren und zu beschränken. Seine erste Tugend ist die Verwirklichung der Gerechtigkeit, nicht aber die Durchsetzung oder Förderung einer bestimmten Konzeption des Guten. Das Individuum spielt im Rahmen dieses Staatsverständnisses vorzugsweise als Träger von Interessen und Inhaber von Rechten eine Rolle. Weil und insofern nun diese Betrachtungsweise zunehmend in das Selbstverständnis der Bürger einfließt, schwächt sie deren Bindung an die eigene Herkunfts- und Wertegemeinschaft und damit das entscheidende Motiv, die eigenen Rechte und Ressourcen zum Vorteil dieser Gemeinschaft einzusetzen: „Wenn Individuen sich als unabhängige Rechtsinhaber begreifen (...), wird dieses Selbstverständnis ein echtes Engagement ihrerseits zugunsten der Gemeinschaft ausschließen und diese daher schwächen." (Tomasi 1991, 521f) Die Individuen nehmen sich nicht mehr als Teil eines Ganzen wahr, dessen Wohlergehen sie im Rahmen ihrer Entscheidungen mit zu berücksichtigen haben, sondern betrachten sich und ihre Mitbürger als „Anwälte in eigener Sache". In einer liberalen Gesellschaft hat der Einzelne also nicht nur mehr Möglichkeiten, seine eigenen Ziele gegebenenfalls auf Kosten jener Gemeinschaften zu verwirklichen, er hat zugleich immer weniger Grund, seine selbstbezogenen Interessen zugunsten des Gemeinschaftswohls hintan zu stellen. Nicht nur aus diesem Grund besteht ausreichend Anlass, das sukzessive Verschwinden kultureller Minderheitsgemeinschaften in liberalen Gesellschaften zu *erwarten* und, wie manche meinen, zu *befürchten*.

Doch was ist eigentlich so schlimm daran, wenn konstitutive Gemeinschaften, wenn ethnische und religiöse Gruppen, wenn bestimmte Lebensweisen, Glaubenssysteme und Kulturen sich sukzessive auflösen, mit der Gesamtgesellschaft amalgamieren und nach und nach verschwinden? Die Frage allein mag für manchen Gruppenrechtler unsinnig und provozierend erscheinen (es ist, als fragte man einen Tierschützer, wozu man eigentlich afrikanische Elefanten braucht), und doch ist sie durchaus berechtigt. Tatsächlich weisen viele Autoren darauf hin, dass sich hinter dem Begriff der Kultur ein ohnehin wesentlich dynamisches Phänomen verbirgt, das sich historisch entwickelt und verändert, „aufblüht und verwelkt".[1] Eben diese Prozesse – von denen die Mehrheitskultur im Übrigen ebenso betroffen ist wie die der Minderheitengruppen – kommen im Wandel der Kulturgemeinschaften, und das heißt gegebenenfalls auch in ihrer Auflösung, zum Ausdruck. Es ist, wie van der Burg richtig bemerkt, schlicht eine Tatsache der Moderne, dass sich „jede Generation, wenn sie alt wird, mit einer Kultur konfrontiert sieht, in der sie sich nicht mehr heimisch fühlt und in der Werte, die von den Älteren ein Leben lang hoch geschätzt wurden (wie z.B. Ehen unter dem Treueversprechen, ‚bis dass der Tod uns scheidet'), nicht mehr allgemein anerkannt sind." (Van der Burg 1995, 240) Eine Gruppe, die sich solchen notwendigen Transformations- und Adaptionsprozessen künstlich zu entziehen versuchte, indem sie sich hinter rechtlichen Schutzmauern verschanzte, wäre nicht länger eine lebendige Kulturgemeinschaft, sondern eine ‚abgelegte Gestalt der Weltgeschichte':

„Sich für die Bewahrung von Minderheitenkulturen einzusetzen hat etwas Künstliches an sich. Kulturen leben und wachsen, sie verändern sich und gelegentlich welken sie dahin. Sie verschmelzen mit anderen Kulturen oder sie passen sich an geographische oder demographische Notwendigkeiten an. Eine Kultur bewahren zu wollen, bedeutet daher oft nichts anderes, als eine bestimmte ‚Momentaufnahme' von ihr zu machen und dann darauf zu bestehen, dass diese einmal im Bild festgehaltene Version der Kultur um jeden Preis überdauern muss ohne Rücksicht auf ihr soziales, ökonomisches und politisches Umfeld. (...) Auf diese Weise setzt man eben jene Mechanismen von Anpassung und Kompromiss außer Kraft, (...) mit denen alle Gesellschaften der Außenwelt begegnen. Man bewahrt so zwar einen Teil der Kultur, verliert jedoch das, was viele als ihr faszinierendstes Merkmal betrachten würden: ihre Fähigkeit, eine eigene *Geschichte* zu erzeugen." (Waldron 1995, 109f)

Der Schutz von Kulturen kann demnach offensichtlich auch zu weit getrieben werden. Man kann, mit anderen Worten, bestimmte Lebensweisen auch „zu Tode pflegen", und schon in der Formulierung wird deutlich, dass ein solches Vorgehen nicht nur kontraproduktiv, sondern geradezu paradox anmutet. Eine in diesem Sinne kulturkonservative Gesellschaft, die die entsprechenden Gemeinschaften auf einer Art Museumsinsel internierte, um sie dem Assimilationsdruck der Gesellschaft zu entziehen, könnte man jedenfalls nicht mehr als liberal bezeichnen, denn wenn eine Kulturgemeinschaft in dieser Weise unter Denkmalschutz gestellt wird, ist es mit den bürgerlichen Freiheiten ihrer Mitglieder bald vorbei. Das Argument von der Natürlichkeit des kulturellen Wandels enthält daher einen wichtigen und richtigen Hinweis darauf, dass auch der Kultur-Schutz vernünftige Grenzen haben muss. Als prinzipieller Einwand gegen diesbezügliche Maßnahmen ist es dagegen kaum überzeugend und in dieser Allgemeinheit formuliert zudem durchaus fragwürdig, da es keinerlei Differenzierung zwischen den unterschiedlichen Gründen für die Anpassung der Gemeinschaften an die Gesellschaft vornimmt, sondern deren Assimilation schlechthin als einen Ausdruck ihrer Kompromiss- und Geschichtsfähigkeit, ihrer Lebendigkeit versteht. Wer so argumentiert, beraubt sich wichtiger Instrumente, um staatliche Repression gegenüber bestimmten Lebensweisen und Weltanschauungen oder die institutionelle Diskriminierung von kulturellen Gemeinschaften zu kritisieren. Jene sozialen, ökonomischen und politischen Umstände, deren Wandlung dieser Position zufolge einen entsprechenden Wandel der Minderheitskulturen sinnvoll, erforderlich und nur natürlich erscheinen lässt, erweisen sich nämlich nicht selten als sozialer, ökonomischer oder politischer Druck, das heißt als *Unterdrückung*. Es ist auch und nicht zuletzt die Erfahrung der durch Verfolgung, Diskriminierung und strukturelle Benachteiligung erzwungenen bzw. provozierten Assimilation ethnischer, religiöser, sprachlicher, kurz: kultureller Gemeinschaften, die die Forderungen der Kollektivrechtler veranlasst. Auch wenn sich diese Phänomene auf der individuellen Ebene auswirken und die Diskriminierung einer Gruppe sich „phänomenal" als Diskriminierung ihrer Mitglieder ausdrückt, richtet sie sich immer auch gegen die Gemeinschaft als solche und stellt nach Ansicht der Kollektivrechtler insofern ein Unrecht dar, das den Gemeinschaften selbst zugefügt wird, und vor dem sie durch entsprechende Kollektivrechte geschützt werden müssen:

„Die Bedeutung von Gruppen ist unbestreitbar, und wer sich weigert, ihren Wert anzuerkennen, setzt sie ohne Schutz und Hoffnung dem gruppenzerstörerischen Potential der Gesellschaftlichkeit aus. Dem besorgten Individualisten, der dazu neigt, alle Ansprüche auf Gemeinschaftlichkeit abzulehnen, ist die Liste von Greueltaten entgegenzuhalten, die in der Moderne an Gruppen verübt worden sind. Die weite Verbreitung von Verbrechen an Gruppen – wie Apartheid und Genozid – belegt die Notwendigkeit von Kollektivrechten." (Johnston 1989, 26)

Demnach sind es also nicht nur die sozialen Folgen der Erosion von ethnischen, religiösen, sprachlichen etc. Gemeinschaften, die es zu befürchten und durch entsprechende Kollektivrechte zu verhindern gilt. Es sind vielmehr die gemeinschaftsschädigenden Vorgänge selbst, die aus moralischer Perspektive kritikwürdig erscheinen. Hinter dieser Position verbirgt sich die Überzeugung, dass es sich bei den entsprechenden Gruppen um „etwas Wertvolles" handelt. Anders formuliert: Die Erosion konstitutiver Gemeinschaften ist nicht nur deswegen als ein Übel anzusehen, weil sie faktisch bedeutet, dass es eines Tages solche Gemeinschaften nicht mehr geben wird. Sie muss vielmehr schon darum durch entsprechende Kollektivrechte verhindert werden, weil man das, was letztlich zum Verschwinden dieser Gruppen führt, mit konstitutiven Gemeinschaften einfach „nicht machen darf".

Kollektivrechte verfolgen also letztlich den Zweck, die Gruppen selbst und als solche vor dem „gruppenzerstörerischen Potential der Gesellschaftlichkeit" (Johnston 1989, 26) in Schutz zu nehmen. So ist es zu erklären, dass sich die Kollektivrechtsforderungen keineswegs auf den Schutz der Gruppen vor staatlicher Repression beschränken, sondern zum Teil weit darüber hinausgehen. Als potentielle Rechtsgegenstände kommen prinzipiell alle materiellen und immateriellen Ressourcen in Frage, die zum Schutz und Erhalt dieser Gruppen erforderlich sind, und zu den möglichen Trägern der mit diesen Rechten verbundenen Pflichten sind all jene „Entitäten" zu zählen, von denen die mithilfe von Kollektivrechten zu bannenden Gefahren für die Existenz dieser Gruppen ausgehen. Hier sind insbesondere drei „Adressatenkreise" zu nennen: 1. Der Staat, 2. die „Gesellschaft" (gemeint sind hier diejenigen Individuen, die nicht selbst zur Gemeinschaft gehören) und 3. die Mitglieder der Gruppe.

1. Die Existenz einer kulturellen Gemeinschaft kann einerseits durch den liberalen Rechtsstaat selbst beeinträchtigt und gefähr-

det sein, nämlich dann, wenn die Sitten und Gebräuche der Gruppe mit der liberalen Rechtsordnung in Konflikt geraten, wie es hierzulande etwa mit Blick auf die in manchen Kulturen übliche Praxis der Beschneidung von Mädchen[2] oder bei der rituellen Schlachtung von Tieren[3] („Schächten") der Fall ist. Weil und insofern diese Praktiken gegen geltendes Recht verstoßen, ist der Staat als Garant der Rechtsordnung nicht nur berechtigt, sondern gegebenenfalls sogar verpflichtet, sie zu unterbinden. Das jedoch heißt nichts anderes, als dass er aufgefordert ist, die Gemeinschaft an der Pflege ihrer Traditionen bewusst zu hindern. Dass diese dabei Schaden nimmt, kann hier nicht ins Gewicht fallen, da Gruppen *als solche* im Rahmen der liberalen Rechtsauffassung ohnehin keinerlei Anspruch auf Nichtschädigung haben. Aber der liberale Rechtsstaat stellt auch in anderer Hinsicht eine potentielle Bedrohung für die ungestörte Existenz kultureller Gemeinschaften dar, und zwar insofern er seinen Bürgern nicht nur bestimmte Verhaltensweisen untersagt, sondern ihnen darüber hinaus positive Pflichten auferlegt, deren Erfüllung den Einzelnen gegebenenfalls daran hindert, seinen Pflichten gegenüber der Gemeinschaft nachzukommen. Am Beispiel der Amish-Gemeinde ist oben schon verdeutlicht worden, wie eine solche Pflichtenkollision aussehen und inwiefern sie den Fortbestand einer kulturellen Gemeinschaft gefährden kann. Dabei ist die latente Gefahr, die mit Blick auf den Fortbestand kultureller Gemeinschaften vom Staat selbst ausgeht, letztlich darin begründet, dass auch dem liberalen Rechtsstaat bestimmte kulturelle Traditionen, weltanschauliche Positionen und normative Überzeugungen zugrunde liegen, die in seinen Institutionen und Rechtsnormen zum Ausdruck kommen und wirksam werden. In diesem Sinne ist auch der liberale Rechtsstaat kein neutraler Staat, sondern vielmehr ein Staat, der sich aus „nicht-neutralen" Gründen, also ausgehend von bestimmten *Grundwerten,* um Neutralität bemüht.[4] Wo die „liberale Leitkultur" jedoch mit einzelnen „Subkulturen" grundlegend in Konflikt gerät, hat sie aufgrund ihrer institutionellen Verankerung die Möglichkeit, sich durchzusetzen und die entsprechenden kulturellen Praktiken zu sanktionieren.

2. Doch nicht nur das Handeln des Staates gefährdet gegebenenfalls den Fortbestand konstitutiver Gemeinschaften. Auch die indivi-

duelle Interessenverfolgung und Freiheitsausübung der Gesellschaftsmitglieder kann die Erosion solcher Gruppen befördern
und beschleunigen. Das diesbezüglich geläufigste Beispiel sind
alle Formen von nicht-institutioneller Diskriminierung: Wenn
sich die Bürger einer Stadt weitgehend einig sind, dass es in ihrem Ort keine muslimische Gemeinde geben soll, braucht es kein
entsprechendes Gesetz, um der Gemeinschaft das Leben schwer
oder sogar das Überleben unmöglich zu machen. Es reicht in der
Regel aus, wenn die einzelnen Individuen von ihrer Freiheit Gebrauch machen, der Gemeinde keine Räume zu vermieten und
keine Immobilien zu verkaufen, ihren Mitgliedern keine Arbeitsplätze zur Verfügung zu stellen und sie aus dem öffentlichen
Leben weitgehend auszugrenzen. Durch diese und andere Maßnahmen übt die Gesellschaft einen mehr oder weniger starken
Assimilationsdruck auf die jeweiligen Gruppen bzw. ihre Mitglieder aus, dem viele von ihnen auf Dauer nicht standzuhalten
vermögen. Solche Vorgänge sind ein alltäglicher Bestandteil des
politischen Lebens nicht nur in der Bundesrepublik Deutschland,
und sie sind, jedenfalls solange bestimmte Grenzen nicht überschritten werden, völlig legal. In liberalen, arbeitsteiligen Gesellschaften ist jeder Bürger nicht nur auf den Schutz des Staates,
sondern auch auf die Kooperationsbereitschaft seiner Mitmenschen angewiesen. Doch während er ersteren einklagen und
erzwingen kann, bleibt letztere dem freien Willen der Individuen
unterstellt, die selbst zu entscheiden haben, wem sie ihr Wohlwollen entgegenbringen, mit wem sie kooperieren wollen und
mit wem nicht. Dabei kann die fehlende Kooperationsbereitschaft, also die mangelnde Anerkennung und Toleranz der Gesellschaft gegenüber bestimmten Kulturen, Weltanschauungen,
Lebensweisen und Glaubensrichtungen, die betroffenen Gemeinschaften in ihrem Fortbestand zweifellos ebenso effektiv beeinträchtigen und schädigen wie staatlich verhängte Sanktionen:
„Es kann der Frömmste nicht in Frieden leben, wenn es den freien Bürgern nicht gefällt.“

3. Der letzte und nach Ansicht vieler Autoren bedeutendste Adressatenkreis für die mit Gruppenrechten verbundenen Pflichten
sind jedoch die Mitglieder der jeweiligen Gemeinschaft selbst.[5]
Dieser Zusammenhang ist bereits oben am Beispiel der Amish-
Gemeinde verdeutlicht worden, die durch das staatlich garantier-

te Kollektivrecht in die Lage versetzt wird, die eigenen Mitglieder daran zu hindern, ihre Kinder an einer Hochschule außerhalb der Gemeinschaft ausbilden zu lassen. Tatsächlich besteht zweifellos Anlass zu der Vermutung, dass die vielleicht größte Gefahr für den Fortbestand traditioneller Gemeinschaften in modernen pluralistischen Gesellschaften von den Mitgliedern der Gruppen selbst ausgeht, die sich immer weniger an die Gruppe gebunden und immer stärker von den vielfältigen Lebensalternativen und Handlungsoptionen außerhalb der Gemeinschaft angezogen fühlen. Sie nutzen ihre staatlich garantierte bürgerliche Freiheit, um sich neu zu orientieren und dem mehr oder weniger starren Korsett des traditionellen Gemeinschaftslebens ganz oder teilweise zu entkommen. Diese schleichenden Assimilationsprozesse und die mit ihnen verbundene Auflösung oder Modifikation kultureller Identitäten sind also keineswegs zwangsläufig (wenn auch zweifellos häufig) als unfreiwilliges und unerwünschtes Resultat eines von der gesellschaftlichen Umgebung ausgeübten Anpassungsdrucks zu verstehen. Sie sind sicher ebenso oft ein Ergebnis des legitimen Freiheitsgebrauchs von Individuen, die die Anpassung an die gesellschaftliche Umgebung außerhalb der eigenen Gruppe und die Begegnung und Verbindung mit anderen „Kulturen" nicht als unfreiwillige Entwurzelung und als Verlust, sondern vielmehr als Bereicherung empfinden. Soweit es den Fortbestand der traditionellen Gemeinschaften betrifft, ist das Ergebnis freilich ein und dasselbe, denn aus welchen Gründen auch immer sich die einzelnen Mitglieder vom Gemeinschaftsleben abwenden: Mit Blick auf den Bestand und das Wohlergehen der Gruppe hat ihr Verhalten gleichermaßen destabilisierende Effekte. Entweder muss die Gemeinschaft auf Kosten ihrer traditionellen Identität den Assimilationsbedürfnissen ihrer Angehörigen entgegenkommen oder sie muss in Kauf nehmen, dass sie die Unterstützung ihrer Mitglieder nach und nach verliert. Beide Entwicklungen haben auf lange Sicht eine deutliche Schwächung, wenn nicht sogar die sukzessive Erosion traditioneller Kulturgemeinschaften in ihrer bestehenden Form zur Folge.

Der Fortbestand konstitutiver Minderheitsgemeinschaften ist innerhalb einer liberalen Gesellschaft also von allen Seiten bedroht, und diejeni-

gen, die den „value of groupness" und die Schutzwürdigkeit solcher
Gruppen aus Gründen, über die später noch zu sprechen sein wird, entsprechend hoch ansiedeln, fordern daher mehr oder weniger weitreichende Kollektivrechte. Nun ist jedoch auf den ersten Blick ersichtlich,
dass ganz unterschiedliche Rechtsregelungen erforderlich wären, um
die verschiedenen Schutzlücken zu schließen, und ebenso klar dürfte
sein, dass sich die verschiedenen Kollektivrechte mit Blick auf ihre moralische Legitimation keineswegs über einen Kamm scheren lassen. Die
moralische Begründbarkeit eines „Rechts auf etwas" hängt, wie im ersten Teil dieser Arbeit ausreichend verdeutlicht worden ist, immer auch
davon ab, *wer* durch das entsprechende Recht in *welche* Pflicht genommen wird.[6] In diesem Zusammenhang spielt nun insbesondere die Frage nach den jeweiligen Pflichtenträgern eine entscheidende Rolle: Es
ist ihre Freiheit, die durch die Rechte der Gemeinschaft dauerhaft
beschnitten werden soll, und es ist nicht zuletzt diese Freiheitsein-
schränkung, die begründet sein will, wenn die Gewährung von Rechten
moralische Legitimation beanspruchen will. Zudem kann nur mit Blick
auf den jeweils Verpflichteten entschieden werden, ob es sich bei der
dem Recht korrespondieren Pflicht um eine prinzipiell erzwingbare
und potentiell erfüllbare Rechtspflicht handelt:

„So wie das Bestehen eines Rechtes voraussetzt, dass sich ein Rechtinhaber
bestimmen lässt, um dessentwillen (einem) anderen eine Pflicht auferlegt wird,
so muss es eine zuweisbare Pflicht geben. Man kann nicht Anspruch auf ein
Recht erheben, wenn sich nicht mehr sagen lässt, als dass es eine gute Sache
wäre, einen bestimmten Zustand realisiert zu sehen. Man muss vielmehr nachweisen können, dass es Pflicht bestimmter anderer ist, zur Realisierung dieses
Zustandes beizutragen." (Réaume 1994, 131)

Um bei der Bewertung der unterschiedlichen Kollektivrechtsmaßnah-
men Pauschalurteile zu vermeiden, erscheint es mir daher notwendig,
die in der Gruppenrechtsdebatte übliche Unterscheidung zwischen Kol-
lektiv- und Sonderrechten um eine entsprechende Binnendifferenzie-
rung zu ergänzen. Soweit es die unterschiedlichen Kollektivrechtsrege-
lungen betrifft, werde ich – ausgehend von den im ersten Teil dieses
Buches dargestellten Überlegungen zur Funktion und Struktur von
Rechten im Allgemeinen und vor dem Hintergrund der im zweiten Teil
dieses Buches ausgeführten politischen Veranlassung von Kollektivrechten im Besonderen – vier verschiedene Kollektivrechtsformate

voneinander unterscheiden: 1. Das Recht auf *Selbstbestimmung,* 2. das Recht auf *Mitbestimmung,* 3. das Recht auf *Anerkennung* und 4. das Recht auf *Selbstbehauptung.*

1. Als *Recht auf Selbstbestimmung* bezeichne ich das negative Recht der Gruppe gegenüber dem Staat, nicht an der Pflege und Bewahrung ihres kulturellen Erbes gehindert zu werden. Dieses Recht soll die Interessen der Gruppe insbesondere in denjenigen Fällen schützen, in denen die zum Erhalt der Gemeinschaft erforderlichen und für ihre Kultur bzw. ihre Kollektividentität konstitutiven Verfahrensweisen mit staatlichen Vorgaben in Konflikt geraten. Es soll den diesbezüglichen Interventionsmöglichkeiten des Staates Grenzen setzen. So wie die individuellen Freiheitsrechte den Einzelnen zum „small-scale sovereign" (Hart 1982, 183) innerhalb seines persönlichen Autonomiebereichs machen, würde das Kollektivrecht auf Selbstbestimmung dem Staat die negative Pflicht auferlegen, die Gemeinschaft mit Blick auf ihre inneren Angelegenheiten nicht zu stören. Diejenigen Verfahrensweisen, Rituale und Traditionen, die für die kulturelle Gemeinschaft konstitutiv und für ihren Erhalt erforderlich sind, würden auf diese Weise der staatlichen Regelungskompetenz entzogen, also aus dem Zuständigkeitsbereich des Staates herausgenommen und in den Freiheitsbereich des Kollektivs überführt, dem damit eine Art Teilautonomie zugesprochen wird.[7]

2. Auch das Recht auf Mitbestimmung ist ein Recht, das die Gruppe gegenüber dem Staat beansprucht. Es handelt sich hier jedoch nicht um ein bloß negatives Schutzrecht, sondern um ein positives Anspruchsrecht, das garantieren soll, dass die Interessen der Gemeinschaft bei der Gestaltung der öffentlichen Institutionen und der Rechtsordnung berücksichtigt werden und der Gruppe ein entsprechender Anteil an politischer und gesellschaftlicher Einflussmöglichkeit zukommt. Dabei geht es unter anderem um eine gruppenparitätische Besetzung der entsprechenden Entscheidungsgremien, also darum, dass die Gemeinschaften als solche das Recht haben, in diese Gremien, und zwar unabhängig von Mehrheitsentscheidungen über deren Besetzung, stimmberechtigte Vertreter zu entsenden, deren Zahl etwa dem Anteil der Gruppe an der Gesamtbevölkerung (oder einem anderen sachlo-

gisch zu begründenden Maßstab) entspricht.[8] Auf diese Weise
soll dafür gesorgt werden, dass die Interessen der Gruppe zur
Kenntnis genommen und gehört und bei der Gestaltung der öffentlichen Ordnung mitberücksichtigt werden, so dass z.b. die
oben genannten Kollisionen zwischen den allgemein verbindlichen Staatsbürgerpflichten und den besonderen kulturbedingten
Verbindlichkeiten der Gemeinschaftsmitglieder so gering wie
möglich gehalten werden.

3. Als *Recht auf Anerkennung* bezeichne ich das Recht konstitutiver Gemeinschaften auf die Toleranz und Kooperationsbereitschaft der Mitglieder der sie umgebenden Gesellschaft. Damit
kann sowohl ein positiver wie auch ein negativer Anspruch gemeint sein, wobei eine diesbezüglich trennscharfe Unterscheidung hier nicht immer ohne weiteres möglich sein wird. Durch
ein solches Recht auf Anerkennung könnten den Mitgliedern der
Gesellschaft unterschiedliche Pflichten auferlegt werden, die von
einer Haltung mehr oder weniger passiver Toleranz bis hin zur
Forderung einer aktiven Unterstützung solcher Gruppen reichen.
So könnte etwa auf der Grundlage eines Kollektivrechts auf Anerkennung ein privater Arbeitgeber *positiv* dazu verpflichtet werden, sich bei der Besetzung der Stellen in seinem Unternehmen
an bestimmten Quoten zu orientieren, bei der Einteilung der Ar-
beitszeiten die Feiertage der Gemeinschaften zu berücksichtigen,
denen seine Mitarbeiter angehören, oder bei der Zuweisung der
Arbeit darauf zu achten, dass niemand Tätigkeiten ausüben
muss, die seinen religiösen oder kulturellen Überzeugungen widersprechen. Solche Pflichten hätten mit passiver Duldung, ja
selbst mit „anerkennender Toleranz"[9] nicht mehr viel gemeinsam. Hier ginge es vielmehr um eine aktive Unterstützung der
Gemeinschaften, für die der Einzelne gegebenenfalls persönliche
Opfer bringen müsste. Die rechtlich geforderte Anerkennung
würde in solchen Fällen die Grenze zu dem überschreiten, was
gemeinhin als Solidaritätspflicht bezeichnet wird.

4. Das *Recht auf Selbstbehauptung* schließlich richtet sich gegen
Abweichler in den eigenen Reihen. Gemeint ist das positive
Recht der Gemeinschaft, zur Sicherung ihrer Existenz und zur
Bewahrung ihrer kulturellen Identität die Freiheiten, die ihre
Mitglieder *als Staatsbürger* haben, zu beschneiden, also deren

bürgerliche Rechte in bestimmten Bereichen quasi außer Kraft
zu setzen. Das ist etwa der Fall, wenn eine religiöse Gemeinschaft innerhalb einer liberalen Gesellschaft ihren weiblichen
Mitgliedern verbietet zu studieren, einen Beruf auszuüben oder
eine Abtreibung vornehmen zu lassen, oder wenn ein indiani-
scher Stamm oder eine andere ethnische Gruppe es ihren Angehörigen untersagt, außerhalb der Gemeinschaft zu heiraten oder
ihren Grundbesitz an Nichtmitglieder zu veräußern etc. Dabei
wäre das Recht auf Selbstbehauptung mit einer Art Gewaltmono-
pol verbunden: Es würde faktisch das Recht der Gruppe um-
schließen, diejenigen, die ihren Pflichten gegenüber der Gemeinschaft nicht nachkommen oder gegen die gruppeninternen Normen verstoßen, mit entsprechenden Sanktionen zu belegen. Auf
diese Weise würde das Kollektivrecht den Zwang legitimieren,
den die Gemeinschaft zum Zweck der Selbstbehauptung gegenüber einer liberalen gesellschaftlichen Umgebung auf die eigenen Mitglieder ausübt. Wie am Beispiel der Amish People zu sehen war, wird das Recht einer Gruppe auf Selbstbehauptung häufig aus ihrem Recht auf Selbstbestimmung abgeleitet: Der Staat
hält sich aus den inneren Angelegenheiten der Gruppe heraus
und ermöglicht damit der Gemeinschaft, im eigenen Kollektivinteresse die bürgerlichen Freiheiten ihrer Mitglieder zu beschränken.[10] Dass es einer Gruppe infolge ihres Rechts auf Selbstbestimmung *faktisch möglich* wäre, auf diese Weise gegen die eigenen Angehörigen vorzugehen, heißt jedoch noch lange nicht,
dass es ihr auch *moralisch erlaubt* wäre. Das Recht auf Selbstbehauptung, das solche Zwangsmaßnahmen und Freiheitseinschränkungen legitimierte, wäre also nicht durch das Recht auf
Selbstbestimmung mitbegründet, sondern bedürfte einer eigenen
moralischen Legitimation.

Es dürfte offensichtlich sein, dass sich diese Rechtsforderungen nicht
nur hinsichtlich ihrer praktischen Konsequenzen und ihrer politischen
Durchsetzbarkeit, sondern auch mit Blick auf ihre moralische Begründung deutlich voneinander unterscheiden. Wer die Ansicht vertritt, dass
konstitutiven Gemeinschaften das Recht eingeräumt werden muss, über
ihre internen Angelegenheiten autonom zu entscheiden, ohne die Ein-
mischung des Staates fürchten zu müssen, muss nicht notwendigerwei-

se der Meinung sein, dass sie darüber hinaus das Recht haben sollten, auch außerhalb eines solchen internen Autonomiebereichs entsprechend geschützt, berücksichtigt oder gar unterstützt zu werden. Die Frage nach der moralischen Legitimität von Kollektivrechten lässt sich also kaum kategorisch entscheiden. Vielmehr wird die entsprechende Antwort davon abhängen, was genau zu wessen Gunsten und auf wessen Kosten gefordert ist.

Die Reichweite der einzelnen Forderungen hängt ihrerseits davon ab, wie groß man die Bedeutung, wie hoch man den Wert und die Schutzwürdigkeit konstitutiver Gemeinschaften einschätzt. Diesbezüglich lassen sich zwei grundsätzliche Positionen unterscheiden: Der einen, im Folgenden als Kollektivgüter-Argument bezeichneten Argumentationsweise zufolge sind konstitutive Gemeinschaften schutzwürdig, weil sie eine wichtige soziale Funktion erfüllen und als identitätsstiftende Gruppen für die ihnen angehörigen Individuen eine große Bedeutung und einen hohen Wert haben. Die Zugehörigkeit zu diesen Gemeinschaften wird hier in die Liste derjenigen sozialen Güter aufgenommen, an denen die Individuen ein fundamentales Interesse haben. Weil die Befriedigung dieses Interesses für das Wohlergehen von Individuen unverzichtbar ist und insofern sie den Fortbestand dieser Gemeinschaften voraussetzt, sind entsprechende kollektive Schutzrechte erforderlich, die die Existenz dieser Gruppen *um der ihnen angehörigen Individuen willen* sichern. Da die geforderten Kollektivrechte in diesem Fall letztlich mit Verweis auf die Interessen von Individuen begründet sind, die möglichen Ansprüche der Gruppen also aus dem Wohlergehen der ihnen angehörigen Individuen abgeleitet werden, werde ich sie als *abgeleitete Kollektivrechte* bezeichnen. Davon zu unterscheiden ist das zweite, von mir so genannte Kollektivsubjekt-Argument, demzufolge konstitutive Gemeinschaften intrinsisch werthafte Gebilde darstellen, die nicht nur aufgrund ihrer Bedeutung für die Individuen, sondern *um ihrer selbst willen* geschützt werden müssen. Dieser Position zufolge entspringen die geforderten Kollektivrechte unmittelbar aus den Interessen und dem Wohlergehen der Gemeinschaft selbst und als solcher. Ich werde sie daher als *intrinsische Kollektivrechte* bezeichnen. Beide Argumentationsweisen sollen im Folgenden genauer betrachtet und diskutiert werden. Ich beginne mit dem zweiten, dem Kollektivsubjekt-Argument.

1. Das Kollektivsubjekt-Argument

Die Forderung nach Kollektivrechten zugunsten konstitutiver Gemeinschaften setzt voraus, dass es sich bei der Erosion dieser Gruppen um ein Übel handelt, dessen Verhinderung oder Beseitigung zu den Aufgaben des Staates gehört. Die Befürworter von Kollektivrechten betrachten die schleichende Assimilation kultureller Gemeinschaften demnach nicht als eine gegebenenfalls bedauerliche aber unvermeidbare Begleiterscheinung der Entwicklung moderner liberaler Gesellschaften, und sie verstehen sie auch nicht als Privatangelegenheit der jeweils betroffenen Gruppen und der ihnen Angehörigen. Vielmehr sehen sie in ihr ein Problem von moralischer und politischer Relevanz, ein Unrecht, das das Eingreifen des Rechtsstaates durch die Gewährung von Kollektivrechten erforderlich macht.[11]

Diese Position kann unterschiedlich begründet werden. Eine Form der Begründung liefert das Kollektivsubjekt-Argument, das in verkürzter Form folgendermaßen lautet: Weil es sich bei konstitutiven Gemeinschaften so wie bei Individuen um moralisch werthafte (kollektive) Subjekte mit einer eigenen Identität und eigenen fundamentalen Interessen handelt, brauchen und verdienen sie so wie Individuen Schutz, der durch entsprechende juridische Kollektivrechte sichergestellt werden sollte. Konstitutive Gemeinschaften werden hier analog zu Individuen entworfen und als Kollektivsubjekte verstanden. Die Begründung von Kollektivrechten verläuft im Rahmen des Kollektivsubjekt-Argumentes denn auch parallel zur Begründung von Individualrechten:

„Individualrechtstheorien erklären zuallererst, was ein Individuum ist, welche Interessen es qua Individuum hat, und leiten dann eine Reihe individueller Rechte ab, die dem Schutz dieser Interessen dienen. Ähnlich erklären Kommunitaristen zuerst, was eine Gemeinschaft ist, welche Interessen sie qua Gemeinschaft hat und leiten dann eine Reihe von Kollektivrechten ab, die dem Schutz dieser Interessen dienen. Genauso wie bestimmte Individualrechte aus dem Interesse hervorgehen, das jede Person an ihrer individuellen Freiheit hat, gehen bestimmte Gemeinschaftsrechte aus dem Interesse hervor, das jede Gruppe an ihrer Selbsterhaltung hat." (Kymlicka 1994, 22)

Das Argument versucht also, die Rechtsträgerschaft von Kollektiven durch deren Ähnlichkeit zu Individuen zu begründen, indem es behauptet, dass nicht nur Individuen, sondern auch konstitutive Gemeinschaften als Subjekte anzusehen sind und aus diesem Grund auch wie Subjekte behandelt werden, also als Träger von Interessen respektiert und mit eigenen Rechten ausgestattet werden müssen. Die Überzeugungskraft dieser Argumentationsstrategie hängt demnach davon ab, ob sich tatsächlich plausibel machen lässt, dass es keine Unterschiede zwischen konstitutiven Gemeinschaften und menschlichen Individuen gibt, die hinsichtlich der moralisch begründeten Zuschreibung von juridischen Rechten entscheidend sind. Die relevante Vergleichshinsicht betrifft dabei diejenigen Eigenschaften von Individuen, die für deren Rechtsträgerschaft aus moralischer Perspektive von Bedeutung sind. Hier ist zuallererst die Tatsache zu nennen, dass Individuen fundamentale Interessen haben. Um die Rechtsträgerschaft konstitutiver Gemeinschaften analog zu derjenigen von Individuen plausibel zu machen, müsste also erstens gezeigt werden können, dass nicht nur einzelne Individuen, sondern auch diese Gruppen als solche fundamentale Interessen haben, deren Befriedigung eine notwendige Bedingung ihres Wohlergehens ist.

Das allein reicht jedoch noch nicht aus, denn aus der Interessentheorie als solcher lässt sich, wie oben bereits erläutert, noch keine substanzielle Aussage darüber ableiten, wer welche Art von Schutz verdient.

„Hat man einmal eine Konzeption von kollektiven Interessen und kollektivem Wohlergehen verteidigt, muss darüber hinaus gezeigt werden, dass diese die Art von Erwägungen nahe legen, die es erlauben, anderen eine Pflicht zuzuschreiben. Es handelt sich dabei um einen zusätzlichen Argumentationsschritt, der von den Anhängern von Kollektivrechten nur allzu oft übergangen wird." (Green 1991, 319)

Um aus dem Vorliegen von Interessen Rechtsansprüche ableiten zu können, bedarf es daher einer zusätzlichen Prämisse, die im Fall des Kollektivsubjekt-Argumentes in der Behauptung besteht, dass konstitutiven Gemeinschaften ein *intrinsischer Wert* zugeschrieben werden muss. Die Begründung von Kollektivrechten nimmt damit auf die oben so genannte Wertstrategie zur Begründung von Individualrechten Bezug, der zufolge (allein) Individuen Rechte haben, weil und insofern (allein) ihrem Wohlergehen ein intrinsischer Wert zukommt. Die dazu analoge Begründung von Kollektivrechten mithilfe des Kollektivsubjekt-Argumentes setzt nun eine nahezu entsprechende Behauptung über den moralischen Status von Gemeinschaften voraus. Die hier verfolgte Wertstrategie verbindet die Interessentheorie mit einer bestimmten Variante des normativen Holismus, der zufolge nicht nur Individuen, sondern auch konstitutiven Gemeinschaften ein intrinsischer moralischer Wert zukommt. Die Überzeugungskraft des Kollektivsubjekt-Argumentes hängt also zweitens davon ab, ob sich plausibel machen lässt, dass es sich bei den entsprechenden Gemeinschaften um intrinsisch werthafte Entitäten handelt, deren Wohlergehen einen ausreichenden Grund dafür darstellt, anderen Pflichten aufzuerlegen. Betrachten wir die beiden Behauptungen nun der Reihe nach.

1.1 Die Interessen von Gemeinschaften

Dass Individuen als solche bestimmte Interessen haben, versteht sich von selbst. Ebenso selbstverständlich ist, dass zwar längst nicht alle, aber einige dieser Interessen insofern fundamental sind, als ihre Befriedigung für das gelingende Leben (je)des Einzelnen innerhalb eines Sozialgefüges unverzichtbar ist. Diese Interessen gehen auf Bedürfnisse zurück, von denen wir glauben, dass sie insofern verallgemeinerbar sind, als sie der *„conditio humana"* entspringen: Wer ein Mensch ist, braucht bestimmte materielle und immaterielle Güter, um innerhalb einer Gesellschaft gut leben zu können, und daher hat jeder Mensch ein fundamentales Interesse an diesen Gütern. Die Vertreter des Kollektivsubjekt-Argumentes behaupten nun, dass Gleiches auch für konstitutive Gemeinschaften gilt. Sie kritisieren die einseitige Konzentration der liberalen Rechts- und Moraltheorie auf die Bedürfnisse und Ansprüche, auf die Freiheit und das Wohlergehen von Individuen:

„Was Liberale für grundlegend und unbestreitbar halten, ist die Idee, dass das Individuum das Maß aller Dinge ist. Aus diesem Grund sind sie davon überzeugt, dass die richtigen normativen Prinzipien das Individuum als die fundamentale Einheit von Wert und als den eigentlichen Fokus von Rechten behandeln. Individuen gelten als wertvoll, weil sie Entscheidungen treffen können und Interessen haben. Doch das Gleiche trifft auf Gemeinschaften zu. Auch sie können Entscheidungen treffen und Interessen haben." (McDonald 1991, 237)

Auch konstitutive Gemeinschaften haben dieser Position zufolge fundamentale Interessen, die der *„conditio communis"* entspringen und sich auf materielle und immaterielle Güter richten, die für die sichere Existenz der Gemeinschaft unverzichtbar sind. Die (unfreiwillige) Frustration dieser Interessen wirkt sich nachteilig auf das Wohlergehen, das Leben und Überleben der Gruppe aus, und sie ist als Unrecht anzusehen, weil es sich bei konstitutiven Gemeinschaften um intrinsisch werthafte soziale Gebilde handelt. So wie Individualrechte die Möglichkeit der Befriedigung fundamentaler Individualinteressen unter den Schutz des Staates stellen, sollen entsprechende Kollektivrechte also *fundamentale Kollektivinteressen* schützen. Damit sind dem analogen Charakter des Kollektivsubjekt-Argumentes zufolge in diesem Kontext Interessen gemeint, *deren Träger das „Kollektivsubjekt Gemeinschaft" selbst ist, von deren Befriedigung die Gemeinschaft selbst und als solche profitiert und deren Frustration die Gemeinschaft selbst und als solche schädigt.*[12] Es geht also weder um die aggregierten Interessen der Mitglieder eines Kollektivs[13] noch um individuelle Interessen an so genannten „kollektiven Gütern"[14] und ebenso wenig um diejenigen Interessen, die Individuen haben, weil und insofern sie einem bestimmten Kollektiv angehören[15], sondern um genuine Kollektivinteressen. Nur solche nicht restlos auf die Interessen von Individuen reduzierbaren Kollektivinteressen können gegebenenfalls jene „irreducible collective rights"[16] begründen, um deren Legitimation und Durchsetzung es den Vertretern des Kollektivsubjekt-Argumentes geht. Denn dem oben Dargestellten zufolge gilt: „‚X hat ein Recht', genau dann wenn X Rechte haben kann und *ceteris paribus* ein Aspekt des Wohlergehens von X (sein Interesse) einen hinreichenden Grund dafür darstellt, andere Personen als diesbezüglich verpflichtet zu betrachten." (Raz 1986, 166; Hervorhebung S.B.) Wenn behauptet wird, dass konstitutive Gemeinschaften als solche Kollektivrechte haben, wird also zugleich behauptet, dass ein Aspekt *ihres* Wohlergehens, also *ihr genuines Kollektivinteresse* bereits einen ausreichenden Grund dafür darstellt, anderen Pflichten aufzuerlegen.

Doch kann man konstitutiven Gemeinschaften überhaupt eigene fundamentale Interessen zuschreiben? Gibt es neben dem fundamentalen Interesse von Individuen *an* den entsprechenden Gruppen noch fundamentale Interessen *von* konstitutiven Gemeinschaften? Auf den ersten Blick spricht einiges dafür. So sprechen wir etwa in völlig selbstverständlicher Weise z.B. von den Interessen der Bundesrepublik Deutschland, wir sagen, dass etwas im Interesse der jüdischen Gemeinde liegt oder dass ein bestimmtes Vorhaben mit den Interessen der katholischen Kirche nicht zu vereinbaren ist. Diese Aussagen lassen sich keineswegs in jedem Fall in entsprechende Behauptungen über die Interessen (der Mehrheit) der einzelnen Bundesbürger oder die Bedürfnisse und Anliegen aller und jedes einzelnen der katholischen Kirche zugehörigen Gläubigen übersetzen. Dasselbe gilt für entsprechende Kollektivrechts-Behauptungen: Das Veto-Recht eines Staates ist kein Recht, das jeder einzelne Bürger des entsprechenden Staates hat und individuell oder kollektiv, d.h. gemeinsam mit seinen Mitbürgern ausüben kann. Und wenn der katholischen Kirche in der Bundesrepublik das Recht zugesprochen wird, Steuern zu erheben, ist damit offensichtlich nicht gemeint, dass jeder einzelne Katholik über dieses Recht verfügt. Folgt man der Sprach- und Rechtspraxis, scheint es also durchaus sowohl irreduzible genuine Kollektivinteressen als auch entsprechende Kollektivrechte zu geben, was zumindest *prima facie* zugunsten der Annahme zu sprechen scheint, dass möglicherweise auch diejenigen konstitutiven Minderheitsgemeinschaften, die im Zentrum der Kollektivrechtsdebatte stehen, derartige Interessen haben und solche Rechte verdienen könnten. Dabei gilt es nun jedoch Verschiedenes zu beachten.

Exkurs: Die Korporation als Interessenvertreter und Rechtsträger

Erstens gelten Staaten, Kirchen und Gemeinden, Firmen, Vereine und Verbände, auch wenn sie sich aus einer Mehrzahl von Personen zusammensetzen, aus rechtstheoretischer Sicht nicht als Kollektive. Vielmehr handelt es sich bei ihnen um so genannte Korporationen.[17] Als solche bezeichnet man eine hierarchisch organisierte soziale Institution, deren interne Struktur es erlaubt, sie als eine einzelne, eine so genannte „juristische Person" zu betrachten.[18] Dieser fiktiven Person, die erst durch das Recht geschaffen wird[19], werden Interessen zugeschrieben und ein bestimmter rechtlicher Status zugesprochen.[20] Aus der Perspektive des Rechts gelten Korporationen also nicht als Kollektive, sondern als fiktive Einzelpersonen, die „in der Fähigkeit, Rechte und Pflichten zu haben und rechtserheblich zu handeln, so behandelt [werden] wie einzelne Menschen." (Zippelius 1997, 26) Die Rechte, die Staaten, Kirchen und Gemeinden, Firmen, Vereinen und Verbänden *als Korporationen* zukommen, sind demnach *zweitens* keine intrinsischen Kollektivrechte, sondern die Rechte einer einzelnen, wenn auch fiktiven juristischen Person. Und diese Rechte gehen *drittens* nicht auf genuine Kollektivinteressen zurück, sondern in letzter Konsequenz auf die aggregierten Interessen der in der Korporation als einer Rechtsform organisierten Individuen.

Die Zuschreibung von juridischen Rechten an Korporationen lässt sich denn auch durchaus mit der individualistischen Rechtstheorie in Einklang bringen, denn

„ aus der Perspektive des Rechts ist eine Korporation kein Kollektiv (…). Der Soziologe betrachtet eine Korporation als eine Gruppe von Leuten, die bestimmte Aufgaben erfüllen und in bestimmter Weise aufeinander bezogen sind. Aber aus der Perspektive des Rechts ist eine Korporation eine fiktive Person, unterschieden von all den Personen, die die soziologische Gruppe bilden. Diese fiktive Person hat juridische Rechte und Pflichten, die jedoch nicht mit den juridischen Rechten und Pflichten derjenigen Personen identisch sind, welche die Korporation im soziologischen Sinn bilden. Die fiktive Person verfügt über Eigentum, doch dieses ist weder im individuellen noch im kollektiven Sinne als Eigentum ihrer Mitglieder aufzufassen. Dem soziologischen Verständnis zufolge ist eine Korporation eine Gruppe, doch sie kann nicht kollektiv handeln, nicht über Eigentum verfügen, keine Verträge schliessen oder Delikte begehen. Im rechtlichen Sinn dagegen kann eine Korporation all diese Dinge tun, doch sie stellt keine Gruppe dar: Sie ist eine einzelne – fiktive – Person, die sowohl von allen Mitgliedern der Gruppe als auch von der Gruppe selbst zu unterscheiden ist. (...) Welche juridischen Rechte die Korporation also auch immer besitzt: Kollektivrechte sind es nicht. "* (Hartney 1995, 214f; alle Hervorhebungen S.B.)

Korporationen sind also nicht im eigentlichen Sinne *Träger* von eigenen Kollektivinteressen. Ihre Funktion besteht vielmehr in der *Vertretung* der (aggregierten) Interessen von Individuen. Die Rede von gegebenenfalls rechtsbegründenden intrinsischen Kollektivinteressen ist mit Blick auf Korporationen daher missverständlich und irreführend, und die Tatsache, dass Korporationen als Träger von Rechten gelten, ist als solche für die Frage nach den intrinsischen Kollektivrechten konstitutiver Gemeinschaften zunächst ohne Belang. „Eine Korporation im Sinne des Rechts zu schaffen und ihr juridische Rechte zu verleihen bedeutet nicht, kollektive juridische Rechte zu schaffen (wenn wir unter einem Kollektivrecht ein Recht verstehen, das einem Kollektiv als solchem zukommt)." (Hartney 1995, 216) Dennoch eröffnet der Verweis auf die Rechte von Korporationen eine Möglichkeit für die Begründung von Kollektivrechten: Wenn sich zeigen ließe, dass konstitutive Gemeinschaften jenen Firmen, Vereinen und Verbänden hinreichend ähnlich sind, um so wie diese als juristische Personen fungieren zu können, könnten sie gegebenenfalls denselben rechtlichen Status und damit entsprechende „Korporationsrechte" beanspruchen.[21] Diese Argumentationsweise spielt in der Gruppenrechtsdebatte durchaus eine Rolle, und in manchen Fällen – man denke etwa an die Amish-Gemeinde oder an bestimmte ethnische Gruppen, die einen Status als eigenständige Nation beanspruchen – ist sie ohne weiteres überzeugend. Mit Blick auf die meisten jener Gemeinschaften, um deren Schutz die Kollektivrechtsbefürworter bemüht sind, verspricht sie jedoch wenig Erfolg. Diese Gruppen verfügen in aller Regel nicht über die nötige interne Organisationsstruktur, die erforderlich ist, „um Regeln zu etablieren, die bestimmen, was als Handlung oder Entscheidung der Gruppe zählen soll" (Réaume 1994, 124): Es gibt keinen Vorsitzenden der kurdischen und keine Präsidentin der islamischen Minderheit in Deutschland, der oder die legitimiert wäre, an Stelle der jeweiligen Minderheitsangehörigen und in deren Namen Entscheidungen zu treffen und zu handeln.

Zudem ist es im Fall vieler konstitutiver Gemeinschaften nicht ausreichend klar, wer jeweils aktuell dazugehört. Es gibt kein geregeltes Aufnahme- und Austrittsverfahren, keine Mitgliedsausweise und Mitgliedsbeiträge. Konstitutive Gemeinschaften sind keine freiwilligen Assoziationen von Individuen. In ihrem Fall ist die Möglichkeit des Ein- und Austritts nicht nur nicht geregelt, sondern häufig nicht einmal gegeben:

„Eine der Hauptschwierigkeiten, denen man begegnet, wenn man Gruppen Rechte gewähren will, hat mit (…) einer Reihe von Unbestimmtheits-Problemen zu tun: Erstens können die Grenzen der Gruppe unbestimmt sein, was wiederum zu Unbestimmtheit im Hinblick auf ihre Interessen zu führen droht. Zweitens kann es schwierig sein, diejenigen Handlungen und Entscheidungen, die üblicherweise mit der Ausübung von Rechten bzw. dem Verzicht darauf in Zusammenhang gebracht werden, als Handlungen und Entscheidungen der Gruppe zu identifizieren. Wenn die Gruppe aus einzelnen Menschen besteht, von denen jeder fähig ist zu handeln und zu entscheiden, wie lässt sich dann feststellen, was im Unterschied zu dem, was einzelne Mitglieder oder Untergruppen von Mitgliedern tun, als Handlung etc. der Gruppe zählt?" (Réaume 1994, 124)

Es erscheint daher eher fraglich, ob konstitutive Gemeinschaften als solche denselben rechtlichen Status beanspruchen können wie Korporationen.

Doch selbst wenn der Vergleich zwischen konstitutiven Gemeinschaften und jenen korporativen Organisationen zutreffend wäre, ließe sich mit seiner Hilfe nicht das erreichen, was zumindest manche der Kollektivrechtsbefürworter im Sinn haben. Die Rechte von Korporationen schützen diese nicht vor der Gefahr einer „Erosion von innen" und ebenso wenig vor dem „gruppenzerstörerischen Potential der Gesellschaftlichkeit". Ihre Reichweite ist immer durch die vorrangige Geltung der individuellen Grundrechte eingeschränkt. Kein Verein, keine Firma und keine Kirche hat in einer liberalen Gesellschaft das Recht dazu, die Grundrechte seiner/ihrer Mitglieder ohne deren Zustimmung außer Kraft zu setzen.

Die Vertreter des Kollektivsubjekt-Argumentes verfolgen denn auch eine andere Argumentationsstrategie, um die Behauptung zu belegen, dass konstitutive Gemeinschaften Interessen haben und Rechte haben sollten. Das Kollektivsubjekt-Argument hebt nicht auf eine phänomenologische Ähnlichkeit zwischen konstitutiven Gemeinschaften und *Korporationen* ab, sondern auf die in moralisch relevanter Hinsicht bestehende Ähnlichkeit zwischen konstitutiven Gemeinschaften und *Individuen*. Es geht davon aus, dass eine konstitutive Gemeinschaft ein eigenständiges, nicht auf ihre Mitgliedschaft reduzierbares Wesen ist, an dem die Individuen zwar teilhaben, das jedoch zugleich unabhängig von seinen Teilhabern Bestand hat und das als solches über Interessen verfügt, die nicht auf die Interessen seiner Teilhaber reduziert werden können.

Zur Begründung dieser These vom Kollektivsubjekt verweisen die Vertreter des Kollektivsubjekt-Argumentes nicht nur auf den diesbezüglichen Sprachgebrauch, sondern auch auf entsprechende lebens-

weltliche Erfahrungen. Demnach nehmen viele Menschen etwa die Nation, die Familie oder den Stamm, dem sie angehören, wie ein eigenständiges Wesen wahr, das Ansprüche an sie stellt, das ihnen Geborgenheit bietet, das sich in einer Krise befindet oder sich internationaler
Wertschätzung und Anerkennung erfreut. Die Krise der Nation ist aber
nicht die Krise einzelner Individuen, und das Gefühl von Geborgenheit
innerhalb einer Stammesgemeinschaft ist nicht auf die Handlungen
einzelner Personen zurückzuführen. Die eigenständige Existenzweise
konstitutiver Gemeinschaften zeigt sich dieser Auffassung zufolge
auch daran, dass sich z.B. ein Phänomen wie das des Völkermordes
nicht als eine Summe von Morden an allen einzelnen Individuen, die
diesem Volk angehören, darstellen lässt. Ein Völkermord vernichtet
mehr als „nur" die Angehörigen eines Volkes, und jene spanischen
Conquistadores, die im 16. Jahrhundert das Inkareich eroberten und
seine Kulturgemeinschaft auslöschten, haben mehr auf dem Gewissen
als „nur" den Tod derer, die diese Kultur einst pflegten und fortführten.

Doch lassen diese zweifellos zutreffenden Beobachtungen wirklich
den Schluss zu, dass es sich bei konstitutiven Gemeinschaften um Kollektivsubjekte, also um neben den Individuen existierende Entitäten
handelt? Haben die Spanier demnach *außer* den Inkas sozusagen
zusätzlich die Gemeinschaft der Inka vernichtet? Diese Behauptung
klingt absurd, denn auch wenn eine Gemeinschaft sicherlich mehr ist
als eine Mehrzahl in besonderer Weise miteinander verbundener und
aneinander gebundener Personen: Letztlich besteht sie, wenn auch
nicht restlos, aus und nicht *neben* den ihr angehörigen Individuen, so
wie ein Wald *aus* und nicht *neben* Bäumen besteht. Dass ein Wald mehr
ist als eine Anzahl von Bäumen und nicht jede Mehrzahl von Bäumen
schon ein Wald, bedeutet nicht, dass es einen Wald auch ohne Bäume
gibt bzw. dass der Wald unabhängig von den Bäumen existiert. Ebenso
wenig bestätigt die Beobachtung, dass eine konstitutive Gemeinschaft
mehr ist als die Menge ihrer individuellen Mitglieder, die These, dass
sie sozusagen unabhängig von den ihr angehörigen Individuen eine
eigenständige Existenz als Kollektivsubjekt hat. Auch die Tatsache,
dass konstitutive Gemeinschaften in Sätzen über Handlungen, Wirkungen, mentale Zustände, Gefühle etc. als grammati-sche Subjekte fungieren können, darf nicht dazu verleiten, sie als Subjekte im handfesten
Sinne aufzufassen. Dass ich mich im Wald fürchte, heißt nicht, dass der
Wald mir als ein Subjekt mit eigenen, in diesem Fall bösen Absichten

Angst macht. Ebenso wenig bedeutet die Tatsache, dass Menschen sich in Gemeinschaften geborgen fühlen, dass diese Gemeinschaften als Subjekte mit eigenen, in diesem Fall liebevollen Absichten ihnen ein Gefühl von Geborgenheit vermitteln. Wer die entsprechenden Aussagen in diesem Sinne interpretiert, versteht sie schlichtweg falsch. Konstitutive Gemeinschaften haben einen anderen ontologischen Status als Individuen. Sie im selben Atemzug mit und im selben Sinne wie Individuen als Subjekte zu bezeichnen, kommt daher dem nahe, was Gilbert Ryle eine Kategorienverwechslung nennt, i.e. die Zuordnung eines Begriffs zu einer falschen Kategorie bzw. die Verwendung einer Redeweise im falschen Zusammenhang.[23]

Diese Kategorienverwechslung hat jedoch eine lange Tradition, und sie hat – wie andere Missverständnisse auch – gegebenenfalls fatale Konsequenzen. Eine davon besteht darin, konstitutiven Gemeinschaften, weil man sie fälschlicherweise für so etwas wie Subjekte hält, eigene fundamentale Interessen zuzuschreiben. Fundamentale Interessen gehen auf Bedürfnisse an Gütern zurück, die eine Entität zum Überleben braucht. Während sich diese Bedürfnisse durchaus unabhängig vom betroffenen Subjekt, also objektiv feststellen lassen, hat die Zuschreibung von Interessen immer auch einen subjektiven Aspekt: Wenn wir sagen, dass jemand ein fundamentales Interesse an X hat, ist damit nicht nur gemeint, dass er X braucht – so wie Pflanzen Wasser brauchen und Autos Motoröl – sondern dass er erstens um sein Bedürfnis *weiß,* dass er zweitens unter dessen Frustration *leidet* und dass er drittens von dessen Befriedigung nicht nur objektiv, sondern auch subjektiv *profitiert.* Aus diesem Grund bleibt die Zuschreibung von fundamentalen Interessen in aller Regel auf Wesen beschränkt, die mindestens potentiell über Selbstbewusstsein verfügen, leidensfähig und in dem Sinne urteilsfähig sind, als sie einen bestimmten Zustand einem anderen Zustand gegenüber vorziehen können.[24] „Interessen kann (...) nur ein Wesen haben, das irgendwie subjektiv auf sein Wohl und Wehe bezogen ist." (Huster 1993, 124) Mit Blick auf konstitutive Gemeinschaften lässt sich das aber gerade nicht behaupten: Sie sind eben keine Subjekte im handfesten Sinne. Ihnen fehlen damit sämtliche Eigenschaften, deren Vorhandensein üblicherweise eine Voraussetzung für die Zuschreibung von fundamentalen Interessen darstellt. Die Rede von genuinen Kollektivinteressen ist daher bestenfalls als eine Art Metapher zu verstehen, eine bloße „façon de parler".[25] (Raz 1986, 208)

Viele Autoren sind aus diesem Grund der Meinung, dass konstitutive Gemeinschaften auch keine Rechte haben können.[26] Weil der Begriff
des genuinen Kollektivinteresses nichts bezeichnet, kann es auch keine
intrinsischen Kollektivrechte geben, die solche Interessen schützen sollen. Die Auseinandersetzung mit der eigentlichen Kernbehauptung des
Kollektivsubjekt-Argumentes – dass nämlich konstitutive Gemeinschaften als werthafte Kollektivsubjekte in ihrer Existenz durch entsprechende Kollektivrechte geschützt werden sollten – hätte sich damit
gewissermaßen erübrigt. Selbst wenn man diesen Gruppen einen hohen
moralischen Wert zuschriebe: Solange sie keine eigenen, irreduziblen
Interessen haben können, können sie der Interessentheorie zufolge
auch keine eigenen, irreduziblen Rechte haben – was freilich nicht ausschließt, dass man den Schutz ihrer Existenz aus anderen Gründen
durch andere geeignete Maßnahmen sicherstellen sollte.[27]

Dieser Schluss ist genau dann folgerichtig, wenn man im Zusammenhang der Begründung von Rechten einen in diesem Sinne qualifizierten Interessenbegriff verwendet, der die Zuschreibung von Interessen von Selbstbewusstsein, Leidensfähigkeit und Urteilsfähigkeit abhängig macht. Diese Vorgehensweise ist jedoch nicht unumstritten: Sie
wird nicht nur seitens der Befürworter von Kollektivrechten kritisiert,
sondern etwa auch von denjenigen, die sich für die Anerkennung und
den rechtlichen Schutz von Embryonen, von Tieren oder von Ökosyste-
men einsetzen. Auch diese Entitäten erfüllen die genannten Bedingungen nicht. Wenn erstens die Begründung von Rechten das Vorliegen
fundamentaler Interessen und wenn zweitens die Zuschreibung von Interessen Leidensfähigkeit, Selbstbewusstsein und Urteilsfähigkeit voraussetzt, fallen also nicht nur konstitutive Gemeinschaften, sondern
auch die Natur als solche, Tiere, zukünftige Generationen, verstorbene
Personen, Embryonen etc. aus dem Kreis der Interessenträger und folglich auch aus dem der Rechtsträger heraus. Um ihnen dennoch Rechte
zusprechen zu können, müsste man demzufolge entweder die Interessentheorie ganz aufgeben oder den Interessenbegriff entsprechend ab-
schwächen. Es stellt sich daher die Frage, ob die Kollektivrechtsgegner,
indem sie sich auf einen so starken Interessenbegriff beziehen, nicht
möglicherweise „das Kind mit dem Bade ausschütten". Es ist zweifelhaft, ob sich die Konsequenzen ihrer Argumentationsweise mit unseren
grundlegenden Intuitionen in Einklang bringen lassen. Dass es sich bei
konstitutiven Gemeinschaften nicht um die Art von Entitäten handelt,

denen sinnvollerweise fundamentale Interessen im qualifizierten Sinne zugeschrieben werden können, mag noch einleuchten. Fraglich ist nur, ob man die Zuschreibung von Rechten von einem solchen Interessenbegriff abhängig machen und damit Konsequenzen in Kauf nehmen sollte, die den Intuitionen vieler Menschen zuwiderlaufen.

Wer so argumentiert, muss sich jedoch fragen lassen, ob die wahrscheinlichen Konsequenzen der Verwendung eines entsprechend schwächeren Interessenbegriffs oder gar die Folgen einer vollständigen Revision der Interessentheorie im Rahmen der Begründung von Rechten unseren Intuitionen näher kämen. Das wiederum scheint mir mehr als fraglich. Die Auffassung, dass jedes objektive Bedürfnis ein fundamentales und gegebenenfalls rechtsbegründendes Interesse generiert oder dass alles, was uns irgendwie wertvoll erscheint, quasi unabhängig vom Vorliegen fundamentaler Interessen durch eigene Rechte geschützt werden sollte, überzeugt meiner Ansicht nach weit weniger als die nur möglicherweise aus der Verwendung eines entsprechend qualifizierten Interessenbegriffs letztlich resultierende Behauptung, dass allein menschliche Individuen Träger von intrinsischen Rechten sein können.

Die Antwort auf die eingangs formulierte Frage, ob konstitutive Gemeinschaften fundamentale Interessen haben, hängt also davon ab, wie man den Interessenbegriff verwendet, und das wiederum ist mindestens zum Teil eine normative Frage. Die Verfügung über fundamentale Interessen ist nicht *irgendeine* Eigenschaft von Entitäten, sondern eines der entscheidenden Kriterien dafür, dass ein Wesen in unseren morali-schen Überlegungen eine Rolle spielen sollte, dass wir es als Subjekt betrachten. Die Zuschreibung solcher Interessen an eine Entität impliziert meiner Ansicht nach immer schon die Bereitschaft, dieses Wesen in besonderer Weise ernst zu nehmen. Indem wir einem Kollektiv eigene fundamentale Interessen zuschreiben (d.h. den Interessenbegriff entsprechend verwenden), machen wir es damit zugleich zu einem moralisch relevanten Subjekt. Aber *dass* wir ihm solche Interessen unterstellen (d.h. *dass* wir den Interessenbegriff entsprechend verwenden), bringt immer auch zum Ausdruck, dass wir es intuitiv als ein moralisch relevantes Subjekt wahrnehmen. Die Antwort auf die Frage nach den genuinen Interessen konstitutiver Gemeinschaften (d.h. die Ant-wort auf die Frage nach der in diesem Zusammenhang angemessenen Verwendung des Interessenbegriffs) wird daher immer auch davon abhängen, welchen moralischen Wert man diesen Gruppen zuschreibt, und diese Entscheidung ist wiederum folgenreich mit Blick auf die Frage, ob die (vermeintlichen) Interessen konstitutiver Gemeinschaften rechtlich geschützt werden sollten. Ich bin daher der Meinung, dass sich trotz der gebotenen Skepsis gegenüber der Behauptung genuiner Kollektivinteressen die nun folgende Auseinandersetzung mit der zweiten These des Kollektivsubjekt-Argumentes keineswegs erübrigt.

1.2 Der Wert von Gemeinschaften

Die Vertreter des Kollektivsubjekt-Argumentes sind der Ansicht, dass konstitutive Gemeinschaften durch eigene Rechte geschützt werden sollten, weil und insofern sie so genannte Kollektivsubjekte darstellen. In dieser Kennzeichnung fließt die Behauptung, dass solche Gruppen *erstens* über eigene, irreduzible Bedürfnisse und Interessen verfügen, mit der Überzeugung zusammen, dass es sich bei ihnen *zweitens* um intrinsisch werthafte Gebilde handelt. Der Begriff des Kollektivsubjektes enthält also sowohl hinsichtlich des ontologischen als auch mit Blick auf den moralischen Status dieser Gruppen gewissermaßen „holistische"[28] Implikationen, und nicht zuletzt aus diesem Grund lässt er sich nicht ohne Widerstand und Befremden in das individualistische Sprachspiel der liberalen Rechts- und Moralphilosophie einfügen. Die Idee eines von den Gruppenmitgliedern prinzipiell zu unterscheidenden „Gemeinschaftswesens" ist in der Gedankenwelt des modernen Liberalismus[29] ebenso wenig unterzubringen wie die Vorstellung, dass konstitutive Gemeinschaften um ihrer selbst willen, also unabhängig von ihrem Beitrag zum Wohlergehen von Individuen, geachtet und geschützt werden müssen: „Soziale Ganzheiten, Kollektive etc. *bestehen* in einem grundlegenden Sinn aus Individuen, und nicht etwa umgekehrt. (…) Der Vorstellung, dass soziale Ganzheiten ontologisch eigenständige Entitäten sind, lässt sich schlicht kein Sinn abgewinnen" (Narveson 1991, 334), und „die Auffassung, dass eine kollektive Entität unabhängig von ihrem Beitrag zum Wohlergehen einzelner Menschen Wert haben kann (...) ist kontraintuitiv. Die Beweislast liegt bei jenen, die sie verteidigen möchten." (Hartney 1995, 205)

Die Träger der diesbezüglichen Beweislast, also diejenigen, die die Kollektivsubjekts-These allen liberalen Intuitionen und Überzeugungen zum Trotz zu verteidigen wünschen, finden sich überwiegend unter

den Vertretern des so genannten Kommunitarismus. Sie teilen die Auffassung, dass eine der grundlegenden Schwächen des Liberalismus in
dem ihm zugrunde liegenden radikalen Individualismus besteht, der
alle sozialen Ganzheiten als bloße Kombinationen von Individuen versteht („deskriptiver Individualismus") und zugleich das Individuum
zum einzigen Bezugspunkt der Moral und sein Wohlergehen zur einzigen Quelle aller moralischen Werte erklärt („normativer Individualismus"). Dass der Liberalismus die fundamentale Bedeutung konstitutiver Gemeinschaften weitgehend ignoriert und ihren intrinsischen Wert
leugnet, ist dieser Kritik zufolge jedoch letztlich ein Ergebnis der in
wesentlicher Hinsicht unangemessenen und fehlerhaften Konzeption
des Individuums, auf die die liberalen Theoretiker sich beziehen. Im
Rahmen ihrer vertragstheoretischen Konstruktion von Recht und Gerechtigkeit betrachten sie nach Ansicht ihrer Kritiker die menschliche
Natur als etwas „Vorsoziales"[31] und das Individuum als ein vereinzeltes,
gleichsam atomistisches, selbstbezogenes Subjekt, ein „unencumbered
self"[32], das seine Werte und Ziele ungebunden und frei wählt und seine
egoistischen Interessen verfolgt. Die identitätsstiftende und normset-
zende Bedeutung der verschiedenen Gemeinschaften, denen die Individuen angehören, wird dabei nahezu vollständig außer Acht gelassen:

„Der Liberalismus geht insofern von einer fehlerhaften Konzeption des Selbst
aus, als er übersieht, dass das Selbst in gemeinschaftliche Bindungen und Werte eingebettet ist, durch die es teilweise konstituiert wird und die nicht Gegenstand einer Wahl sind." (Buchanan 1989, 853)

Nach kommunitaristischer Überzeugung gibt es kein „ich" ohne ein
„wir", kein Individuum, das nicht in eine entsprechende Identitätsge-
meinschaft eingebettet wäre: „Die Geschichte meines Lebens ist stets
eingebettet in die Geschichte der Gemeinschaften, *aus denen ich meine
Identität beziehe."* (MacIntyre 1981, 201; Hervorhebung S.B.) Es ist
erst die Bindung an eine entsprechende Gruppe, durch die der Einzelne
zum Individuum wird, d.h. zu einem Wesen mit einer eigenen Identität,
eigenen Interessen und eigenen Zielen. Nur vor dem Hintergrund und
im Zusammenhang seiner Zugehörigkeit zu einer solchen Identitätsge-
meinschaft lässt sich das Individuum überhaupt als moralisches Subjekt begreifen. Das bedeutet nun aber zugleich, dass diese Gemeinschaften weit mehr sind als nur irgendeine Umgebung, in der der Einzelne sich aus kontingenten Gründen wiederfindet und die er verlassen

kann, sobald sie sich seinen frei gewählten Zielen und selbst gesetzten Zwecken gegenüber widerständig verhält.

„Das kommunitaristische Axiom besagt, dass die Identität eines Individuums weder auf es selbst als ein autonomes menschliches Wesen noch auf seine Zugehörigkeit zur abstrakten Menschheit zurückgeht, sondern auf seine Zugehörigkeit zu einer bestimmten Gruppe oder Gemeinschaft. Deshalb verdient auch die Gemeinschaft, die die Identität eines Individuums prägt, Achtung." (Türk 1995, 157)

Weil individuelle Interessen erst in der und durch die Gemeinschaft entstehen, kann diese nicht als ein bloßes Instrument der individuellen Interessenverfolgung und Bedürfnisbefriedigung, sondern muss vielmehr als eigenständige Entität betrachtet werden, der schon an und für sich ein intrinsischer moralischer Wert zukommt. Als solche verdient die Gemeinschaft Anerkennung, Respekt und Schutz. Es empfiehlt sich, gleich zu Beginn der Diskussion dieser Auffassung zwei geläufige Missverständnisse aufzuklären.

Erstens: Wenn behauptet wird, dass eine Entität intrinsisch werthaft ist, schließt das keineswegs aus, dass sie zugleich einen instrumentellen Wert hat, also nützlich sein und aufgrund ihres Nutzens für wertvoll erachtet werden mag. Behauptet ist vielmehr, dass sich ihr moralischer Wert nicht ausschließlich aus ihrem Nutzen ableitet und sich nicht in diesem erschöpft. Der Unterschied zwischen intrinsischen und instrumentellen Werten ist kein quantitativer Unterschied, sondern ein Unterschied mit Blick auf die Quelle des Wertes, also die Art der Begründung des jeweiligen Werturteils. Diesbezüglich zeichnen sich intrinsische Werturteile dadurch aus, dass sie ohne Verweis auf etwas anderes als das so beurteilte Gut selbst auskommen. Intrinsisch werthafte Gegenstände gelten als *an und für sich* werthaft und schutzwürdig. Wenn konstitutiven Gemeinschaften ein intrinsischer Wert zugeschrieben wird, bedeutet das also, dass sie auch unabhängig von ihrem Beitrag zum Wohlergehen von Individuen einen Wert haben, und damit ist die Auffassung verbunden, dass sie nicht oder jedenfalls nicht nur als „gutes Mittel zu einem guten Zweck" betrachtet und behandelt werden dürfen, sondern ihren Wert und ihren Zweck in sich selbst tragen. Demnach verdienen sie Anerkennung und Schutz nicht erst aufgrund dessen, was sie tun und „leisten", sondern schon aufgrund dessen, was sie sind. Als intrinsisch werthafte Entität ist eine konstitutive Gemeinschaft, so könnte man es stark überspitzt formulieren, auch dann noch wertvoll, wenn niemand sie aktuell wertschätzt. Der intrinsische Wert einer Entität ist insofern nicht mit ihrem Marktwert zu verwechseln.

Zweitens: Wenn einer konstitutiven Gemeinschaft als solcher ein intrinsischer Wert zugeschrieben wird, beinhaltet diese Aussage kein Qualitätsurteil über die von ihr verkörperte Kultur, über ihre historischen Leistungen oder ihren Beitrag zum kulturellen Pluralismus etc. Ebenso wenig wie mit der Behauptung, dass Individuen intrinsisch werthafte Entitäten sind, zwangsläufig ein moralisches Qualitätsurteil über die Handlungen, Absichten oder den Charakter einzelner Personen einhergeht (auch ein Massenmörder kann, insofern man ihn als menschliches Individuum ansieht, als intrinsisch werthaftes Wesen gelten). Die Behauptung des intrinsischen Wertes konstitutiver Gemeinschaften bezieht sich eben nicht nur auf die Beiträge, die diese zu welchem Zweck und Ziel auch immer erbringen. Sie bezieht sich vielmehr auf die Gemeinschaften als solche. Das bedeutet nun zugleich, dass jeder einzelnen dieser Gruppen, weil und insofern es sich bei ihr um eine konstitutive Gemeinschaft handelt, ein solcher Wert zukommt. Auch diese These ist nicht als das Ergebnis eines Qualitätsvergleichs zwischen den Leistungen unterschiedlicher kultureller Gruppen zu verstehen, sie ist mit anderen Worten kein „Gütesiegel".[33] Die Behauptung, dass jede konstitutive Gemeinschaft so wie jede andere einen intrinsischen Wert hat, sagt an sich vielmehr ebenso wenig über die konkrete Qualität einer solchen Kultur aus, wie die Aussage, dass zwei Menschen gleich groß sind, etwas Substantielles über ihre Größe aussagt.

Die normative Kollektivsubjekt-These behauptet also, dass konstitutive Gemeinschaften ebenso wie Individuen als Gebilde zu betrachten und zu behandeln sind, denen ein intrinsischer Wert zukommt. Während jedoch die Behauptung, dass menschliche Individuen intrinsisch werthafte Subjekte sind, insofern kaum begründungsbedürftig erscheint, als sie von niemanden, der überhaupt intrinsische Werte annimmt, ernsthaft bestritten wird, ist die These mit Blick auf Gemeinschaften alles andere als selbstevident. Nahezu all das, was man üblicherweise mit der Aussage verbindet, dass Kulturgemeinschaften einen Wert darstellen, bezieht sich auf deren tatsächliche oder wahrscheinliche Wirkungen, also auf ihren *instrumentellen* Wert, etwa ihre identitätsstiftenden Effekte, ihre historischen Leistungen, die von ihr hervorgebrachten Kulturgüter etc. Was also könnte neben der Wertschätzung von Individuen und über diese hinaus den Ursprung des Wertes konstitutiver Gemeinschaften bilden? Kann es überhaupt noch einen anderen Grund geben, sie für werthaft zu erachten, als die Tatsache, dass sie in den Augen mancher, vieler oder gar aller Menschen wertvoll sind, weil sie auf die eine oder andere Weise zu dem beitragen, was Individuen unter einem guten Leben verstehen? Auf diese Frage geben die Kollektivrechtsbefürworter im Wesentlichen zwei Antworten.

Die erste erinnert stark an die Argumentationsweise derjenigen, die den normativen Individualismus aus ökologischer Perspektive kritisieren und sich etwa für die Rechte von Tieren und die Anerkennung der intrinsischen Werthaftigkeit der Natur als solcher einsetzen. So wie die Kollektivrechtler stellen auch sie die These der Wert-Individualisten in Frage, dass allein das Wohlergehen von Individuen intrinsisch werthaft ist, und ersetzen sie durch die Behauptung, dass *das Leben selbst* die Quelle intrinsischer Werthaftigkeit darstellt. Ganz ähnlich klingt es, wenn nun die Kollektivrechtsbefürworter

„argumentieren, menschliche Kulturen seien selbst wie Lebensformen. Sie sind das Ergebnis eines natürlichen Evolutions-, eines organischen Wachstumsprozesses. Jede von ihnen offenbart auf besondere Weise, wie die schöpferische Energie des Universums, indem sie durch die Natur des Menschen und in Wechselbeziehung mit einer spezifischen Umwelt wirksam wird, eine besondere Ausprägung gewonnen hat. Jede Kultur hat ihren Platz im Plan der Dinge, und jede von ihnen besitzt ihren eigenen inneren Wert, unabhängig davon, welchen Wert ihre Traditionen für andere Kulturen haben mögen. Daran ändert sich auch nichts, wenn man in Erwägung zieht, dass auch Kulturen, ähnlich wie Lebewesen, Verfallsformen ausbilden und in Krankheitszustände geraten können." (Rockefeller 1993, 103)

Tatsächlich entspringt der von vielen Menschen empfundene tiefe Respekt vor Kulturgemeinschaften der Empfindung, dass diese sich gleichsam evolutionär über Jahrhunderte und Jahrtausende hinweg zu ihrer jetzigen Form entwickelt haben, dass sie nach und nach gewachsen sind, dass sie lange vor uns Heutigen da waren und vielen Menschen einen Orientierungsrahmen für ihr Leben geboten haben. Aus diesem Blickwinkel mögen konstitutive Gemeinschaften tatsächlich im hier nahe gelegten organischen Sinne wie Lebensformen erscheinen, deren Entwicklung eigenen Gesetzen folgt und sich der menschlichen Verfügung und Kontrolle entzieht. Nun ist jedoch keineswegs einzusehen, warum uns die Tatsache, dass etwas das Ergebnis eines natürlichen Wachstums- und Evolutionsprozesses ist, einen Grund geben sollte, es als intrinsisch werthaft anzusehen und folglich für schutzwürdig zu halten. Wer das behauptet, erliegt dem Irrtum, dass sich aus empirischen oder natürlichen Tatbeständen als solchen schon normative Schlüsse ziehen lassen. Dass etwas ist, heißt nicht, dass es bleiben sollte. Selbst das Ebola-Virus ist das Ergebnis eines natürlichen Entwicklungsprozesses. Ist es deswegen schon an und für sich schutzwürdig? Kurz: Die Behauptung, dass konstitutive Gemeinschaften allein aufgrund der Tatsache, dass sie eine bestimmte Lebens-, Denk- oder Sprachkultur etc. verkörpern und sich „evolutionär entwickelt" haben, einen intrinsischen Wert, also einen Anspruch auf Wertschätzung und Schutz haben, ist als solche wenig überzeugend.

Dem „Lebensformen"-Argument im Kern ganz ähnlich, wenn auch weniger evolutionistisch, sondern statt dessen deutlich existentialistisch argumentiert Ronald Garet, dessen viel zitierter Aufsatz „Communality and Existence: The Rights of Groups" das Paradebeispiel für die zweite Antwort der Kollektivrechtler auf die Frage nach der Quelle der intrinsischen Werthaftigkeit konstitutiver Gemeinschaften darstellt.[34] Garet führt den gemeinsamen intrinsischen Wert von konstitutiven Gemeinschaften und Individuen auf eine metaphysische Grundlage zurück: das Phänomen der Existenz. Demnach sind Gruppen intrinsisch werthafte Gebilde, weil sie so wie Individuen und die Gesellschaft als solche ein Gut verkörpern, das *als Teil der Grundstruktur des Menschlichen bzw. der menschlichen Existenz* intrinsisch werthaft ist.

„Gruppen haben in Bezug auf die menschliche Seinsweise den gleichen Status wie Individuen und die Gesellschaft. (…) Das Individuum und die Gesellschaft sind nicht die einzigen Erscheinungsformen von Wert: Der ‚individuelle Wert' (gleich ob man ihn als Freiheit, Vernunft, Würde, Autonomie oder Personalität versteht) und der ‚soziale Wert' (den ich dem allgemeinen Sprachgebrauch folgend Gesellschaftlichkeit nenne) erschöpfen nicht die Grundstruktur der Existenz. (...) Denn Gemeinschaftlichkeit ist meiner Ansicht nach gleichermaßen konstitutiv für unsere Existenz wie Personhaftigkeit und Gesellschaftlichkeit." (Garet 1983, 1015)[35]

Gemeint ist hier nicht, dass konstitutive Gemeinschaften für die biologische oder soziale Existenz von Menschen notwendig und gut sind und insofern einen instrumentellen Wert besitzen, sondern dass sie selbst Erscheinungsbilder des Menschlichen sind, d.h. einen grundlegenden Ausdruck, eine existenzielle Form menschlichen Seins darstellen und als solche *intrinsisch* werthaft sind. Auch diese Erklärung des intrinsischen Wertes von Gemeinschaften fängt die oben beschriebenen Erfahrungen in der Begegnung mit (fremden) Kulturen ein, führt sie jedoch auf die Erkenntnis zurück, dass in ihnen und durch sie ein notwendiger und grundlegender, ein „existenzieller Wesenzug" der menschlichen Seinsweise zum Ausdruck kommt. Eine Trennung von Mensch und Gemeinschaft, eine Betrachtung der menschlichen Existenz unabhängig von diesen Gemeinschaften ist nicht möglich. Der Mensch ist der „Mensch-in-der-Gemeinschaft", und insofern scheint der intrinsische Wert des Individuums den intrinsischen Wert dieser Gruppen quasi mitzubedingen.[36]

Die existentialistische Argumentationsweise ist jedoch letztlich denselben Einwänden ausgesetzt wie die „evolutionistische" Erklärung der These vom intrinsischen Wert von Gemeinschaften. Es ist nämlich keineswegs ohne weiteres einzusehen, warum sich aus der Tatsache, dass Menschen soziale und „kommunale" Wesen und dass Gemeinschaften und Gesellschaften ein Erscheinungsbild des Menschlichen sind, ein *intrinsischer* Wert *konkreter Sozialformen* ableiten lassen sollte. Auch die Mafia ist eine konstitutive Gemeinschaft und als solche, nimmt man das existentialistische Argument beim Wort, ein Erscheinungsbild des Menschlichen, ein Teil der „structure of existence". Gleiches gilt für diejenigen Familien und konstitutiven Gemeinschaften, die von Gewalt und Missbrauch, von Ausbeutung und Abhängigkeit geprägt sind. Wenn konstitutiven Gemeinschaften schon aufgrund der Tatsache, dass sie Teil der existenziellen Struktur des menschlichen Daseins sind, ein intrinsischer Wert zukommt, sind demnach auch jene Familien und ethnischen und religiösen Gruppen an und für sich schutzwürdig, die nicht unwesentlich dazu beitragen, dass aus Menschen „Unmenschen" werden. Das jedoch ist kaum überzeugend. Die existentialistische Position erscheint daher bestenfalls in ihrer Abstraktheit einleuchtend. Sie erlaubt jedoch keine Bezugnahme auf real existierende Phänomene, ohne dass man riskiert, alles Bestehende als „existenziell" zu betrachten und normativ zu verklären.

Die Behauptung, dass konstitutiven Gemeinschaften ein intrinsischer Wert zukommt, ist summa summarum kontraintuitiv und schwer plausibel zu machen. Insofern ist Hartney zuzustimmen, wenn er behauptet, dass die diesbezügliche Beweislast bei denjenigen liegt, die die

These vom intrinsischen Wert von Gemeinschaften vertreten. Die in der Gruppenrechtsdebatte zur Begründung dieser These vorgebrachten Argumente können diesen Beweis jedoch nicht erbringen. Letztendlich führen sie alle zu der Auffassung zurück, dass die Quelle des Wertes von Gemeinschaften in ihrem instrumentellen Beitrag zum Wohlergehen von Individuen zu finden ist.

1.3 Fazit: Ein Kollektivrecht auf Existenz?

Das Kollektivsubjekt-Argument stellt den Versuch dar, die Rechte konstitutiver Gemeinschaften analog zu denen von Individuen zu begründen. Dabei setzt es die Geltung der Interessentheorie voraus und orientiert sich an der oben so genannten Wertstrategie, der zufolge die fundamentalen Interessen von Individuen rechtlichen Schutz verdienen, weil es sich bei ihren Trägern um intrinsisch werthafte, um an und für sich schutzwürdige Entitäten handelt. Analog dazu behauptet das Kollektivsubjekt-Argument nun, dass *erstens* auch konstitutive Gemeinschaften eigene, nicht reduzierbare fundamentale Interessen haben und dass sie *zweitens* intrinsisch werthaft sind. Die praktische Konsequenz dieser Argumentationsweise ist die Forderung nach Kollektivrechten, die neben und in möglicher Konkurrenz zu den Rechten von Individuen Geltung beanspruchen können.

Wenn dieses Argument überzeugen kann, ließen sich prinzipiell sämtliche der oben unterschiedenen Kollektivrechtsformate legitimieren: Wenn eine Gemeinschaft im selben Sinne, im selben Ausmaß und aus denselben Gründen schutzwürdig ist wie Individuen, wenn sie ein intrinsisch werthaftes Subjekt, eine „organische und moralische Einheit" darstellt, könnte, ja müsste ihr ein *Recht auf Selbstbestimmung* zugestanden werden. Der liberale Staat hätte sich dann in die internen Entscheidungen und Verfahrensweisen der Gruppe so wenig einzumischen wie in die Privatangelegenheiten seiner Bürger. Auch ein *Kollektivrecht auf Mitbestimmung* ließe sich auf diese Weise legitimieren. Individuen haben ein Recht auf Partizipation an den öffentlichen Entscheidungsprozessen, von deren Ergebnissen sie betroffen sind, und gleiches müsste nun mit Blick auf das Kollektivsubjekt Gemeinschaft behauptet werden. Das *Kollektivrecht auf Anerkennung* wiederum entspräche etwa dem Anspruch von Individuen darauf, nicht diskriminiert und benachteiligt zu werden, und das *Recht auf Selbstbehauptung* käme vor diesem Hintergrund dem Individualrecht auf Selbstverteidigung gleich. So wie ein Individuum das Recht hat, die Grundrechte eines anderen Individuums zu verletzen, wenn das die einzige Möglichkeit ist, das eigene Überleben zu retten, könnte das Kollektivsubjekt Gemeinschaft das Recht beanspruchen, die individuellen Rechte seiner Mitglieder im existenziellen Konfliktfall außer Kraft zu setzen, um den eigenen Fortbestand zu sichern. All das müsste konkretisiert und im Einzelnen begründet werden, doch die Aussichten, dass die moralische Begründung der einzelnen Kollektivrechte möglich ist, sind, wenn die Richtigkeit der Kollektivsubjekts-These vorausgesetzt werden kann, sehr gut.

Eine solche Detailuntersuchung erübrigt sich jedoch in diesem Fall, denn die These vom Kollektivsubjekt Gemeinschaft und die mit ihr implizierten Feststellungen über die ontologische Verfasstheit und den moralischen Status konstitutiver Gemeinschaften hat sich als nicht überzeugend erwiesen. Die Behauptung, dass diese Gruppen im selben Sinne wie Individuen rechtsbegründende Interessen haben, beruht auf einer Kategorienverwechslung. Die Zuschreibung von Interessen an eine Gemeinschaft ist nur dann möglich, wenn man den Interessenbegriff entsprechend abschwächt. Damit verlöre er jedoch zugleich seine rechtsbegründende Kraft. Auch die These vom intrinsischen Wert von Gemeinschaften ist nicht plausibel zu machen. Sie wird nur den überzeugen, der konstitutive Gemeinschaften in ungerechtfertigter Weise idealisiert oder der die metaphysischen Überzeugungen, denen sie entspringt – z.B. den Glauben an einen „Plan der Dinge", in dem jede Kultur ihren eigenen Platz hat – teilt. Nicht zuletzt das jedoch ist ein entscheidender Grund dafür, warum das Kollektivsubjekt-Argument im Rahmen der moralischen Begründung juridischer Kollektivrechte nicht das leisten kann, was erforderlich wäre: Rechtsregeln haben für alle Mitglieder der Gesellschaft verbindlichen Charakter, und aus diesem Grund muss ihre Begründung auf etwas zurückgreifen, was allgemein zustimmungsfähig ist. Glaubenssätze erfüllen diese Bedingung in der Regel nicht, ja man könnte mit guten Gründen behaupten, dass kein Werturteil diese Bedingung erfüllt und dass die Begründung von Rechten daher vollständig auf die Bezugnahme auf intrinsische Werte, d.h. auf die Wertstrategie verzichten sollte. Ob das überhaupt möglich ist, ist freilich eine andere Frage. Tatsächlich beruht nämlich auch die liberale Rechtsbegründung, indem sie das Wohlergehen von Individuen ins Zentrum der moralischen Überlegungen stellt und deren Schutz zur vorrangigen Aufgabe des Staates erklärt, auf bestimmten Werturteilen. Dass diese uns nicht mehr als solche erscheinen, dass die Behauptung der vorrangigen Schutzwürdigkeit der Freiheit und des Wohlergehens von Individuen gegenüber allen kollektiven Zielen und kollektiven „Entitäten" den Status einer objektiven Wahrheit gewonnen hat, hängt sicher auch damit zusammen, dass niemand in der westlichen Welt und in der abendländischen Philosophie diese Behauptung ernsthaft bezweifelt und sie daher als gewiss angenommen werden darf. Diese Situation hat sich jedoch verändert, und zwar nicht zuletzt infolge der Kulturbegegnungen im Rahmen der zunehmend kulturell heterogenen Gesellschaften des Westens. Liberale Rechtsstaaten sehen sich mit den Ansprüchen von Gruppen konfrontiert, die den Wert des Einzelnen und seinen Vorrang gegenüber dem sozialen Ganzen bei weitem nicht so hoch einschätzen wie die individualistische liberale Tradition. Insofern mag es zunehmend fragwürdig erscheinen, ob sich nicht auch die liberale Rechtsbegründung und die mit ihr verbundene Wertstrategie denselben Vorwurf gefallen lassen muss, der hier gegenüber dem Kollektivsubjekt-Argument erhoben wird: Dass es nämlich auf normative Überzeugungen Bezug nimmt, die unplausibel und nicht allgemein zustimmungsfähig sind, und dass es aus diesem Grund für die Begründung allgemein verbindlicher Rechtsregeln nicht tauglich ist. Auf diese Frage wird später noch einmal zurückzukommen sein. Für den Moment bleibt festzuhalten, dass diese Kritik gegenüber dem Kollektivsubjekt-Argument jedenfalls berechtigt ist und dass es aus diesem und den oben genannten Gründen somit als gescheitert anzusehen ist.

2. Das Kollektivgüter-Argument

Die Vertreter des nun zu betrachtenden Kollektivgüter-Argumentes zugunsten der Einrichtung von Kollektivrechten stimmen der liberalen Position dahingehend zu, dass Rechte vornehmlich dem Schutz der fundamentalen Interessen von Individuen vorbehalten bleiben müssen. Dabei handelt es sich wie erläutert um Interessen, die sich auf Güter richten, die für das Wohlergehen von Individuen unverzichtbar sind. Die erste These des Kollektivgüter-Argumentes besteht in der Behauptung, dass auch die Zugehörigkeit zu einer konstitutiven Gemeinschaft als ein solches soziales Grundgut aufzufassen ist. Der Staat hat als Garant einer gerechten Grundgüterverteilung demnach dafür zu sorgen, dass jeder Einzelne in seiner kulturellen Zugehörigkeit und die kulturelle Zugehörigkeit jedes Einzelnen gleichermaßen anerkannt und geschützt wird. Das wiederum macht im Rahmen kulturell heterogener Gesellschaften besondere Schutzmaßnahmen für diejenigen Kulturgemeinschaften erforderlich, die sich von der Mehrheitskultur unterscheiden und daher besonderen Gefahren respektive einem entsprechenden Assimilationsdruck ausgesetzt sind. Die zweite These des Kollektivgüter-Argumentes besteht in der Behauptung, dass der Schutz des fundamentalen Interesses an kultureller Zugehörigkeit und am Fortbestand der entsprechenden Gemeinschaften nur durch Kollektivrechte sichergestellt werden kann, da sich das Interesse der Individuen in diesem Fall auf ein kollektives Gut richtet. Mit Blick auf diese Güter reicht das Interesse eines einzelnen Individuums nicht aus, um anderen Pflichten aufzuerlegen, und aus diesem Grund kann es kein Individualrecht auf kollektive Güter geben. Im Rahmen der liberalen Individualrechtskonzeption ist das fundamentale Interesse der Individuen am Fortbestand konstitutiver Gemeinschaften daher nicht ausreichend geschützt. Es ist diese Schutzlücke, die nach Ansicht der Vertreter des Kollektivgüter-Argumentes um des Wohlergehens der Individuen willen durch die Einrichtung geeigneter Kollektivrechte zugunsten der entsprechenden Gemeinschaften geschlossen werden kann und muss.

Dass die *Rechte konstitutiver Minderheitsgemeinschaften* hier mit Verweis auf *die fundamentalen Interessen von Individuen* (und nicht mit Verweis auf die fundamentalen Interessen der Gemeinschaften selbst) begründet werden, macht den wesentlichen Unterschied zwischen dieser Argumentationsweise und dem Kollektivsubjekt-Argument aus. Dass die fundamentalen Interessen von Individuen in diesem Fall die *Rechte von Kollektiven* (und nicht die Rechte von Individuen) legitimieren sollen, trennt das Kollektivgüter-Argument wiederum von der liberalen Rechtsbegründung. Seine Überzeugungskraft hängt davon ab, dass sich *erstens* zeigen lässt, dass die Zugehörigkeit zu einer konstitutiven Gemeinschaft ein soziales Grundgut ist, und dass *zweitens* nachgewiesen wird, dass der Schutz des fundamentalen Interesses von Individuen mit Blick auf dieses spezielle Gut nur durch entsprechende Kollektivrechte ausreichend sichergestellt werden kann. Betrachten wir diese Behauptungen nun der Reihe nach.

2.1 Kulturzugehörigkeit als soziales Grundgut

Dass die Gemeinschaft mit anderen Menschen für das Leben und Wohlergehen von Individuen eine große Bedeutung hat, wird in der Gruppenrechtsdebatte von niemandem ernsthaft bezweifelt. Auch die Gegner von Kollektivrechten sind ohne weiteres bereit zuzugestehen, „dass menschliches Gedeihen ohne menschliche Beziehungen, und daher außerhalb von Gemeinschaften nicht möglich ist." (Hartney 1995, 205) Dass der Mensch ein soziales Wesen ist, dass er zu jedem Zeitpunkt seines Lebens Beziehungen zu anderen Menschen braucht, um sich selbst zu entwickeln, um grundlegende Fähigkeiten zu erwerben, um Ziele zu finden, um seine Pläne zu verwirklichen, kurz: um sich als Mensch zu erleben und um als Mensch gut zu leben, ist eine unbestrittene und unbestreitbare Tatsache. Mit Blick auf jene multidimensionalen konstitutiven Gemeinschaften, über deren mögliche Rechtsansprüche im Rahmen der Kollektivrechtsdebatte gestritten wird, gilt dies möglicherweise in besonderem Maße. Tatsächlich werden die Befürworter von Kollektivrechten nicht müde, immer wieder darauf hinzuweisen, dass gerade die Zugehörigkeit zu diesen Gruppen für die Individuen eine ganz besondere Bedeutung, einen besonders hohen Wert hat, und ihr diesbezüglicher Eifer mutet angesichts der Tatsache, dass auch diese Behauptung kaum umstritten ist, gelegentlich etwas übertrieben an. Die These vom besonderen Wert kultureller Zugehörigkeit ist zudem, und das ist das Entscheidende, als solche wenig aussagekräftig. Erst wenn deutlich gemacht worden ist, worin genau der besondere Beitrag dieser Gemeinschaften zum Wohlergehen von Individuen besteht, und wenn gezeigt werden kann, dass dieser nicht substituierbar ist, lässt sich mehr darüber sagen, ob die Existenz dieser Gruppen rechtlich geschützt werden sollte. Für die Problematik der Kollektivrechte ist daher die Frage nach dem Grund und dem Ausmaß der Bedeutung konstitutiver Gemeinschaften maßgeblich. An eben dieser Frage scheiden sich jedoch die Geister.

Am einen Ende des diesbezüglichen Meinungsspektrums ist die Überzeugung platziert, dass konstitutive Gemeinschaften (nur) dadurch und insoweit ein Gut darstellen, wie sie zum Wohlergehen von Individuen beitragen, etwa indem sie es diesen ermöglichen, ihre eigene Vorstellung vom guten Leben zu verwirklichen und ihre persönlichen Interessen in Kooperation mit anderen zu verfolgen. Konstitutive Gemeinschaften werden hier so wie alle anderen Formen menschlicher Gemeinschaft auch als Instrumente individueller Interessenbefriedigung betrachtet, deren Wert im Einzelfall davon abhängen wird, inwiefern die Zugehörigkeit zu ihnen das Individuum bei der Realisation seiner persönlichen Vorstellung vom guten Leben und der Befriedigung seiner diesbezüglichen Interessen tatsächlich voranbringt: „Der Wert einer Gemeinschaft liegt demnach einzig in den Vorteilen, die die Einzelnen mit Blick auf die Realisierung ihrer egoistischen Ziele aus der Kooperation ziehen." (Sandel 1990, 148) Die Amish-Gemeinde ist demnach gerade so gut und insofern „ein Gut", als sie *gut für* die ihr angehörigen Individuen ist, und das diesbezügliche Urteil muss, ja kann nur den jeweils Betroffenen überlassen bleiben, da sie allein die Definitionsmacht über ihr Konzept des guten Lebens besitzen. Der Staat hat sich in dieser Frage demnach neutral zu verhalten und lediglich durch die Garantie des Individualrechts auf Assoziationsfreiheit dafür zu sorgen, dass die Individuen ihre diesbezügliche Entscheidung in Freiheit treffen und gegebenenfalls revidieren können. Er hat also sicherzustellen, dass sie erstens nicht daran gehindert werden, sich und ihre Ressourcen zugunsten derjenigen Gemeinschaften einzusetzen, die für sie aus welchen Gründen auch immer einen hohen Wert haben, und dass sie zweitens nicht dazu gezwungen werden, Gemeinschaften zu unterstützen, deren Existenz ihnen nichts (mehr) bedeutet.

Mit Blick auf die Frage von Kollektivrechten ist das resultierende Votum in diesem Fall eindeutig: Wenn sich die Güte und der Wert einer Gemeinschaft ausschließlich aus dem Nutzen ergibt, den diese zur Befriedigung der Bedürfnisse und Interessen von Individuen beiträgt, ist eine solche Gemeinschaft nur solange und insofern als ein schutzwürdiges Gut anzusehen, wie sie im Interesse der ihr angehörigen Individuen liegt. In diesem Fall ist jedoch zugleich davon auszugehen, dass die „profitable" Zugehörigkeit zur Gemeinschaft deren Mitgliedern einen Grund bietet, die Gruppe freiwillig, also in ihrem eigenen Interesse zu unterstützen. Solange konstitutive Gemeinschaften wertvoll sind, d.h. solange sie einen Beitrag zum Wohlergehen von Individuen leisten, werden diese demnach gute Gründe haben, aus freien Stücken für den Fortbestand der Gemeinschaft zu sorgen, und müssen nicht durch entsprechende Kollektivrechte dazu zwangsverpflichtet werden. Kurz: Wenn konstitutive Gemeinschaften in diesem Sinne wertvoll sind, sind Kollektivrechte weitgehend redundant. Andernfalls jedoch, also wenn die Zugehörigkeit zur Gemeinschaft das Individuum mit Blick auf seine persönlichen Ziele *nicht* voranbringt und dieses folglich *keinen* Grund hat, sich und seine Ressourcen zugunsten der Gemeinschaft einzusetzen, hat diese auch keinen Wert und folglich auch keinen Anspruch auf rechtlichen Schutz. Kollektivrechte wären in diesem Fall illegitim. Die „staatliche Subventionierung" bestimmter Kulturgemeinschaften durch entsprechende Kollektivrechte ist dieser Position zufolge also entweder überflüssig oder moralisch nicht zu legitimieren. Darüber hinaus ist es fraglich, ob solche Maßnahmen auf Dauer überhaupt wirkungsvoll sein können: „Wenn eine Kultur bereits so schwach ist, dass sie nicht ohne den umfassendsten Schutz, den ein differenzierter liberaler Individualismus zu bieten vermag, erhalten werden kann, ist zweifelhaft, ob sie langfristig mit Hilfe von freiheitsbeschränkenden Maßnahmen zu bewahren ist." (Van der Burg 1995, 239) Kollektivrechte zugunsten konstitutiver Gemeinschaften sind demnach weder erforderlich noch hilfreich noch legitim:

„Keine Gruppe, kein Kollektiv hat ein (positives) gegenüber der Außenwelt geltend zu machendes ‚Recht auf Existenz'. Allen Gruppen, deren Zielsetzungen und Tätigkeiten im erörterten Sinne harmlos sind, kommt zweifellos ein ‚Recht auf Nichteinmischung' zu. Jedoch kann keine Gruppe verlangen, dass andere ihren Fortbestand sichern, wenn ihre eigenen Mitglieder nicht genügend Interesse daran haben, sie zu unterstützen. Und ebenso wenig ist sie berechtigt, auf ihre *eigenen* Mitglieder diesbezüglich Zwang auszuüben. Diese haben jederzeit das Recht, die Gruppe zu verlassen. Wenn alle dieses Recht in Anspruch nehmen, hört die Gruppe eben auf zu existieren, und damit hat sich's. Wenn andere das bedauerlich finden, steht es ihnen frei, ihre Unterstützung für diese Gruppen zu verstärken. Und wenn auch das nicht ausreicht: nun, dann war's das eben." (Narveson 1991, 345)

Demzufolge könnten konstitutive Gemeinschaften also bestenfalls ein Recht auf Selbstbestimmung beanspruchen und „mit Recht" fordern, dass der Staat sich aus ihren inneren Angelegenheiten herauszuhalten hat, doch damit ist in diesem Argumentationskontext nichts anderes gemeint, als dass *jedes Individuum* ein Recht auf Selbstbestimmung hat, das seine kulturelle Zugehörigkeit umfasst und diesbezügliche Fragen seiner persönlichen Autonomie unterstellt.

„Gibt es also irgendwelche Kollektivrechte? (...) Nein. Es gibt eine ganze Reihe von Gruppen, *deren Mitglieder* in ihren Rechten verletzt würden, wenn wir uns in die Angelegenheiten der Gruppe einmischen würden. Jedoch darf keine

Gruppe auf Außenstehende oder Unwillige innerhalb der Gruppe Zwang ausüben, um ihre Fortexistenz zu sichern. (...) Gruppen verdienen unsere Achtung,
insofern *ihre individuellen Angehörigen unsere Achtung verdienen.* Und diese
besteht eben darin, sie ihr Leben in der Weise führen zu lassen, wie sie selbst es
für richtig halten." (Narveson 1991, 345; Hervorhebung S.B.)

Konstitutive Gemeinschaften müssen demnach also sich selbst, das
heißt dem freiwilligen Engagement ihrer Mitglieder überlassen bleiben, und das bedeutet effektiv, dass ihr soziales Schicksal in plurikulturellen Gesellschaften von der Konjunkturlage auf dem „cultural
marketplace" abhängen wird. Eine Gemeinschaft, die nicht mehr ausreichend „nachgefragt" wird, wird früher oder später erodieren und verschwinden, doch das ist nicht weiter problematisch. Solange Individuen
ein Interesse am Zusammenschluss mit anderen Individuen haben,
solange sie ein Bedürfnis nach Zugehörigkeit zu entsprechenden religiösen, sprachlichen, kulturellen Gemeinschaften haben und aus der
Bindung an eine solche Gruppe einen Vorteil mit Blick auf die Verwirklichung ihrer Vorstellung vom guten Leben ziehen können, werden sie
in ihrem eigenen Interesse entsprechende Anstrengungen unternehmen,
und eine „unsichtbare Hand" wird dafür sorgen, dass es immer Gruppen geben wird, die den diesbezüglich bestehenden Bedarf decken. Der
„Artenschutz" ist also garantiert – wenn die afrikanischen Elefanten
aussterben, werden sich die Elefantenfreunde den indischen Elefanten
zuwenden und sich für ihren Fortbestand engagieren, und wenn ihr Bemühen nicht von Erfolg gekrönt ist, dann, wie gesagt, „war's das eben".
Das Schicksal der Amish People liegt in den Händen der Amish People,
deren Interesse am Fortbestand ihrer Gemeinschaft zu respektieren und
deren diesbezügliches Engagement nicht zu stören ist. Die moralische
Welt wird von autonomen Subjekten bewohnt und von universellen
Prinzipien, wie dem der gleichen Achtung jedes Einzelnen ohne Ansehen seiner kulturellen Zugehörigkeit, regiert. Die Frage nach den Rechten konstitutiver Gemeinschaften ist keine Frage dieser Gegenden.

Betrachten wir nun die am anderen Ende des oben eröffneten Meinungsspektrums platzierte, dem Kollektivgüter-Argument zugrunde
liegende Auffassung, dass die Zugehörigkeit zu einer konstitutiven Gemeinschaft als ein soziales Grundgut anzusehen ist. Sie wirft ein
grundlegend anderes Licht auf die Funktion konstitutiver Gemeinschaften und die Bedeutung kultureller Zugehörigkeit als die soeben
geschilderte „instrumentelle Auffassung von Gemeinschaft". (Sandel

1990, 148) Dieser Position zufolge steht die Gemeinschaft dem Individuum nicht bloß als ein Objekt seiner Interessen und Wünsche gegenüber, sondern greift als identitätsstiftende und wertsetzende Gemeinschaft auf das Subjekt über und in seine Subjektivität, sein Selbstverständnis, sein Weltverständnis, seine Interessen, seine Wünsche und seine Vorstellung vom guten Leben ein:

„Zu sagen, dass die Angehörigen einer Gesellschaft durch ein Gemeinschaftsgefühl gebunden sind, bedeutet der konstitutiven Auffassung von Gemeinschaft zufolge nicht bloß, dass sehr viele von ihnen gemeinschaftliche Gefühle bekunden und gemeinschaftliche Ziele verfolgen. Es bedeutet vielmehr, dass sie ihre Identität – *also das Subjekt und nicht nur das Objekt ihrer Gefühle und Zwecksetzungen* – als etwas verstehen, das in gewissem Maße durch die Gemeinschaft, von der sie ein Teil sind, definiert wird." (Sandel 1990, 150; Hervorhebung S.B.)

Die Zugehörigkeit zu einer konstitutiven Gemeinschaft kann demnach nicht so wie etwa die Mitgliedschaft in einer Partei oder einem Verein als ein mehr oder weniger geeignetes Mittel zum Zweck der individuellen Bedürfnisbefriedigung betrachtet werden. Die Amish-Gemeinde ist keine freiwillige Vereinigung von Liebhabern des „Amish way-of-life", deren Mitglieder lediglich durch das geteilte und nur gemeinsam zu befriedigende Interesse an einer bestimmten Lebensweise miteinander verbunden sind. Deren gemeinsames Interesse ist vielmehr der Ausdruck einer viel tiefer liegenden, nicht frei gewählten und dem Einzelnen nur bedingt zur Verfügung gegebenen Verbundenheit, nämlich der Tatsache, dass sie eine Geschichte, eine Sprache, eine Kultur, ein Wertesystem teilen, dem diese Interessen entspringen und das den „Amish way-of-life" für sie erst bedeutungs- und wertvoll macht. Die Zugehörigkeit zur Gemeinschaft, die Einbettung in die gemeinsame Kultur, ist dabei in doppelter Hinsicht *konstitutiv* zu nennen: Sie beeinflusst in grundlegender Weise das Selbstverständnis des Individuums, und sie ist ausschlaggebend für die individuelle Konzeption des guten Lebens.

Diese Auffassung sollte nun jedoch nicht im Sinne der Behauptung missverstanden werden, dass die kulturelle Zugehörigkeit des Individuums sein Selbstverständnis, seine Lebensweise und Weltanschauung *determiniert.* Wenn auf die identitätsstiftende und wertsetzende Bedeutung kultureller Zugehörigkeit verwiesen wird, ist damit keine Aussage über die *Grenzen* der Möglichkeit individueller Selbstbestimmung getroffen, sondern vielmehr eine Aussage über deren *Voraussetzungen:*

Demnach entwickelt sich die Identität des Einzelnen als eines autonomen Subjekts und der Entwurf einer eigenen Vorstellung vom guten Leben nicht in Isolation von anderen, aber ebenso wenig durch die passive Anpassung an eine vorgegebene kulturelle Struktur und die unreflektierte Übernahme der Wertvorstellungen jener Gemeinschaften, in die jeder Einzelne von uns unfreiwillig „hineingeboren" wird. Vielmehr konstituiert sich das Selbst- und Weltverständnis des Einzelnen erst durch die mehr oder weniger aktive und bewusste Auseinandersetzung mit dieser Umgebung und ihren normativen Vorgaben. Diese Auseinandersetzung umfasst gleichermaßen Prozesse der Identifikation mit als auch der partiellen Emanzipation von der Gemeinschaft, in der das Individuum sich vorfindet und mit deren Werten, Sitten und Verhaltensnormen es sich konfrontiert sieht. Eine totale Emanzipation von diesen Gemeinschaften ist jedoch nicht ohne Selbstverlust möglich, denn jene Selbstfindungs-, Selbstverortungs- und Selbstverwirklichungsprozesse, auf die die liberalen Apologeten des autonomen Subjekts aus nachvollziehbaren Gründen so großen Wert legen, setzen die Einbindung in eine kulturelle Struktur immer schon voraus. Es ist eben nicht so, dass das Individuum als autonomes, ungebundenes Subjekt in gleichsam cartesianischer Manier seine Bedürfnisse entdecken, seine persönliche Vorstellung vom guten Leben entwerfen, seine Ziele und Interessen entwickeln und so ausgerüstet in die Welt hinaustreten könnte, um sich derjenigen Gemeinschaft anzuschließen, deren Lebensweise seiner persönlichen Vorstellung maximal entgegenkommt. Die individuelle Konzeption des guten Lebens, deren ungehinderte Realisation das Wohlergehen von Individuen ausmacht, und der persönliche Selbstentwurf, dessen Anerkennung durch andere die Quelle der Selbstachtung ist, sind nicht das Ergebnis eines Monologes, den das Individuum angesichts der Welt mit sich selber führt. Sie haben vielmehr dialogischen Charakter und sind auf die Auseinandersetzung mit einer Umgebung angewiesen, die eine bestimmte Lebens-, Sprach- und Denkkultur verkörpert. Es sind erst die kulturellen Narrationskon-texte, in die der Einzelne von Anfang an eingebettet ist, die die verschiedenen Lebensweisen und Handlungsoptionen in substantieller Weise sinnvoll oder sinnlos, erstrebenswert oder abschreckend erscheinen lassen. Das Wohlergehen des Individuums beruht also (auch) auf der Befriedigung von Interessen an Gütern, *deren Wert kulturell vermittelt ist,* und seine Selbstachtung schöpft sich wesentlich aus der Anerkennung derer, denen es sich zugehörig fühlt und mit denen es grundlegende Werte teilt.[37]

Die These von der konstitutiven Bedeutung kultureller Zugehörigkeit für die Identität und Autonomie von Individuen wendet sich damit kritisch gegen die dem Liberalismus unterstellte Konzeption des autonomen Individuums als eines Subjektes, das seine Lebensgeschichte selbst verfasst, seine Überzeugungen frei wählt und seine Entscheidungen autonom und selbstverantwortlich trifft.[38] Auch wenn Freiheit bedeutet, dass wir allein die Autoren unserer Lebensgeschichte sind: Die Worte, die wir wählen, um zu sagen, wer wir sind und was wir wollen, entstammen einem Narrationskontext, der nicht nur meiner Geschichte, sondern auch der der anderen Mitglieder „meiner" Kulturgemeinschaft Bedeutung verleiht, und in dessen Terminologie zum Ausdruck kommt, woran wir gemeinsam glauben, worauf wir gemeinsam hoffen, was wir gemeinsam erstreben. Insofern die Zugehörigkeit zu einer konstitutiven Gemeinschaft in diesem Sinne die Bedingung der Möglichkeit individueller Freiheit und individuellen Wohlergehens ist, ergibt sich ihr Wert also nicht erst aus ihrem tatsächlichen Beitrag zur Verwirklichung konkreter Lebensziele. Die Zugehörigkeit zu einer Kultur ist vielmehr schon dadurch ein Gut, dass sie das Individuum überhaupt in die Lage versetzt, eigene Werte, Ziele und Interessen zu entwickeln. Und sie verliert nichts von ihrer Bedeutung und ihrem Wert, wenn sich diese Ziele und Interessen im Rahmen der Gemeinschaft, die ihre Entwicklung ermöglichte, nicht verwirklichen lassen. Jene durch Nationalität, Ethnie, Kultur, Sprache, Rasse und Geschlecht bestimmten Gruppen, die im Zentrum der Gruppenrechtsdebatte stehen, bilden also nicht bloß einen möglichen und gegebenenfalls austauschbaren *Rahmen,* innerhalb dessen der Einzelne sein Bedürfnis nach Gemeinschaft befriedigt und seine Interessen in Kooperation mit „Gleichgesinnten" verfolgt, um die gemeinsame Vorstellung vom guten Leben zu verwirklichen. Sie sind vielmehr der *Boden,* auf dem diese Vorstellungen erst gedeihen und in dem sie wurzeln. Aus diesem Grund bedeutet die Erosion dieser Gruppen effektiv nichts anderes, als dass den Individuen eben dieser Boden entzogen wird, dass sie entwurzelt werden. Das wiederum hat zur Folge, dass ihre Möglichkeiten, Selbstachtung zu entwickeln und eine autonome Entscheidung zwischen den Lebens- und Handlungsoptionen zu treffen, die in ihren Augen wertvoll und erstrebenswert sind, dramatisch eingeschränkt wird:

„Wenn die Zugehörigkeit zu einer nationalen oder ethnischen Kultur mitkons-
titutiv ist für die eigene Identität und wenn ein konstanter kultureller Rahmen
für das gute Leben des Einzelnen notwendig ist, dann sind sowohl die Kulturzugehörigkeit als auch der kulturelle Rahmen als Grundgüter zu betrachten."
(Van der Burg 1995, 224)

Die Zugehörigkeit zu einer konstitutiven, einer Kulturgemeinschaft ist
dieser Position zufolge also ein soziales Grundgut, eine Voraussetzung für die Möglichkeit des Einzelnen, nach seiner Façon selig zu
werden. Aus diesem Grund muss in einer gerechten Gesellschaft
sichergestellt sein, dass die Individuen in ihrer kulturellen Zugehörigkeit geschützt sind. In kulturell homogenen Gesellschaften ist dies
weitgehend gewährleistet. Hier wurzeln alle mehr oder weniger tief im
selben sicheren Boden und haben insofern die gleiche Chance, ihm die
Nährstoffe zu entziehen, die notwendig sind, um einen eigenen Le-
bensentwurf zu gestalten und nach Möglichkeit zu realisieren.[39] In kulturell heterogenen Gesellschaften sieht das jedoch anders aus. Hier
gibt es eine so genannte Mehrheitskultur und verschiedene Minderheitskulturen. Das bedeutet, dass die Individuen in der Regel nicht die
gleiche Chance haben, ihre Kulturzugehörigkeit zu pflegen und zu nutzen, denn die Lebensweisen der Minderheitsgemeinschaften erfahren
nicht im selben Ausmaß Schutz und Anerkennung wie die der Mehrheitskultur: Die Sprache der Mehrheit wird in den Schulen gelehrt und
gesprochen und stellt die offizielle Amtssprache dar. Die religiösen
Festtage der Mehrheitskultur sind staatliche Feiertage. In den Museen
und Universitäten bewahrt, pflegt und bewundert man deren Kultur-
und Bildungsgüter und nicht die der Minderheiten. Die allgemein verbindlichen Gesetze spiegeln, wie das Beispiel der Amish People oder
auch der Fall von Frau Ludin zeigt, die Wertvorstellungen der Mehrheitskultur und machen es den Minderheiten nicht selten schwer, ihren
religiösen oder kulturellen Pflichten nachzukommen und ihr eigenes
kulturelles Erbe zu bewahren. All das sind effektive Benachteiligungen, die die sukzessive Erosion und Assimilation von Minderheitsgemeinschaften befördern und beschleunigen und deren Mitglieder der
existenziell bedrohlichen Gefahr einer kulturellen Entwurzelung aussetzen, von der die der Mehrheitskultur Angehörigen nicht in ver-
gleichbarem Ausmaß betroffen sind.

Diese Gefahr ist aus Sicht der Kollektivrechtsbefürworter nur durch
die ausdrückliche rechtliche Anerkennung konstitutiver Gemeinschaf-

ten zu bannen. Eben daran fehlt es jedoch innerhalb der liberalen Rechtskonzeption, die Fragen kultureller Zugehörigkeit zur Privatangelegenheit von Individuen erklärt und verlangt, dass der Staat sich diesbezüglich neutral zu verhalten hat. Vor dem Hintergrund der Annahme, dass die Zugehörigkeit zu einer Kultur ein soziales Grundgut ist, und unter Berücksichtigung der Tatsache, dass die Kulturzugehörigkeit von Individuen in kulturell heterogenen Gesellschaften nicht gleichermaßen gesichert ist, ist diese Zurückhaltung aus der Perspektive der Gerechtigkeit jedoch nicht akzeptabel. Die konstitutive Bedeutung, die der kulturellen Zugehörigkeit von Individuen zukommt, macht es erforderlich, gezielte Maßnahmen zu ergreifen, um den Einzelnen in seiner Kulturzugehörigkeit zu schützen.

Diesbezüglich sind verschiedene Möglichkeiten denkbar, von denen die gewissermaßen prominenteste, nämlich die Gewährung *gruppenspezifischer Individualrechte,* im nächsten Kapitel vorgestellt und diskutiert werden soll. Das hier zu betrachtende Kollektivgüter-Argument zielt jedoch in eine andere Richtung. Seine Besonderheit besteht in der Behauptung, dass der Schutz der kulturellen Zugehörigkeit von Individuen die Einrichtung von *Kollektivrechten* erforderlich macht, die den Fortbestand der entsprechenden Gruppen sicherstellen sollen. Dieses Ziel ist nach Ansicht der Vertreter des Kollektivgüter-Argumentes aus Gründen, die mit den spezifischen Eigenschaften des sozialen Grundgutes der Kulturzugehörigkeit zusammenhängen, durch Individualrechte allein nicht zu erreichen.

2.2 Kollektivgüter und Individualrechte

Im Rahmen des Kollektivgüter-Argumentes wird vorausgesetzt, dass die Zugehörigkeit zu konstitutiven Gemeinschaften eine notwendige Voraussetzung für das Wohlergehen von Individuen darstellt und insofern als ein soziales Grundgut aufzufassen ist. Dieser Position zufolge sind Individuen in existenzieller Hinsicht auf die gesicherte Existenz ihrer jeweiligen Kulturgemeinschaften, auf einen verlässlichen und stabilen kulturellen Rahmen angewiesen und haben daher ein fundamentales Interesse am Fortbestand dieser Gruppen. Innerhalb der liberalen Rechtskonzeption erfährt dieses fundamentale Interesse von

Individuen jedoch keinen ausreichenden Schutz. Es gibt kein „Individualrecht auf Kulturschutz", und ein solches individuell einklagbares Recht auf die gesicherte Existenz einer Kulturgemeinschaft lässt sich im Rahmen dieser Rechtsauffassung auch nicht begründen. Das hängt einerseits mit der ihr zugrunde gelegten Interessentheorie, andererseits mit der Natur des spezifischen Gutes zusammen, das in diesem Fall beansprucht wird.

Die Interessentheorie macht die Begründung eines Individualrechts von zwei Bedingungen abhängig: Ein Individuum hat dann und nur dann ein Recht auf X, wenn es 1. ein fundamentales Interesse an X hat und wenn 2. *sein individuelles Interesse bereits ausreichend ist,* um entsprechende Pflichten zu begründen. Die erste Bedingung impliziert, dass es sich bei dem Rechtsgegenstand um ein Gut handelt, dessen Bereitstellung für das Wohlergehen des jeweiligen Rechtsträgers unverzichtbar ist. Diese Bedingung ist im Fall des individuellen Interesses am Fortbestand konstitutiver Gemeinschaften nach Ansicht der Vertreter des Kollektivgüter-Argumentes erfüllt. Die zweite Bedingung setzt voraus, dass der Nutzen des beanspruchten Gutes individuierbar ist, dass sich im Fall eines diesbezüglichen Rechtsanspruchs also eindeutig bestimmen lässt, um wessentwillen die Pflicht auferlegt wird. In der interessenbasierten Rechtstheorie wird daher weitgehend übereinstimmend die Auffassung vertreten, dass Individualrechte *individuelle Interessen an so genannten privaten Gütern*[40] („Leben, Freiheit, Eigentum") schützen: „Das Reich der Rechte ist das Reich der privaten Güter." (Green 1991, 321) Rechte schützen das Interesse an Gütern, deren Nutzen individuierbar ist, die der Möglichkeit nach individuell bereitgestellt und konsumiert werden können und von denen sich prinzipiell sagen lässt, dass das Interesse des Individuums ausreicht, um die mit dem Recht verbundenen mehr oder weniger weitreichenden Pflichten zu begründen. Individualrechte garantieren also nicht die Bereitstellung kollektiver Güter (wie z.B. saubere Luft in einer Stadt), sondern schützen bestenfalls die individuelle Partizipation an bzw. den individuellen Zugang zu diesen Gütern. Auch diejenigen Individualrechte, die, wie etwa das Recht auf Assoziationsfreiheit, eine überindividuelle, eine soziale Dimension haben, machen hier keine Ausnahme: Das Recht auf Assoziationsfreiheit schützt die Möglichkeit des Individuums, sich mit anderen zu einer Partei, einem Verein, einer Bürgerinitiative etc. zusammenzuschließen. Es verleiht jedoch keinen einklagbaren „Anspruch auf Gemeinschaft", also kein Recht darauf, dass sich andere Individuen zu diesem Zusammenschluss bereit finden. Es schützt mit anderen Worten ein individuelles, ein privates Gut (die Möglichkeit zum Zusammenschluss), aber nicht ein kollektives Gut (das Ergebnis dieser Verbindung, also die Vereinigung selbst), denn „um den Konnex von Interesse und Pflicht etablieren zu können, müssen Interessen vollständig individualisiert werden." (Green 1991, 321) Das jedoch scheint nur im Fall individueller Interessen an individuellen, an privaten Gütern möglich. Im Fall des Interesses eines Individuums an „seiner" konstitutiven Gemeinschaft ist eine solche Individuation hingegen kaum durchführbar:

> „Der kulturelle Rahmen ist kein privates Gut wie Nahrung: Es handelt sich hier vielmehr um ein Gut, das der Einzelne mit anderen teilt. Genauer gesagt, haben wir es in diesem Fall mit einem kollektiven Gut zu tun, das unteilbar ist und nur durch eine kooperative Anstrengung der Gemeinschaft bereitgestellt werden kann. Kulturzugehörigkeit hat insofern einen gemischten Charakter: Sie stellt ein privates Gut dar, das zugleich das kollektive Gut eines gemeinsamen kulturellen Rahmens voraussetzt." (Van der Burg 1995, 224)

Die Schwierigkeit der Begründung eines *Individualrechts* auf Kulturschutz ist also auf die Tatsache zurückzuführen, dass sich das fundamentale Interesse des Individuums in diesem Fall auf ein kollektives Gut („public good") richtet. Diese Güter zeichnen sich im Gegensatz zu privaten bzw. individuellen Gütern dadurch aus, dass sie erstens nicht individuell, d.h. zur exklusiven Verfügung eines einzelnen Individuums, sondern nur kollektiv bereitgestellt und konsumiert werden können und ihr Nutzen daher nicht individuierbar ist.[42] Für kollektive Güter ist zweitens kennzeichnend, dass ihre Bereitstellung die gemeinsame Anstrengung vieler Individuen erforderlich macht und die Kooperation, das kollektive Bemühen einer Vielzahl von Individuen, eines „Kollektivs" voraussetzt.[43] Kollektive Güter werden also nicht nur *kollektiv konsumiert,* sondern auch *kollektiv produziert.*

   Die Existenz einer Kulturgemeinschaft ist ein typisches Beispiel eines solchen kollektiven Gutes: Ihre Entstehung und ihr Fortbestand ist nicht das Werk eines Einzelnen, sondern das Ergebnis des langfristigen und dauerhaften mehr oder weniger engen Zusammenlebens von Individuen, und die Gemeinschaft hat nur solange Bestand, wie diese Interaktion anhält und die Beziehungen zwischen den Individuen fortdauern. Damit ein einzelnes Individuum in den Genuss der Gemeinschaft kommen, damit sein fundamentales Interesse an kultureller Zugehörigkeit befriedigt werden kann, ist es daher erforderlich, dass andere Individuen sein Interesse teilen, dass es also nicht nur ein individuelles, sondern ein insofern kollektives Interesse am Fortbestand der Gruppe gibt. Weil das „Kollektivgut Kulturgemeinschaft" also notwendigerweise *kollektiv konsumiert, kollektiv produziert und kollektiv begehrt* wird, kann es nach Ansicht der Vertreter des Kollektivgüter-Argumentes auch nur *kollektiv beansprucht* werden:

„Damit ein Individuum ein Recht auf etwas beanspruchen kann, muss sein Wohlergehen einen hinreichenden Grund darstellen, andere bestimmten Pflichten zu unterstellen. Die Pflicht muss in der Weise um des Individuums willen eingeführt werden, als einzig das Gute nach Massgabe seiner Bedürfnisse zu berücksichtigen ist. Darüber hinaus muss gelten, dass entgegengesetzte Ansprüche anderer den Grund, im Interesse des Individuums zu handeln, nicht überwiegen. Diese Bedingung erfüllen allein individuelle Interessen an Gütern, die ein Individuum isoliert von anderen genießen kann. Hingegen kann das Interesse des Einzelnen an bestimmten kollektiven Gütern keinen hinreichenden Grund liefern, andere mit Pflichten zu belasten, da sich in einem solchen Fall nicht sagen ließe, dass die entsprechende Pflicht um dieses Einzelnen willen auferlegt wird. Und dies nicht nur, weil es unmöglich ist, solche Güter zum Genuss durch ein einzelnes Individuum bereitzustellen, sondern weil wir sie nicht einmal als Güter verstehen können, ohne dass viele sowohl an ihrer Produktion als auch an ihrem Konsum teilhaben. Diese Güter werden vielmehr zugunsten von allen, die sie geniessen – und zwar als Gruppe betrachtet – bereitgestellt. Wenn das stimmt, *kann es kein individuelles Recht auf ein kollektives Gut geben, sondern allein ein kollektives Recht, das allen, die am kollektiven Gut Anteil haben, gemeinsam zukommt. Nur ein solches kollektives Interesse stellt einen hinreichenden Grund zur Auferlegung von Pflichten dar.*" (Réaume 1994, 120f; Hervorhebung S.B.)

Das Interesse eines einzelnen Mitglieds der Amish-Gemeinde am Fortbestand seiner Bezugsgruppe und der von ihr verkörperten und nur in ihr zu realisierenden Lebensweise ist demnach zwar ein fundamentales Interesse, aber es reicht nicht aus, um die zum Schutz der Gemeinschaft erforderlichen Rechtspflichten zu begründen. Kein Individuum kann ein Recht auf die Selbstbestimmung, die Mitbestimmung, die Anerkennung und die Selbstbehauptung einer Gemeinschaft haben, denn die Güter, die hier beansprucht werden, sind kollektive Güter, also

„Dinge, die nur Gruppen, nicht Individuen haben können (...) und auf die nur Gruppen ein Recht geltend machen können." (Garet 1983, 1038)[44] Das fundamentale Interesse der Individuen an diesen Gütern kann daher nach Ansicht der Vertreter des Kollektivgüter-Argumentes nur durch entsprechende Kollektivrechte geschützt werden, die mit Verweis auf das kollektive Interesse einer Mehrzahl von Individuen begründet werden.

Die Rechtfertigungsgrundlage von Kollektivrechten ist also auch hier ein Kollektivinteresse, doch damit ist im Zusammenhang des Kollektivgüter-Argumentes nicht wie oben das Interesse eines Kollektivs im Gegensatz zu bzw. unabhängig von den Interessen seiner Mitglieder gemeint, sondern vielmehr ein Interesse, das *erstens* der Zugehörigkeit zu einem Kollektiv entspringt, sich *zweitens* auf den Fortbestand des Kollektivs richtet und *drittens* von den Mitgliedern des Kollektivs geteilt wird. Die so begründeten Kollektivrechte sind also keine *intrinsischen* Kollektivrechte, sondern aus dem Recht der Individuen auf den Schutz ihrer fundamentalen Interessen abgeleitete Kollektivrechte. Das Wohlergehen der Gemeinschaft spielt nur insofern eine Rolle, als es dem Wohlergehen der Individuen dient.

„Ein kollektives Recht liegt vor, wenn die folgenden drei Bedingungen erfüllt sind: Erstens, ein Aspekt des Interesses von Menschen rechtfertigt es, einen oder mehrere andere einer Pflicht zu unterstellen. Zweitens, es handelt sich um Interessen, die Einzelne als Angehörige einer Gruppe an einem Kollektivgut haben, und das Recht ist ein Recht auf das Kollektivgut, insofern es ihren Interessen als Angehörigen dieser Gruppe dient. Drittens, kein Angehöriger dieser Gruppe hat ein Interesse an diesem Kollektivgut, das für sich genommen bereits einen ausreichenden Grund darstellen würde, jemand anderen einer Pflicht zu unterstellen." (Raz 1986, 208)

Während im Rahmen des Kollektivsubjekt-Argumentes die Ergänzung der liberalen Individualrechtskonzeption um Kollektivrechte gefordert wurde, weil es dieser Position zufolge schutzwürdige Interessen gibt, die nicht die Interessen von Individuen sind, wird diese Forderung im Rahmen des Kollektivgüter-Argumentes erhoben, weil es fundamentale schutzwürdige Interessen von Individuen an Gütern gibt, die keine privaten Güter sind und daher nicht individuell, sondern nur „im Kollektiv" beansprucht werden können. Das Recht auf die entsprechenden Güter ist dann das Recht eines Kollektivs, d.h. hier einer Mehrzahl von Individuen, die ein fundamentales Interesse teilen, das im Einzelfall nicht ausreichen würde, um die weitreichenden Pflichten zu begründen, die mit dem Rechtsanspruch verbunden sind. Im nun folgenden Kapitel soll die Überzeugungskraft dieser Argumentationsweise abschließend geprüft und gefragt werden, ob sich mit Hilfe des Kollektivgüter-Argumentes ein Kollektivrecht auf Selbstbestimmung und/oder auf Mitbestimmung und/oder auf Anerkennung und/oder auf Selbstbehauptung legitimieren lässt.

2.3 Fazit: Ein Kollektivrecht auf Kulturschutz?

Das Kollektivgüter-Argument unterscheidet sich vom Kollektivsubjekt-Argument in mancherlei Hinsicht: Es setzt nicht voraus, dass konstitutive Gemeinschaften gleichsam eigenständige Wesen mit einer eigenen Identität, eigenen Zielen und Interessen darstellen, sondern begreift sie als Gruppen von Individuen, die in besonderer Weise, nämlich durch eine gemeinsame Sprache und/oder einen gemeinsamen Glauben und/oder eine gemeinsame Geschichte, kurz: eine gemeinsame Kultur miteinander verbunden und an die Gemeinschaft gebunden sind. Diese Bindung ist in wesentlicher Hinsicht konstitutiv für den Einzelnen, sein Selbst- und Weltverständnis, seine Ziele und Pläne, und insofern hat die Gemeinschaft einen hohen Wert für die ihr angehörigen Individuen. Ein intrinsischer Wert konstitutiver Gemeinschaften wird hier also nicht vorausgesetzt. Die Zugehörigkeit zur Gruppe ist zudem die Quelle von fundamentalen Interessen, die sich an die Gemeinschaft richten und deren Befriedigung den Bestand der Gemeinschaft voraussetzt. Dabei handelt es sich jedoch nicht um „Interessen des Kollektivs", sondern vielmehr um kollektive Interessen von Individuen. Diese Argumentationsweise kommt also ohne jene holistischen Prämissen aus, von denen das Kollektivsubjekt-Argument abhängt und an deren mangelnder Überzeugungskraft es meiner Ansicht nach scheitern muss. Die Voraussetzungen, von denen das Kollektivgüter-Argument ausgeht, fügen sich vielmehr nahtlos in die individualistische Terminologie der liberalen Rechtskonzeption ein. Anders verhält es sich jedoch mit seinen Konsequenzen, nämlich der Behauptung, dass jene Interessen als kollektive Interessen, also indem man sie addiert, rechtsbegründende Kraft erlangen und die Einrichtung entsprechender Kollektivrechte erforderlich machen und legitimieren. Der liberalen Rechtsauffassung zufolge begründen die Interessen von Individuen Rechte von Individuen, und in diesem Zusammenhang dürfen „arguments by numbers" keine Rolle spielen: Entweder ist das Interesse als solches ausreichend, um entsprechende Pflichten zu legitimieren, dann spielt es keine Rolle, von wem und wie vielen es geteilt wird, oder es kann keine Freiheitseinschränkungen rechtfertigen, und in dem Fall kann es selbst dann keine Rechte begründen, wenn eine Mehrheit das Interesse teilt. Im Rahmen des Kollektivgüter-Argumentes wird dagegen behauptet, dass die geforderten Kollektivrechte erst dadurch legitimiert sind, dass einer Vielzahl von Individuen das entsprechende fundamentale Interesse gemeinsam ist, dass also ein gruppenspezifisches kollektives Interesse vorliegt. Das Interesse eines einzelnen Amish am Fortbestand seiner Gemeinschaft kann demnach kein Recht auf Kulturschutz begründen, doch das kollektive Interesse aller Angehörigen der jeweiligen Gemeinschaft reicht dieser Position zufolge aus, um entsprechende Rechtspflichten zu legitimieren. Mit anderen Worten: „Size *does* matter."

Betrachten wir zur Prüfung des Kollektivgüter-Argumentes nun zunächst die erste Behauptung, also die These, dass die Zugehörigkeit zu einer konstitutiven Gemeinschaft ein soziales Grundgut ist. Sie wird mit Verweis darauf begründet, dass die Identität des Individuums in konstitutiver Weise mit der Zugehörigkeit zu einer Kulturgemeinschaft verknüpft ist und dass jene Gruppen den sozialen Kontext bilden, innerhalb dessen das Individuum Selbstachtung erwerben kann. Darüber hinaus wird behauptet, dass diese Gruppen, weil und insofern es sich bei ihnen um konstitutive Gemeinschaften, d.h. um Sprach-, um Glaubens-, um Wertegemeinschaften handelt, den Boden bilden, in dem das Individuum wurzelt, und aus dem es die Nährstoffe, die Bestandteile seines Selbstverständnisses, seines Weltverständnisses und seiner Konzeption des guten Lebens bezieht. Die diesbezüglich vorgebrachten oben dargestellten Argumente, etwa der Hinweis auf die soziale Natur des Individuums, auf den dialogischen Charakter der menschlichen Existenz, auf die große Bedeutung der (gemeinsamen) Sprache etc. sind meiner Ansicht nach überzeugend. Insofern stimme ich der Behauptung zu, dass die mehr oder weniger aktive Zugehörigkeit zu einer Kulturgemeinschaft ein Grundgut ist, auf das kein Individuum verzichten müssen sollte, wenn es das nicht will.

Bleibt zu fragen, ob das zugleich bedeutet, dass nicht nur die Zugehörigkeit zu irgendeiner, sondern die Mitgliedschaft in einer bestimmten und damit der Fortbestand konkreter, nämlich jeder einzelnen Kulturgemeinschaft schutzwürdig ist. Eben das müssen die Vertreter des Kollektivgüter-Argumentes letztlich behaupten. Ihnen geht es darum, den Mitgliedern von Minderheitsgemeinschaften mit den entsprechenden Kollektivrechten eine Waffe in die Hand zu geben, mit deren Hilfe sie sich als Kollektiv und im Kollektiv gegenüber dem externen und internen Assimilationsdruck verteidigen und ihre eigene Kultur bewahren können. Wenn aber die These, dass Kulturzugehörigkeit ein soziales Grundgut ist, nichts weiter besagt, als dass jedes Individuum existenziell auf die Einbettung in *irgendeinen* Kulturkontext angewiesen ist, reicht sie nicht aus, um eine solche Forderung zu stützen. In diesem Fall liefert sie höchstens ein Argument dafür, dass der Boden, in dem die Mitglieder der Minderheitsgemeinschaften bisher wurzelten und der infolge der oben beschriebenen Erosionseffekte sukzessive abgetragen worden ist und nun keinen Halt mehr bietet, durch einen anderen Boden z.B. den der Mehrheitskultur ersetzt werden muss. So ließe sich ausgehend von der „Grundgut-These" ironischerweise ein Recht auf die vollständige Assimilation von Minderheitsgemeinschaften begründen: „Wir kämen unserer Pflicht zur Achtung des Grundgutes der Kulturzugehörigkeit bereits nach, indem wir ihre Assimilation an eine andere Kultur erleichterten." (Kymlicka 1991, 173) Diese Schlussfolgerung würde das Argumentationsziel der Kollektivrechtler jedoch vollständig konterkarieren. Um sie zu vermeiden, muss die Behauptung von der fundamentalen Bedeutung kultureller Zugehörigkeit dahingehend interpretiert werden, dass sich *erstens* die Bedeutung einer Kulturgemeinschaft aus der Tatsache ergibt, „dass es sich um die Gemeinschaft handelt, in die man hineingeboren worden ist oder zu der man immer gehört hat, (mit der Konsequenz, dass es keine externen Standards zur Beurteilung von Gemeinschaften gibt und dass es ausschließlich darauf ankommt, dass es jeweils *die eigene* Gemeinschaft ist)" (Hartney 1995, 206) und dass folglich *zweitens* jede konstitutive Gemeinschaft, weil und insofern es sich bei ihr um eine identitätsstiftende „cultural community" handelt, so schutzwürdig ist wie jede andere. Das Kollektivgüter-Argument liefert mit anderen Worten nur dann einen überzeugenden Grund für die Einrichtung von Kollektivrechten zugunsten konstitutiver Minderheitsgemeinschaften, wenn vorausgesetzt wird, dass die Individuen nicht auf die Verfügbarkeit irgendeines Kulturkontextes, sondern auf den Fortbestand der jeweils eigenen Kulturgemeinschaft angewiesen sind.

Diese Auffassung ist jedoch alles andere als unumstritten, und zu ihren eloquentesten Gegnern gehört Jeremy Waldron, der in seinem viel diskutierten Aufsatz „Minority Cultures and the Cosmopolitan Alternative" (Waldron 1995) jener von ihm so bezeichneten kommunitaristischen Konzeption des Individuums als eines notwendigerweise an seine eigene Kultur- und Herkunftsgemeinschaft gebundenen und auf deren gesicherte Existenz angewiesenen „embedded self" einen moderneren Entwurf der Person gegenüberstellt:

„Wenn ich eine Ahnung hätte, was der Ausdruck meint, würde ich von einem ‚postmodernen' Bild des Selbst sprechen. Aber weil das nicht so ist, nenne ich es schlicht ‚kosmopolitisch'. (...) Der Kosmopolit kann sein ganzes Leben in derselben Stadt verbringen und das gleiche Bürgerrecht behalten. Allerdings weigert er sich, sich durch seine Herkunft, seine Vorfahren, seine Staatsangehörigkeit oder seine Muttersprache definiert zu sehen. Er mag in San Francisco leben und irische Vorfahren haben, doch er fürchtet keine Verfälschung seiner Identität, wenn er Spanisch lernt, Chinesisch isst, aus Korea importierte Kleidung trägt, auf einer japanischen Musikanlage einer Maori Prinzessin lauscht, die Arien von Verdi singt, sich für die Politik in der Ukraine interessiert und buddhistische Meditationstechniken praktiziert. Er ist ein Kind der Moderne, das weiss, dass die Welt, in der es lebt, ein Durcheinander ist und sein Selbst ebenso." (Waldron 1995, 95)

Waldrons Auffassung zufolge ist der kommunitaristische Entwurf des Individuums und die ihm zugrunde liegende Konzeption von Gemeinschaft veraltet. Er ist „mit dem Nationalismus des 19. und 20. Jahrhunderts belastet" (Waldron 1995, 96) und wird den tatsächlichen Gegebenheiten und den real existierenden Bedingungen, unter denen Individuen in modernen pluralistischen Gesellschaften Selbstachtung erwerben, Ziele finden und ihre Freiheit ausüben, schlichtweg nicht gerecht. Der Behauptung, dass die Freiheit des Einzelnen seine Bindung an eine kulturelle Herkunftsgemeinschaft notwendigerweise voraussetzt, stellt er die These entgegen, dass sich die persönliche Freiheit des kosmopolitischen Selbst gerade darin realisieren kann, dass es sich verschiedener Kulturkontexte bedient, dass es ihm gelingt, die pluralistische Vielfalt der Lebensmöglichkeiten, die in seiner Umgebung durch die unterschiedlichen Kulturgemeinschaften repräsentiert sind, zu nutzen, sich ihnen gegenüber tolerant zu zeigen und zu öffnen und eine eigene, nicht autarke, aber autonome Lebenskultur zu entwickeln, die sich aus verschiedenen „kulturellen Materialien" (Waldron 1995, 107) zusammensetzt. Waldrons kosmopolitisches Selbst ist eine so genannte Bastelexistenz.[45] Es ist in seinem Selbstverständnis, in seinem Weltverständnis und in seinen Interessen in keiner Weise durch seine kulturelle Herkunft festgelegt, und die Gemeinschaften, mit denen es sich identifiziert, innerhalb derer es seine Ziele verfolgt und einen Großteil seines Lebens verbringt, sind „globale Gemeinschaften wie die ‚Scientific Community', die Menschenrechtsbewegung, die Welt der Kunst, die Frauenbewegung und das, was vom internationalen Sozialismus noch übrig geblieben ist etc." (Waldron 1995, 102)

Für die Kollektivrechtsdebatte relevant ist sein Entwurf der kosmopolitischen Person freilich nicht aufgrund seiner soziologischen, sondern erst durch seine moralischen Implikationen. Waldron bestreitet keineswegs, dass es Menschen und möglicherweise viele Menschen gibt, deren Leben in entscheidender Hinsicht an eine kleine, überschaubare Gemeinschaft gebunden ist. Er leugnet nicht die Existenz und Bedeutung der Amish People, und er behauptet auch nicht, dass diese Menschen etwas verkehrt machen. Aber er vertritt die Auffassung, dass diejenigen einem Irrtum erliegen, die behaupten, dass die Lebensweise der Amish oder der Ureinwohner Australiens oder Nordamerikas etc. mit Blick auf die notwendigen Bedingungen einer gelingenden menschlichen Existenz irgendetwas Repräsentatives oder gar Präskriptives hat. Es mag einen grundlegenden menschlichen Bedarf an kultureller Zugehörigkeit, einen essentiellen „quest for community"[46] geben, aber dessen Befriedigung setzt nicht notwendigerweise die Einbindung in und den Fortbestand von in sich geschlossenen, homogenen und traditionsreichen Kulturgemeinschaften voraus. Schon aus diesem Grund ist aus dem fundamentalen Interesse an Kulturzugehörigkeit kein Recht auf den Fortbestand einer bestimmten Kulturgemeinschaft abzuleiten.

„Wir brauchen kulturelle Sinnhaftigkeit, aber wir brauchen keinen homogenen kulturellen Rahmen. Wir müssen die Entscheidungen, die wir treffen, in Sinnkontexten verorten, aber wir brauchen keinen singulären Kontext, der allen unseren Entscheidungen Sinn gibt. Grob gesagt: Wir brauchen Kulturen, aber wir brauchen keine kulturelle Integrität. Und weil niemand von uns einen homogenen kulturellen Sinnkontext benötigt, ist auch niemand von uns auf die Verwurzelung in einer überschaubaren Gemeinschaft angewiesen, die, glaubt man Kymlicka und anderen, allein in der Lage sind, diese Integrität und Homogenität zu gewährleisten. Natürlich gibt es Leute, die eine solche Verwurzelung vorziehen und es begrüßen, wenn ihre Präferenz staatlich subventioniert wird. Aber anders als Kymlicka meint, ist eine derartige Verankerung im sinnstiftenden Boden einer bestimmten Gemeinschaft keineswegs eine notwendige Voraussetzung vernünftiger Entscheidungen." (Waldron 1995, 108)

Waldron bestreitet also nicht, dass die Zugehörigkeit zu jenen von ihm so genannten „small-scale communities" für manche Menschen von immenser Bedeutung ist. Er bestreitet vielmehr, dass sie eine *notwendige Voraussetzung menschlichen Wohlergehens* ist. Die bloße Existenz der kosmopolitischen Alternative, die schlichte Tatsache, dass die Menschen in modernen Gesellschaften außerhalb solcher Gemeinschaften nicht nur existieren, sondern gut und sicher leben, ja diese Lebensweise aus nachvollziehbaren Gründen dem Leben in der Gemeinschaft vorziehen können, widerlegt seiner Ansicht nach die Behauptung von der existenziellen Notwendigkeit der Zugehörigkeit zur eigenen kulturellen Herkunftsgemeinschaft, etwa so wie die Erkenntnis, dass man auch vegetarisch leben und überleben kann, die Überzeugung mancher Menschen widerlegt, dass Fleisch ein unverzichtbares Grundnahrungsmittel darstellt. So wie es nach wie vor Menschen geben mag, die eine fleischhaltige Ernährung vorziehen, gibt es Menschen, die auf die Verwurzelung in derartigen Gemeinschaften nicht verzichten *wollen*. Das jedoch ist ein Ergebnis von Entscheidungen, die sie getroffen haben, und nicht von Notwendigkeiten, denen sie unterliegen.

„Natürlich folgt daraus nicht, dass wir das Recht haben, Minderheitenkulturen zu unterdrücken und zu vernichten. Aber wenn das Argument, das auf spezifisch menschlichen *Bedürfnissen* beruhte, zusammenbricht, verliert jeglicher Anspruch der Minderheiten auf besondere Unterstützung und Hilfe oder auf außerordentlichen Schutz oder besondere Nachsicht seine Berechtigung." (Waldron 1995, 100)

Durch den Hinweis auf die existierende Alternative des „cosmopolitan way of life" entzieht Waldron dem gleichwohl fundamentalen Interesse von Individuen am Fortbestand ihrer Kultur die rechtsbegründende Kraft. Das Interesse der Amish am Schutz ihrer Gemeinschaft ist nachvollziehbar und berechtigt, aber es kann nicht schwerer wiegen als das Interesse der „Andersgläubigen" innerhalb und außerhalb der Gruppe an der Freiheit, auf andere Weise und in anderen Formen von Bindung „selig zu werden". Weil und insofern ein Kollektivrecht konstitutiver Gemeinschaften eben diese Freiheit jedoch einschränken würde, ist es nicht zu legitimieren. Die Welt hat sich verändert. Im Zeitalter der Globalisierung bietet sie den Individuen Alternativen zur hermetischen Abgeschiedenheit innerhalb eines homogenen kulturellen Kontextes – und diese Alternativen öffnen neue Freiheitsräume, die zu nutzen jedes Individuum in einer liberalen Gesellschaft dieser Position zufolge das Recht haben muss.

Mit anderen Worten: Es gibt ein fundamentales Interesse von Individuen am Fortbestand bestimmter Kulturgemeinschaften, aber dieses Interesse reicht weder als individuelles noch als kollektives Interesse aus, um entsprechende Rechte zu begründen, denn der Fortbestand dieser Gemeinschaften ist schlicht keine notwendige Bedingung menschlichen Wohlergehens und liefert keinen Grund, irgend jemandes Freiheit zu beschränken. Dass es kein gutes Leben ohne die Erfahrung von und die Begegnung mit Kulturgemeinschaften gibt, bedeutet nicht, dass ein gutes Leben die Einbindung in eine bestimmte, homogene Kulturgemeinschaft erfordert, „es beweist nicht, dass so etwas wie *Zugehörigkeit* zu einer Kultur wichtig ist." (Waldron 1995, 107) Waldron erkennt durchaus die Gefahren, die die politische Umsetzung dieser Position für den Fortbestand von Minderheitsgemeinschaften hat: „Wir wissen, dass eine Welt in der ein entwurzelter Kosmopolitismus gedeiht, nicht eben ein sicherer Ort für Minderheitenkulturen ist. Vielmehr lehrt die Erfahrung, dass sie im grellen Licht des modernen Lebens dahinschwinden und sterben, und dass die Hüter dieser versiegenden Traditionen ihr Leben in Elend und Demoralisierung führen." (Waldron 1995, 99) Und er neigt keineswegs dazu, die Lebensweise der kosmopolitischen Bastelexistenzen zu idealisieren:

„Die Freiheit, sein Erbe auszuschlagen und bloß noch damit zu spielen, es mit Bildern, Filmen, Witzen, Obszönitäten zu vermischen, gleicht der Freiheit, die irgendein Spinner beansprucht: die Freiheit in einer Badewanne über den Atlantik zu segeln oder sich seinen Lebensweg durch eine befremdliche Reihe von Ehen und Scheidungen zu bahnen. Jene, die von einer Gemeinschaft zur anderen hüpfen und ihre Wurzeln verwischend nie in bleibenden Lebensweisen und Traditionen heimisch werden, mögen wie der Badewannen-Segler oder der Ehen-Athlet unsere heimliche Bewunderung hervorrufen. Aber wenn die Dinge für sie schief laufen, wird unsere mitleidige Reaktion lauten: ‚Nun, was hast du erwartet?'" (Waldron 1995, 101)

Aber er sieht auch und tendenziell vor allem die Gefahr, die von denen ausgeht, die den Bestand konstitutiver Gemeinschaften um den Preis der Freiheit Andersdenkender schützen und bewahren wollen. Sein Protagonist der kosmopolitischen Lebensweise ist Salman Rushdie, und dessen Schicksal ist seiner Meinung nach

„eine ernüchternde Mahnung daran, was es tatsächlich heißen kann, darauf zu bestehen, dass Menschen ihren Wurzeln treu bleiben sollen. (...) Der Kommunitarismus, der in einem Buch von Robert Bellah oder Michael Sandel so gemütlich und attraktiv daherkommen mag, kann in der realen Welt blind machen, gefährlich und zerstörerisch sein. Gemeinschaften gibt es da nicht säuberlich abgepackt, und gemeinschaftliche Bindungen sind in der wirklichen Welt ebenso sehr eine Sache von uraltem Hass zwischen Nachbarn wie von seit undenklichen Zeiten überlieferter Kultur." (Waldron 1995, 99)

Waldron erweist sich hier also als klassischer Liberaler: Ihm geht es nahezu ausschließlich um die Verteidigung individueller Freiheit, und weil und insofern diese seiner Ansicht nach nicht notwendigerweise von der Einbindung in eine homogene Kulturgemeinschaft abhängt, aber notwendigerweise bedroht ist, wenn der Fortbestand dieser Gemeinschaften durch entsprechende Kollektivrechte gesichert werden soll, weist er jeden Kollektivrechtsanspruch als illegitim zurück. Die Freiheit der Mitglieder von Minderheitsgemeinschaften, innerhalb jener „small-scale communities" selig zu werden, darf seiner Ansicht nach nicht mithilfe von Maßnahmen verteidigt werden, die letztlich dafür sorgen, dass es keine Freiheit mehr gibt, die man verteidigen könnte.

In dieser Argumentationsweise fungiert der Verweis auf bestehende Alternativen als der entscheidende Einwand gegen die These von der existenziellen Bedeutung des Fortbestands konstitutiver Minderheitsgemeinschaften für das Wohlergehen und die Freiheit der ihnen angehörigen Individuen: Wenn die Mitglieder der Amish-Gemeinde auch ohne die Gemeinschaft gut leben können, ist deren Erhalt nicht länger als notwendige Bedingung ihres Wohlergehens anzusehen und kann daher auch nicht Gegenstand von Rechtsansprüchen sein, die die Freiheit anderer einschränken. Doch der Hinweis auf das gute Leben der kosmopolitischen Bastelexistenzen außerhalb der Amish-Gemeinde beweist nicht, dass diese Bedingung erfüllt ist, dass also *die Mitglieder der jeweiligen Gemeinschaft* ebenso gut wie jene Kosmopoliten leben könnten: Dass es Alternativen *gibt,* heißt noch lange nicht, dass jeder sie *hat.* Waldron verwechselt die bloße Existenz einer Mehrzahl von Optionen – die eine notwendige, aber keine hinreichende Bedingung der Freiheit ist – mit Freiheit. Ein solcher Freiheitsbegriff ist jedoch letztlich völlig substanzlos. Nimmt man ihn beim Wort, wäre meine Entscheidung, dem Straßenräuber, der mir die Pistole auf die Brust setzt und mir die Wahl zwischen „Geld oder Leben" lässt, mein Porte-monnaie auszuhändigen, eine freie Entscheidung. Wenn das alles ist, was die Freiheit verlangt, haben wir meiner Ansicht nach kaum mehr einen Grund, sie zu verteidigen.

Mit anderen Worten: Der Hinweis auf die prinzipielle Möglichkeit eines Lebens außerhalb der Gemeinschaft berührt nicht die Behaup-tung, dass die Amish auf den Bestand der Amish-Gemeinschaft, die Inuit auf die öffentliche Anerkennung ihrer Lebensweise und die kos-mopolitischen Bastelexistenzen auf den Schutz ihrer Freiheit angewie-sen sind, montags chinesisch zu essen, freitags französische Filme an-zusehen und ihre Apartments mit Kunstgegenständen der Inuit zu schmücken, denn die Möglichkeit der Assimilation in die Gesamtge-sellschaft ist für die Mitglieder von Minderheitsgemeinschaften *keine auch nur annähernd gleichwertige Alternative* zum Leben innerhalb der Gemeinschaft. Wer das behauptet, verkennt die Funktion und Be-deutung konstitutiver Gemeinschaften.

„Die Erleichterung von Assimilation ist nicht nur eine bloß weniger gut funk-tionierende Strategie als der Schutz von Kulturzugehörigkeit, vielmehr funktio-niert sie in der Regel überhaupt nicht. Die Kulturzugehörigkeit scheint für die persönliche Entwicklung und Handlungsfähigkeit von Individuen entscheidend zu sein (...): Wenn man jemanden seines kulturellen Erbes beraubt, wird er in seiner Entwicklung beeinträchtigt. (...) Aus diesem Grund handelt es sich bei der Achtung der jeweils eigene Kulturzugehörigkeit von Menschen einerseits und der Erleichterung ihres Wechsels zu einer anderen Kultur andererseits nicht um zwei gleichermaßen gerechtfertigte Optionen. Die Kränkung, mit der Min-derheitengruppen auf den zweiten Vorschlag reagieren, gründet in der Wahr-nehmung eines realen Schadens. (...) Aus diesem Grund sollten wir das Grund-gut der Kulturzugehörigkeit als eines verstehen, das sich *auf die jeweils eigene Kulturgemeinschaft des Individuums* bezieht." (Kymlicka 1991, 176f; Hervor-hebung S.B.)

Es ist also nicht bloß das Interesse an der Verfügbarkeit irgendwelcher kultureller Materialien, sondern vielmehr das Interesse der Individuen an der Zugehörigkeit zu und dem Fortbestand ihrer jeweils eigenen Kulturgemeinschaft, das meiner Ansicht nach als prinzipiell schutz-würdiges fundamentales Interesse aufzufassen ist.

Das zu behaupten, bedeutet jedoch keineswegs zu fordern, dass Menschen ihren Wurzeln unter allen Umständen treu bleiben. Wenn die Zugehörigkeit zur jeweils eigenen Kulturgemeinschaft als soziales Grundgut bezeichnet wird, ist damit zunächst nur gesagt, dass diejenigen, die ihren Wurzeln treu bleiben *wollen,* die entsprechende Möglichkeit haben sollten. Eben diese Chance ist jedenfalls nach Ansicht der Kollektivrechtler in kulturell heterogenen liberalen Gesellschaften jedoch nicht gleich verteilt: Während die diesbezügliche Freiheit der „Kosmopoliten" durch die bestehende Rechtsordnung weitgehend geschützt ist, ist der Fortbestand von Minderheitskulturen nicht zuletzt durch die nicht-neutralen Effekte der ihrem Anspruch nach neutralen liberalen Rechtskonzeption gefährdet. Insofern geht die Freiheit der Anhänger der „pluralistischen, liberalen Mehrheitskultur" auf Kosten der Freiheit von Minderheitsangehörigen und nicht etwa umgekehrt. Entsprechende Kollektivrechte brächten dieser Position zufolge die Waagschale der Freiheit erst in das Gleichgewicht, das die Kollektivrechtsgegner durch diese Rechtsregelungen bedroht sehen. Zudem impliziert ein wie auch immer geartetes Recht auf Kulturzugehörigkeit keineswegs, dass die Gemeinschaft um nahezu jeden Preis vor Einflüssen von außen und vor Veränderung geschützt werden muss. Wie Kymlicka zu Recht bemerkt, sind wir durchaus in der Lage, „zwischen dem Charakter einer Kulturgemeinschaft und ihrer nackten Existenz zu unterscheiden." (Kymlicka 1991, 170) Waldron erliegt daher seiner eigenen beeindruckenden Rhetorik, wenn er die Rechte, die zum Schutz der Existenz von Minderheitsgemeinschaften gefordert werden, als Ansprüche auf Stagnation versteht und mit Verweis darauf zurückweist, dass eine lebendige Kulturgemeinschaft sich gerade dadurch auszeichnet, dass sie entwicklungsfähig ist, und es aus diesem Grund nahezu absurd ist, „eine bestimmte ‚Momentaufnahme' von ihr zu machen, und dann darauf zu bestehen, dass diese einmal im Bild festgehaltene Version der Kultur um jeden Preis überdauern muss." (Waldron 1995, 110) Ein solcher Anspruch auf Konservierung des aktuell Bestehenden ist in den Kollektivrechtsforderungen nämlich keineswegs zwangsläufig enthalten. Den Kollektivrechtlern geht es nicht darum, die *Veränderung* von Minderheitsgemeinschaften zu verhindern, sondern ihre *Vernichtung,* und sie sind der Meinung, dass einzig und allein die Angehörigen der jeweiligen Kultur entscheiden können und entscheiden sollten, wann die Grenze zwischen Veränderungen und Vernichtung, zwischen Transformation und Assimilation überschritten ist.

Damit bin ich beim zweiten Punkt, nämlich der Frage, ob das individuelle Interesse am Fortbestand dieser Gemeinschaften, wie das Kollektivgüter-Argument behauptet, nur durch entsprechende Kollektiv-

rechte geschützt werden kann und in dieser Form geschützt werden
sollte. Die Logik der Argumentation verläuft, soweit es diesen Punkt
betrifft, folgendermaßen: Der (Fort-)Bestand einer konstitutiven Gemeinschaft ist ein kollektives Gut, also ein Gut, das nur im Kollektiv
konsumiert, vom Kollektiv produziert und als ein kollektiv konsumier-
tes und produziertes Gut begehrt werden kann. Das bedeutet dieser Position zufolge *summa summarum,* dass das Interesse eines Einzelnen an
diesem Gut nicht ausreichen kann, um die umfangreichen Pflichten zu
begründen, die zu dessen Bereitstellung erforderlich sind, und dass es
darum kein Individualrecht auf die gesicherte Existenz einer Gemeinschaft geben kann. Zur Begründung eines solchen Rechtes und der Legitimation der mit ihm verbundenen Pflichten ist vielmehr ein kollektives Interesse erforderlich, das folglich nur ein kollektives Recht
begründen kann. Mit anderen Worten: Weil es sich bei dem Rechtsgegenstand in diesem Fall um ein kollektives Gut handelt, kann das Recht
nur ein Kollektivrecht sein.

Zur Prüfung dieser These gilt es zunächst einmal genau nachzufra-
gen, von welchem Rechtsgegenstand hier eigentlich die Rede ist. In der
Kollektivrechtsdebatte wird häufig sehr allgemein von einem „Existenzrecht" der Minderheitsgemeinschaften gesprochen, und wenn man
die holistischen Implikationen dieser Formulierung vermeiden und
nicht behaupten will, dass Kulturgemeinschaften als eigenständige
Kollektivsubjekte ein intrinsisches Recht auf ihren eigenen Fortbestand
haben, kann damit nur ein „Kollektivrecht auf die Existenz einer konstitutiven Gemeinschaft" gemeint sein. In diesem Fall geht es also um
das kollektive Interesse und ein daraus resultierendes kollektives Recht
der Mitglieder von Minderheitsgemeinschaften auf den Fortbestand,
also die gesicherte Existenz ihrer Gruppe.

Nimmt man diese Forderung wörtlich, lässt sie sich meiner Ansicht
nach ohne lange Diskussionen über die Natur kollektiver Güter zurückweisen, denn der Fortbestand bzw. die Existenz einer konstitutiven Gemeinschaft kann den im ersten Teil dieser Arbeit genannten Bedingungen zufolge gar kein Rechtsgegenstand sein. Das liegt jedoch nicht
dran, dass es sich hier um ein kollektives, sondern vielmehr daran, dass
es sich um ein *nichterzwingbares* Gut handelt, auf das es aus eben diesem Grund weder ein individuelles noch ein kollektives Recht geben
kann. Die (Fort-)Existenz z.B. der Amish-Gemeinde lässt sich schlichtweg nicht erzwingen, denn sie ist, wenn auch nicht nur, so doch in

jedem Fall auch davon abhängig, dass Individuen sich gemeinsam und erfolgreich mit bestimmten Traditionen identifizieren und sich entsprechend verhalten. Der Erfolg solcher Identifikationsprozesse steht dem Einzelnen jedoch nicht zur Verfügung und ist schon aus diesem Grund nicht erzwingbar. Auch wenn die Zugehörigkeit zu einer Kulturgemeinschaft in den meisten Fällen nicht das Ergebnis einer autonomen Entscheidung, also ein Ausdruck des diesbezüglichen „freien Willens" von Individuen ist: Überleben kann eine solche Gemeinschaft nur, wenn ihre Mitglieder *wollen,* dass sie überlebt. Es reicht nicht aus, dass sie gleichsam mit der Pistole im Rücken bestimmte Rituale vollziehen oder über sich ergehen lassen. In dem Fall verlöre die Gemeinschaft nämlich eben das, was sie überhaupt erst zu einem sozialen Grundgut und ihren Fortbestand zum Gegenstand eines fundamentalen Interesses, also zu einem potentiellen Rechtsgegenstand macht: Sie wäre nicht länger eine identitätsstiftende Gemeinschaft, ein Kontext, in dem Individuen Selbstachtung erwerben und normative Orientierung finden. So wie ein erzwungenes Geschenk kein Geschenk ist und erzwungene Liebe keine Liebe, ist eine auf Dauer nur durch Zwang bestehende Gemeinschaft keine Gemeinschaft, jedenfalls nicht in dem Sinne, der gemeint ist und gemeint sein muss, wenn die Behauptung, dass Individuen auf den Fortbestand ihrer Kulturgemeinschaft angewiesen sind, auch nur ansatzweise plausibel sein soll.

Der Fortbestand einer konstitutiven Gemeinschaft ist aber auch der zweiten Interpretation der oben eingeführten Erzwingbarkeitsbedingung zufolge kein möglicher Rechtsgegenstand: Kulturgemeinschaften sind ausgesprochen komplexe und zudem dynamische Systeme. Es ist überhaupt nicht erkennbar, welche prinzipiell erfüllbaren Rechtspflichten aus einem „Recht auf den Fortbestand der eigenen Kulturgemeinschaft" resultieren sollten, und insofern kann diese Rechtsforderung als solche auch nicht moralisch beurteilt werden. Dazu ist es vielmehr nötig, sie zu konkretisieren und zu differenzieren.

Eine meiner Ansicht nach sinnvolle Differenzierung des „Kollektivrechts auf Fortbestand einer konstitutiven Gemeinschaft" ist oben in Form der Unterscheidung von vier verschiedenen Kollektivrechtsformaten vorgenommen worden. Diese Unterscheidung orientiert sich letztlich an den unterschiedlichen Gefahren, denen jene Gemeinschaften, insofern sich ihre Mitglieder in der Minderheit befinden, in liberalen Gesellschaften ausgesetzt sind. Demnach wäre der Fortbestand einer Gemeinschaft dann gesichert, wenn diese ein legitimes, einklagbares und erzwingbares Recht auf *erstens* Selbstbestimmung, *zweitens* Mitbestimmung, *drittens* Anerkennung und *viertens* Selbstbehauptung hätte. Wenn man das Existenzrecht von Minderheitsgemeinschaften in dieser Weise präzisiert, ergibt sich jedoch ein mit Blick auf das Kollektivgüter-Argument erstaunliches Ergebnis: Bis auf das anschließend noch genauer zu betrachtende Recht auf Selbstbehauptung setzt keiner dieser Rechtsansprüche voraus, dass der Träger eines entsprechenden Rechtes ein Kollektiv, d.h. hier eine Mehrzahl von Individuen sein muss. Vielmehr lassen sich meiner Ansicht nach alle drei Ansprüche auch durch *gruppenspezifische Individualrechte* schützen, *jedenfalls dann, wenn man – wie hier vorausgesetzt – davon ausgeht, dass die Zugehörigkeit zur eigenen Kulturgemeinschaft ein soziales Grundgut, d.h. eine unverzichtbare Bedingung des Wohlergehens der Angehörigen solcher Gemeinschaften darstellt.* In diesem Fall hätte prinzipiell jedes Individuum als Mitglied einer Kulturgemeinschaft einen Anspruch auf den Schutz seiner Kulturzugehörigkeit bzw. der damit direkt verbundenen fundamentalen Interessen, der sich mit Blick auf die ersten drei der oben unterschiedenen vermeintlichen Kollektivrechtsformate etwa folgendermaßen auswirken könnte:

Jedes Mitglied einer Minderheitsgemeinschaft hätte, weil es jener Gemeinschaft zugehörig und insofern Träger der jeweils gruppenspezifischen fundamentalen Interessen ist, ein Recht darauf, dass der Staat sich aus denjenigen Angelegenheiten heraushält, die in grundlegender Hinsicht seine Kulturzugehörigkeit betreffen – und die Grenzen dieses Rechtes lägen, wie die Grenzen aller anderen Individualrechte auch, dort, wo die entsprechende Freiheit eines anderen Individuums, also dessen „gleiches Recht" tangiert ist. Jedes einzelne Mitglied der Amish-Gemeinde hätte dann gute Chancen, erfolgreich die Freistellung von der allgemeinen Schulpflicht zu beantragen. Das Recht, auf das hier Bezug genommen würde, ist jedoch kein Kollektivrecht, sondern ein Individualrecht, das die Entscheidung über den Schulbesuch etc. dem einzelnen Individuum überlässt. Die Mitglieder der Amish-Gemeinde könnten freilich mit diesem ihrem individuellen Recht machen, was sie wollen, und wenn sie das wollen, können sie es an die Gemeinschaft abtreten, also etwa auf deren religiöse Führer übertragen, so dass diese von ihren Mitgliedern berechtigt und damit legitimiert wären, innerhalb der Gruppe allgemein verbindliche Schulbesuchsregeln aufzustellen. Das Recht wäre nichtsdestotrotz ein Individualrecht, das dem Schutz der Selbstbestimmung (der Mitglieder) konstitutiver Minderheitsgemeinschaften dient. Soweit es die Ansprüche der Individuen gegenüber dem Staat bzw. der Gesamtgesellschaft betrifft, scheint ein Kollektivrecht hier nicht erforderlich.

Auch das Recht auf Mitbestimmung lässt sich unter diesen Voraussetzungen „individualisieren". Wenn die Kulturzugehörigkeit von Individuen als Grundgut anerkannt ist und die Individuen diesbezüglich durch ein entsprechendes Grundrecht geschützt sind, kann prinzipiell jedes Einzelne von ihnen sein Veto gegen jede allgemein verbindliche Regelung einlegen, die seine diesbezüglichen Interessen und Rechte verletzt. Es kann mit anderen Worten die Berücksichtigung seiner individuellen kulturspezifischen Interessen gewissermaßen einklagen, und eben darin besteht letztlich der Zweck eines Kollektivrechts auf Mitbestimmung. Ja, es ist nicht nur möglich, sondern durchaus wahrscheinlich, dass der Schutz des gruppenspezifischen Individualrechts auf Mitbestimmung in der Praxis eben dadurch sichergestellt würde, dass Repräsentanten der einzelnen Minderheitsgemeinschaften als stimmberechtigte Vertreter in die entsprechenden Entscheidungsgremien aufgenommen würden – aber das ist eine Frage des institutionellen Designs solcher Rechtsregelungen, und diesbezüglich sind verschiedene Alternativen denkbar. Entscheidend ist denn auch nur, dass ein gruppenspezifisches Individualrecht auf den Schutz der Kulturzugehörigkeit durchaus das sicherstellen könnte, was nach Ansicht der Vertreter des Kollektivgüter-Argumentes nur mithilfe von Kollektivrechten gewährleistet werden kann.

Das Recht auf Anerkennung schließlich ist völlig problemlos als Individualrecht zu entwerfen. Wenn die „Grundgut-Prämisse" zutrifft, ist vielmehr überhaupt nicht einzusehen, warum erst eine signifikante Anzahl von Individuen mit gleichlautenden Interessen versammelt sein muss, damit ein solches Recht auf Anerkennung gewissermaßen „in Kraft treten" könnte, wobei auch an dieser Stelle darauf hingewiesen sein soll, dass der Gegenstand eines solchen Rechtes wesentlich genauer bestimmt werden müsste, bevor konkrete Rechtspflichten daraus abgeleitet werden können. Klar scheint mir jedoch, dass es sich dabei nicht um ein kollektives, sondern vielmehr um ein privates Gut handeln wird, mit Blick auf dessen rechtliche Beanspruchung das individuelle Interesse, das eine Person als Mitglied einer kulturellen Minderheit hat, völlig ausreichend sein dürfte.

All diese Rechte wären freilich gruppenspezifische Individualrechte, deren moralische Legitimation umstritten ist und im nächsten und letzten Kapitel dieser Arbeit zu diskutieren sein wird. Für den Moment jedoch geht es mir nur darum, gegen das Kollektivgüter-Argument zu zeigen, dass zum Schutz konstitutiver Minderheitsgemeinschaften keine Kollektivrechte erforderlich sind.[47] Wenn die kulturelle Zugehörigkeit von Individuen aufgrund ihrer identitätsstiftenden Bedeutung in den Bereich der rechtlich zu schützenden Grundgüter aufgenommen werden soll, macht das allein also noch keineswegs die Einrichtung von Kollektivrechten erforderlich. Es ist vielmehr möglich, den erforderlichen Schutz durch entsprechende Individualrechte sicherzustellen. Der Nutzen der diesbezüglich beanspruchten Güter lässt sich durchaus individuell zuordnen, auch wenn er sich nicht auf ein einzelnes Individuum beschränkt: „Die Tatsache, dass ein Nutzen mit Blick auf seinen Umfang kollektiv sein kann, zeigt nicht, dass er unbestimmt sein muss, denn es ist durchaus möglich, dass er nichtsdestotrotz allen Mitglieder einer bestimmten Klasse [d.h. jedem Einzelnen von ihnen, S.B.] zugeschrieben werden kann." (Green 1991, 322) Es ist zudem keineswegs so, dass diese Güter nur im Kollektiv genossen werden, die entsprechenden Rechte also nur kollektiv ausgeübt werden können:

„Das Recht auf Versammlungsfreiheit kann nicht von Einzelnen ausgeübt werden, und doch ist es ein Individualrecht. (...) Ein einzelnes Individuen kann daran gehindert werden, sich mit anderen zu versammeln; in diesem Fall wird allein das Recht dieses Individuums verletzt (denn niemand anderer wird beeinträchtigt)." (Hartney 1995, 219)

Tatsächlich müsste man sich im Fall eines Kollektivrechts, also eines erst durch das kollektive Interesse einer Vielzahl von Individuen begründeten und von einem Kollektiv getragenen Rechtes fragen, wann und wodurch ein solches Recht überhaupt verletzt werden und folglich eine entsprechend Sanktionierung erforderlich sein könnte. Ist das erst dann der Fall, wenn das diesbezügliche Interesse eines jeden Individuums missachtet und frustriert worden ist, oder reicht es aus, wenn eines von ihnen daran gehindert wird, sein „kollektives Interesse" zu befriedigen?[48] Daneben bedeutet die Tatsache, dass eine Person aus welchen Gründen auch immer ein Recht nicht alleine ausüben kann, noch lange nicht, dass es nicht ihr individuelles und höchstpersönliches Recht ist. Dass die Rechte von Kindern in aller Regel durch ihre Eltern wahrgenommen werden, weil die Kinder selbst dazu (noch) nicht in der Lage sind, heißt nicht, dass die Rechtsträgerschaft auf die Eltern übergeht. Ebenso wenig bedeutet die Tatsache, dass ein einzelnes Mitglied einer Minderheitsgemeinschaft damit überfordert wäre, die gesamte Infrastruktur bereitzustellen, die zum Erhalt der Kultur notwendig ist, dass es nicht dennoch als Individuum einen individuellen Rechtsanspruch auf die Bereitstellung der dazu notwendigen Ressourcen haben kann.[49] Schließlich und endlich kann auch der Hinweis auf die Reichweite und das besondere Ausmaß der zur Befriedigung eines Interesses an kollektiven Gütern erforderlichen Maßnahmen kein Argument dafür darstellen, dass in einem solchen Fall nur die Summe der individuellen Interessen ausreicht, um diese Pflichten zu begründen. Es muss keineswegs zwangsläufig der Fall sein, dass die Bereitstellung kollektiver Güter tiefer in die Freiheit anderer eingreift als der Schutz von Leben, Freiheit und Eigentum des Einzelnen:

„Die Unvereinbarkeit, die Raz zwischen dem Kollektivcharakter des Gutes und dem Individualcharakter des Rechtsinhabers aufstellt, ist kontingent und hängt lediglich vom Gewicht der Last ab, die die Bereitstellung des Gutes für andere bedeuten würde. Aber dieser Test betrifft alle Güter: Er könnte ebenso gut ein Individualrecht auf ein Individualgut ausschließen, wie er ein Individualrecht auf ein Kollektivgut zulassen könnte." (Hartney 1995, 218)

Es gibt also keinen Grund anzunehmen, dass der Schutz derjenigen fundamentalen Interessen, die aus der Zugehörigkeit von Individuen zu einer Kulturgemeinschaft resultieren, nur durch Kollektivrechte sichergestellt werden kann.

Doch eine Frage ist noch offen, und sie betrifft das „Recht auf Selbstbehauptung". Dieses Recht ist tatsächlich nur als Kollektivrecht denkbar, denn es beinhaltet den Anspruch der Mehrheit innerhalb der Gemeinschaft, eine interne Minderheit legitimerweise dazu zwingen zu können, alle Verhaltensweisen zu unterlassen, die der Mehrheitsmeinung zufolge gemeinschaftsschädigende Effekte haben. Dieses Ziel ist mit einem gruppenspezifischen Individualrecht nicht zu erreichen, denn ein solches Recht könnte das gleiche Recht der „Abweichler", nach ihrer Façon selig zu werden, kaum übertrumpfen. Das jedoch kann auch kein „Kollektivrecht auf Selbstbehauptung", da sich ein solches Recht – jedenfalls im hier vorausgesetzten Rahmen der Interessentheorie – moralisch nicht legitimieren lässt.[50] Denn wenn das Inte-

resse der Mitglieder von Minderheitsgemeinschaften am Schutz ihrer
Lebensweise rechtsbegründende Kraft hat, muss das gleichermaßen für
das Interesse derjenigen Mitglieder innerhalb der Gemeinschaft gelten,
die sich von der Gruppe abwenden wollen oder deren Traditionen
schlicht anders interpretieren als die übrigen Mitglieder der Gruppe.
Wenn ein Mitglied A der Amish-Gemeinde die kollektive Lebensweise
dadurch gefährdet sieht, dass Mitglied B beschließt, die Gruppe zu verlassen oder sich von ihren Traditionen zu lösen, ist daran schlichtweg
nichts zu ändern. A's Recht auf die Anerkennung seiner Interpretation
des „Amish way-of-life" ist durch sein fundamentales Interesse daran,
nach seiner Façon selig werden zu dürfen, begründet. Aber eben dieses
Interesse begründet auch B's Recht auf die Anerkennung seines alternativen Lebensstils. Aus A's „Recht auf Kulturzugehörigkeit" kann daher
nicht B's „Pflicht zur Kulturtreue" folgen.

Wenn die Mitglieder von Minderheitskulturen ein Recht auf den
Schutz ihrer Kulturzugehörigkeit haben, dann muss dies also gleichermaßen für die Mitglieder „interner Minderheiten" gelten: „Wenn die
Zugehörigkeit zu einer Kultur spezielle Rechte begründen kann, so
kann dies auch die Zugehörigkeit zu einer Subkultur." (Green 1994,
106) Auf diese internen Minderheiten trifft nämlich all das zu, was
nach Ansicht der Gruppenrechtler mit Blick auf die Situation der Minderheitsgemeinschaften deren Ausstattung mit entsprechenden kulturspezifischen Rechten erforderlich machen und legitimieren soll: Sie
sind in ihrer Freiheit, nach ihrer Façon selig zu werden, bedroht, auch
wenn in diesem Fall die Bedrohung nicht von der gesamtgesellschaftlichen Mehrheit, sondern vielmehr von der gruppeninternen Mehrheit
ausgeht. Eine Rechtskonzeption, die den rechtlichen Schutz von Minderheitsgemeinschaften sicherstellt, muss daher zugleich und aus denselben Gründen dafür sorgen, dass die entsprechenden Rechte interner
Minderheiten garantiert und geschützt sind:

„Doch ohne Achtung vor internen Minderheiten droht eine liberale Gesellschaft zu einem Mosaik von Tyranneien zu verkommen; farbenfroh vielleicht,
aber kaum frei. Die Aufgabe, Minderheitenrechte zu achten, kommt deshalb
nicht nur der Mehrheit zu, sondern gleichermaßen den Minderheitengemein-
schaften selbst." (Green 1994, 116; Hervorhebung S.B.)

Manche Verteidiger von Kollektivrechten sind freilich der Meinung,
dass das eigentliche Ziel solcher Rechtsregelungen – nämlich der

Schutz von Minderheitsgemeinschaften, die sich von der liberalen Mehrheitskultur *unterscheiden* – konterkariert wird, wenn diese Rechte nur unter der Bedingung beansprucht werden können, dass die entsprechenden Gemeinschaften sich intern, also gegenüber den eigenen Subkulturen an die liberalen Grundwerte, z.B. den Respekt vor der Freiheit Andersdenkender, halten. Der Fortbestand dieser Kulturgemeinschaften ist ja gerade dadurch bedroht, dass die liberale Rechtsordnung ihnen nicht erlaubt, in ihren eigenen Reihen ihre eigenen Wertvorstellungen, z.B. den Vorrang des Gemeinwohls vor der individuellen Selbstverwirklichung, zu realisieren. Demzufolge wäre der effektive Schutz von Minderheitsgemeinschaften in grundlegender Hinsicht auf die Geltung eines entsprechenden Kollektivrechts auf Selbstbehauptung angewiesen.

In manchen, ja vielleicht vielen Fällen trifft das sicherlich auch zu.[51] Diese Beispiele erinnern an das, was oben über die „Tragödie des Liberalismus" bemerkt worden ist, also über die Grenzen der Möglichkeit, mit Mitteln, die die Freiheit des Einzelnen respektieren, eben diese Freiheit zu verteidigen: „Es mag tatsächlich mit Blick auf einige Gruppen der Fall sein, dass die Achtung der Rechte ihrer internen Minderheiten sie unterminieren würde, und wann immer dieser Fall eintritt, haben wir es mit einem echten und tragischen Konflikt zu tun." (Green 1994, 115) Doch diesen tragischen Konflikten können wir im einen wie im anderen Fall nicht entgehen: Man entkommt ihnen ebenso wenig, wenn der Mehrheit in konstitutiven Minderheitsgemeinschaften das Recht eingeräumt wird, die Freiheit der jeweiligen Minderheit im Sinne des vermeintlichen Gemeinwohls zu beschränken – auch in diesem Fall gibt es tragische Schicksale zu beklagen, die ein nicht zu unterschlagender Aspekt der Leidensgeschichte von Minderheiten sind.

„Die Einführung kollektiver Rechte zur Bewahrung der eigenen kultureller Identität mag der Vielfalt von Identitäten insofern förderlich sein, als sie bestimmten Gruppen die Möglichkeit gibt, einer erzwungenen Integration zu entgehen und sich für die eigene Gruppenidentität zu entscheiden. Doch die genauere Betrachtung zeigt, dass die Einführung von Gruppenidentitäten den einzelnen die Möglichkeit nimmt, die gemeinsame Identität zurückzuweisen, die andere – die Eliten ihrer Gemeinschaft oder Außenstehende – für sie definiert haben. Was also auf den ersten Blick wie ein angemessenes Mittel aussieht, die verschiedenen Differenzen, die zwischen den Gemeinschaften bestehen, also den Pluralismus innerhalb der Gesellschaft zu bewahren, könnte sich daher als etwas erweisen, das bedenkliche Nebenwirkungen hat. Es könnte zu einer

Unterdrückung der Differenzen innerhalb von Gemeinschaften führen und schließlich zu einer ethnischen Homogenisierung der Gesellschaft. Was wir erhofften, war Verschiedenheit, doch was wir bekommen, ist Homogenität." (Galenkamp 1995, 177f)

Es ist daher, ganz abgesehen von den moralischen Bedenken gegenüber solchen Rechtsregelungen, fraglich, ob sich mithilfe eines Kollektivrechts auf Selbstbehauptung tatsächlich erreichen ließe, was auf diesem Wege letztlich erreicht werden soll: Der Schutz der kulturellen Zugehörigkeit von Individuen und die Anerkennung der diesbezüglich bestehenden Diversität und Differenz. Zudem bin ich der Meinung, dass sich so grundlegende Fragen wie die des Minderheitenschutzes nicht in „ganz-oder-gar-nicht"-Manier lösen lassen. Vielleicht reichen kulturelle Sonderrechte für die Mitglieder von Minderheitsgemeinschaften ohne die Verstärkung durch ein Kollektivrecht auf Selbstbehauptung nicht aus, um den vollständigen Schutz ihrer Lebensweise zu garantieren. Doch ein bisschen Schutz ist in jedem Fall besser als keiner, und möglicherweise kann dieses bisschen Schutz die Lage der entsprechenden Gemeinschaften und die Situation in kulturell heterogenen Gesellschaften schon ausreichend verändern und entspannen, um auf lange Sicht weitergehende „Kulturschutzprogramme" überflüssig zu machen. Doch dazu müsste in jedem Fall zunächst einmal geprüft werden, ob und unter welchen Bedingungen sich die hier angesprochenen Schutzmaßnahmen zugunsten der Mitglieder von Minderheiten, also entsprechende Sonderrechte, tatsächlich legitimieren lassen. Damit komme ich zum letzten Teil dieser Arbeit: der Frage nach der moralischen Begründung gruppenspezifischer Sonderrechte.

---

1   Vgl. etwa Danley 1991; Waldron 1995; kritisch dazu Kymlicka 1995a, S.101-105.

2   Beschneidungen werden in vielen afrikanischen und einigen asiatischen Staaten praktiziert, aber auch in Immigrantenfamilien in Europa, Kanada und den USA, wobei die Zahl der Beschneidungen in den ausländischen Bevölkerungsgruppen in Europa, Kanada und in den USA nach Informationen der WHO zunehmen soll. In der Antwort der Bundesregierung (Drucksache 13/8281) auf eine Große Anfrage zur „Beschneidung von Mädchen und Frauen – Menschenrechtsverletzungen in Entwicklungsländern und Industrieländern" vom 23.07.1997 (Drucksache 13/6937) heißt es dazu: „Die Beschneidung der weiblichen Genitalien, wie sie in verschiedenen afrikanischen und einigen asiatischen Staaten (wie auch in ausländi-

schen Bevölkerungsgruppen in Europa, Kanada, Australien und in den USA) vorgenommen wird, ist eine schwerwiegende Menschenrechtsverletzung gegenüber Mädchen und Frauen, die nicht mit kulturellen oder religiösen Traditionen gerechtfertigt werden kann. Die Bundesregierung hat daher (...) derartige Praktiken eindeutig verurteilt und sich verpflichtet, Anstrengungen zur Bekämpfung der Beschneidung von Mädchen und Frauen zu unterstützen. (...) Die Praxis der Beschneidung verstößt gegen das Menschenrecht auf körperliche Unversehrtheit, wie es in zahlreichen Menschenrechtsübereinkommen der Vereinten Nationen niedergelegt ist. Beschneidungen von Mädchen und Frauen, die in Deutschland vorgenommen werden, unterliegen dem deutschen Strafrecht und sind als gefährliche, schwere oder ggf. besonders schwere Körperverletzung mit Freiheitsstrafe bedroht. (...) Auch die Berufung der an einer vorsätzlichen Verstümmelung weiblicher Genitalien beteiligten Personen darauf, ihre religiösen Anschauungen bzw. diejenigen ihrer Glaubensgemeinschaft geböten oder rechtfertigten den Eingriff, steht einer Bestrafung in aller Regel bei Beschneidungen nicht entgegen, die die körperliche Unversehrtheit der Frauen bzw. Mädchen erheblich beeinträchtigen, zumindest im Wesentlichen irreversibel sind und die Würde der Opfer verletzen. Das in Artikel 4 Abs. 1 und 2 des GG geschützte Grundrecht der Glaubensfreiheit bzw. der ungestörten Religionsausübung muss in diesen Fällen gegenüber dem gleichfalls im GG, nämlich in Artikel 2 Abs. 2 Satz 1 verbrieften Grundrecht auf körperliche Unversehrtheit grundsätzlich zurücktreten."

3   Grundsätzlich ist das Schächten, d.h. das betäubungslose Schlachten von Warmblütern in Deutschland zwar verboten, doch das Tierschutzgesetz sieht hierfür eine ausdrückliche Ausnahme vor, wenn „zwingende Vorschriften einer Religionsgemeinschaft das Schächten vorschreiben." Von dieser Ausnahmeregelung profitieren in der Bundesrepublik derzeit nur einige jüdische Gemeinden. Für Muslime hingegen gibt es infolge eines Urteils des Bundesverwaltungsgerichts in Berlin vom November 2000 derzeit noch keine Ausnahme vom Schächtverbot. Geklagt hatte dort ein Mitglied der „Islamischen Religionsgemeinschaft Hessen" (IRH), das zum muslimischen Opferfest im März einige Tiere rituell schlachten wollte. Die Klage wurde mit der Begründung abgewiesen, dass die IRH keine „Religionsgemeinschaft im Sinne des Tierschutzgesetzes" sei.

4   Vgl. dazu etwa Taylor 1993, S.56ff; Rockefeller 1993, S.98ff; Dewey 1988, S.224-230.

5   Vgl. etwa McDonald 1991, S.229f.

6   Kymlicka (1995a, S.34-48) trifft mit Blick auf die jeweils durch Gruppenrechte Verpflichteten eine dementsprechende Unterscheidung, nämlich die zwischen „internal restrictions" (Rechte, die die Gruppe gegenüber ihren eigenen Mitgliedern beansprucht) und „external protections" (Rechte der Gruppe gegenüber der sie umgebenden Gesellschaft) und argumentiert in der Folge zugunsten Letzterer und gegen Erstere.

7   Solche Regelungen können ganz unterschiedlich aussehen, das „Recht auf Selbstbestimmung" kann also verschiedene praktische Ausformungen

haben. Vgl. dazu Green 1994, S.105.

8   Aber auch die Einteilung von Wahlbezirken wird in diesem Zusammenhang diskutiert, und es wird vorgeschlagen, deren Grenzen so zu verlegen, dass die entsprechenden Gemeinschaften in manchen dieser Bezirke die Mehrheit der Stimmberechtigten stellen. Vgl. zur Frage der „Gruppenrepräsentation" Boyle 1993, S.797ff; Kymlicka 1995a, Kap. 7; Minow 1991, S.284ff; Pitkin 1967, Kap. 4; Young 1993.

9   Vgl. zu den verschiedenen Formen der Toleranz Walzer 1998a, S.19f.

10 Vgl. Kymlicka 1995a, S.44.

11 Dagegen Fleiner 1995.

12 In diesem Sinne verwendet etwa McDonald den Begriff des „collective interest". (Mc Donald 1991, S.231f) Daneben gibt es in der Debatte eine Vielzahl alternativer Verwendungsweisen. Vgl. zu ihrer Unterscheidung Green 1988, S.206-209; Green 1991, S.320ff; Hartney 1995, S.208ff; Raz 1986, S.208; Réaume 1988, S.1-27; Réaume 1994, S.122f.

13 Ein solches „Mehrheits- oder Durchschnittsinteresse" kann schon deswegen keine Rechte begründen, weil es keinen individuierbaren und eindeutig identifizierbaren Träger hat, zu dessen Wohlergehen die Befriedigung der entsprechenden Interessen beitragen würde und der unter der Frustration dieser Interessen zu leiden hätte. „Die Mehrheit" und „der Durchschnitt" sind statistisch relevante Größen, aber keine normativ relevanten Entitäten, und ihre Interessen sind keine Interessen im eigentlichen Sinne. Man könnte in Abwandlung einer Bemerkung von George Sher behaupten: „Average interests are no more genuine interests than average citizens are citizens." (Vgl. Sher 1977, S.175)

14 Damit sind Güter gemeint, die nicht individuell, sondern nur kollektiv bereitgestellt werden können und deren Nutzen daher nicht individuierbar ist. Das Interesse an einer gerechten Rechtsordnung oder an einer sauberen Umwelt wird häufig in diesem Sinne als Kollektivinteresse bezeichnet: Es kann zwar durchaus allen Individuen, d.h. jedem einzelnen Subjekt zugeschrieben werden, doch von der Bereitstellung der entsprechenden Güter, also von der Befriedigung des Interesses profitiert immer ein „Kollektiv". In dieser Verwendungsweise dient der Begriff des Kollektivinteresses vornehmlich der Kritik an der liberalen Rechtskonzeption, die nach Ansicht ihrer Kritiker infolge der ihr zugrunde liegenden individualistischen Interessentheorie nicht in der Lage ist, die Möglichkeit der Befriedigung von „Kollektivinteressen", d.h. von individuellen Interessen an kollektiven Gütern, zu garantieren, und das obwohl zweifelsfrei davon auszugehen ist, dass das Interesse an diesen Gütern fundamental ist und seine (unfreiwillige) Frustration das Wohlergehen jedes Einzelnen beeinträchtigt. Inwiefern diese Kritik überzeugen kann, wird im folgenden Kapitel im Kontext des „Kollektivgüter-Argumentes" zu diskutieren sein. Vgl. dazu auch Raz 1986, S.201-213.

15 Diese partikularen, gruppenspezifischen Interessen (so etwa Frau Ludins Interesse daran, im Unterricht ein Kopftuch zu tragen) werden im Gegensatz zu jenen universellen Interessen, die allen Individuen als solchen glei-

chermaßen unterstellt werden können, nur von den Mitgliedern des entsprechenden Kollektivs geteilt. Sie sind also nicht universell, aber gleichwohl fundamental, wobei ihre fundamentale Bedeutung für das Individuum dessen Gruppenzugehörigkeit entspringt und nur vor dem Hintergrund dieser Einbindung in eine Gemeinschaft erkennbar ist.

16 Vgl. dazu Galenkamp 1995; Türk 1995; van der Burg 1995.

17 Vgl. dazu Drucker 1964; French 1979, French 1982; Zippelius 1997.

18 Damit ist „ein künstliches, durch bloße Fiktion angenommenes Rechtssubjekt" (Savigny 1840, §85) bezeichnet, das durch ein „tatsächliches" menschliches Subjekt vertreten wird, „wodurch die ihnen [den Korporationen, S.B.] fehlende Handlungsfähigkeit künstlich ersetzt" wird (Savigny 1840, § 96). Vgl. zum Konzept der juristischen Person (‚artificial' oder ‚corporate personality') Zippelius 1997, S.26-30; Raz 1986, S.165ff; Réaume 1994, S.124f; French 1982, S.275ff.

19 Vgl. auch van Dyke 1976/77, S.346. Anders sehen das die Vertreter des Rechtsrealismus im 19. Jahrhundert, wie z.B. Otto von Gierke. Vgl. dazu French 1979, S.209f; Kantorowicz 1957, S.19-22; von Gierke 1887.

20 Vgl. dazu und zum moralischen Status von Korporationen French 1979 und French 1982.

21 Mit der Logik des Kollektivsubjekt-Argumentes hat diese Argumentationsweise freilich nichts zu tun, da der entscheidende Analogieschluss in diesem Fall nicht zwischen konstitutiven Gemeinschaften und Individuen, sondern zwischen konstitutiven Gemeinschaften und Korporationen gezogen wird. Die relevante Vergleichshinsicht ist dann nicht mehr das Vorliegen fundamentaler Interessen und die Behauptung intrinsischer moralischer Werthaftigkeit, sondern vielmehr eine entsprechende interne Organisationsstruktur.

22 Der Ordnung halber soll darauf hingewiesen sein, dass Denise Réaume diese Schwierigkeiten für nicht wesentlich hält bzw. die Auffassung vertritt, dass wir mit denselben „problems of indeterminacy" konfrontiert sind, wenn es um die Rechte und Interessen von Individuen geht, vgl. Réaume 1994, S.125.

23 Gilbert Ryle versteht unter Kategorien eine Art von Sprachmustern (patterns), die bestimmte Rede- und Denkweisen nahe legen. „Kategorienverwechslungen" entstehen dann, wenn solche Redeweisen im falschen Zusammenhang verwendet werden. Den Begriff der Kategorienverwechslung erklärt er anhand von Beispielen, etwa dem Folgenden: „Ein Südseeinsulaner sieht seinem ersten Fußballspiel zu. Man erklärt ihm die Funktion des Torwarts, der Stürmer, Verteidiger, des Schiedsrichters usw. Nach einer Weile sagt er: ‚Aber da ist doch niemand, der den berühmten Mannschaftsgeist beisteuert. Ich sehe, wer angreift, wer verteidigt, wer die Verbindung herstellt usw.; aber wessen Rolle ist es, den Mannschaftsgeist zu liefern?' Wir müssten erklären, dass er nach der falschen Kategorie eines Dinges Ausschau halte. Der Mannschaftsgeist ist nicht noch eine Fußballoperation wie das Toreschießen, das Einwerfen usw. Er ist, ungefähr gesprochen, die Begeisterung, mit der alle besonderen Aufgaben des Fußballspiels ausge-

führt werden, und eine Aufgabe begeistert ausführen heißt nicht, zwei Aufgaben ausführen. Gewiss, Mannschaftsgeist zeigen ist nicht dasselbe wie ein Tor schießen oder einwerfen. Aber es ist auch nicht ein drittes Ding, von dem wir sagen könnten, der Mittelstürmer habe zuerst eingeworfen *und dann* Mannschaftsgeist gezeigt, oder der Verteidiger werde jetzt *entweder* köpfen *oder* Mannschaftsgeist zeigen." (Ryle 1969, S.22) „Wenn zwei Ausdrücke zur selben Kategorie gehören, dann ist es zulässig, durch Konjunktionen verbundene Sätze zu bilden, die diese Ausdrücke enthalten. Ein Käufer kann z.b. sagen, er habe einen rechten und einen linken Handschuh gekauft, aber nicht, er habe einen linken Handschuh, einen rechten Handschuh und ein Paar Handschuhe gekauft. ‚Sie kam heim in einer Flut von Tränen und in einer Sänfte' ist ein bekannter Witz, der auf der Absurdität beruht, zwei Wörter verschiedenen Typs auf diese Weise durch ‚und' zu verbinden. Die Disjunktion ‚Sie kam entweder in einer Flut von Tränen oder in einer Sänfte nach Hause' wäre ebenso lächerlich gewesen." (Ryle 1969, S.35f)

24 Einen anderen Grund nennt Hartney, der seine Ablehnung von Kollektivinteressen mit Verweis auf den von ihm sogenannten „value-individualism" begründet. Vgl. Hartney 1995, S.208.

25 So argumentiert auch Sher 1977, S.175.

26 Etwa Huster 1993, S.124; Hartney 1995; Narveson 1991; Sher 1977.

27 In diesem Sinne argumentiert etwa Narveson 1991 (vgl. insbesondere S.345).

28 „Holismus nenne ich eine Position, die einer Ganzheit unter Vernachlässigung oder Unterordnung des menschlichen Individuums die zentrale Bedeutung beimisst. (...) Im Gegensatz zum Holismus nenne ich Individualismus eine Position, die dem Individuum bei Vernachlässigung oder Unterordnung von Ganzheiten die zentrale Bedeutung einräumt." (Hastedt 1998, S.22) Vgl. zur Unterscheidung von „deskriptivem" und „normativem Holismus" und zu deren Abgrenzung vom „deskriptiven" und „normativen Individualismus" Hastedt 1998, S.23-30. Siehe auch Green 1991, S.319.

29 Vgl. zur Bedeutung von Kulturgemeinschaften, kultureller Zugehörigkeit und „community rights" im klassischen Liberalismus Dewey 1988 (z.B. S.149 und 153ff); Green 1941, S.130ff; Hobhouse 1966 (z.B. S.35, 146ff, 299); Mill 1972 (z.B. S.358ff). Einen kurzen Ein- und Überblick bietet Kymlicka 1991, Kap. 10.

30 Damit soll nicht behauptet sein, dass der Kommunitarismus sich für Kollektivrechte stark machte. Tatsächlich stehen kommunitaristische Autoren der Idee von Rechten häufig eher kritisch gegenüber. Vgl. dazu Johnston 1989, S.22; siehe auch die Beiträge in Honneth 1993. Vgl. zudem zur kommunitaristischen Kritik am Liberalismus Kymlicka 1988 und 1991; Lasch 1986; MacIntyre 1981; McDonald 1991; Mulhall/Swift 1991; Sandel 1984, 1984a, 1990, 1995; Taylor 1979, 1993, 1993a; Walzer 1990. Einen höchst informativen Einblick in die Debatte bietet Honneth 1993; vgl. auch Buchanan 1989; Feinberg 1988; Forst 1993; Gutmann 1985; Tomasi 1991.

31 Vgl. Jaggar 1983, S.42. Kritisch dazu Kymlicka 1991, S.13ff.

32 Vgl. Sandel 1984.

33 Häufig entspringt sie vielmehr einer grundlegenden Skepsis hinsichtlich der Frage, ob sich der „relative" Wert einer Kultur überhaupt bemessen lässt, so etwa Hartney 1995, S.206. Vgl. zur Frage nach der Vergleichbarkeit des Wertes von Kulturen Taylor 1993; Wolf 1993; Rockefeller 1993; van der Burg 1995; Hartney 1995, S.206f.

34 Vgl. z.B. die ausführliche Auseinandersetzung mit Garets Ansatz in: Johnston 1989, S.24-26. Siehe auch Kymlicka 1995, S.25; Hartney 1995, S.218f.

35 Garet zufolge gibt es demnach „three necessary components of human being, each of which constitutes an intrinsic moral good: personhood (the individual good), communality (the group good), and sociality (the social good)." (Garet 1983, S.1003) Jedes von ihnen begründet nun wiederum entsprechende Rechte, denn „Existenz" ist nicht nur die Grundlage von Werten, sondern auch von Rechten: „Existence both carries its own moral value (i.e. the intrinsic good) and insists upon that value in the form of the right." (Garet 1983, S.1002) Die drei Grundkomponenten der menschlichen Existenz („Personhaftigkeit", „Gemeinschaftlichkeit" und „Gesellschaftlichkeit") verkörpern also drei intrinsische Werte, von denen ein jeder entsprechende Rechte begründet, nämlich die Rechte von Personen, die von Gruppen und die der Gesellschaft (des Staates).

36 Insbesondere von kommunitaristischen Autoren wird dabei gern und häufig exemplarisch auf die Familie als die identitätskonstituierende Gemeinschaft schlechthin verwiesen. Dass sie dabei in der Regel die aus einer monogamen Partnerschaft hervorgehende bürgerliche Kleinfamilie mit einem männlichen Haushaltsvorstand vor Augen haben, kritisieren sehr zu Recht insbesondere feministische Autorinnen. Vgl. zur Rolle und Konzeption von Familien im Liberalismus und Kommunitarismus unter besonderer Berücksichtigung der Rolle der Frau etwa Kirp et al. 1986; Kymlicka 1991, S.123f und 1991b; Levin 1987; Moller Okin 1982, 1989, 1989a und 1990; Olsen 1982; Pieper 1996; Raz 1986.

37 Vgl. dazu Taylor 1993, S.21f.

38 Kritisch dazu Kymlicka 1992, S.173.

39 Kymlicka vermutet, dass das der Grund dafür ist, warum liberale Theoretiker wie John Rawls und Ronald Dworkin der Kulturzugehörigkeit keine gesonderte Aufmerksamkeit schenken. Sie gehen von kulturell homogenen Gesellschaften aus, und in diesen Kontexten ist der besondere Schutz kultureller Zugehörigkeit faktisch nicht erforderlich. Vgl. Kymlicka 1991, S.177ff.

40 Ich verwende den Begriff hier nicht im volkswirtschaftlichen Sinne. Demzufolge zeichnen sich private Güter dadurch aus, „dass zusätzlicher Konsum eines Gutes durch ein Individuum bei konstanter Produktionsmenge für die ganze Volkswirtschaft die Menge dieses Gutes, die anderen Individuen zur Verfügung steht, um genau diese zusätzlich konsumierte Menge vermindert." (Sohmen 1976, S.69)

41 Vgl. kritisch dazu Green 1991, S.321ff; siehe auch van der Burg 1995, S.234.
42 Vgl. Green 1991, S.321.
43 Siehe Réaume 1995, S.120.
44 Vgl. etwa Raz 1986, S.207f. Siehe auch Green 1991; Sumner 1987. Dagegen Hartney 1995.
45 Vgl. dazu Eberlein 2000; Hitzler 2000; Hitzler/Honer 1994; Keupp 1988.
46 So der Titel eines in der Gruppenrechtsdebatte viel zitierten Buches von Robert Nisbet. (Nisbet 1953)
47 „[D]ie Integrität der einzelnen Rechtsperson kann, normativ betrachtet, nicht ohne den Schutz jener intersubjektiv geteilten Erfahrungs- und Lebenszusammenhänge garantiert werden, in denen sie sozialisiert worden ist und ihre Identität ausgebildet hat. Die Identität des Einzelnen ist mit kollektiven Identitäten verwoben und kann nur in einem kulturellen Netzwerk stabilisiert werden, das so wenig wie die Muttersprache selbst als ein privater Besitz angeeignet wird. Deshalb bleibt zwar das Individuum im Sinne von Will Kymlicka der Träger von entsprechenden ‚Rechten auf kulturelle Mitgliedschaft'; aber daraus ergeben sich im Zuge der Dialektik von rechtlicher und faktischer Gleichheit weitreichende Statusgarantien, Rechte auf Selbstverwaltung, infrastrukturelle Leistungen, Subventionen usw. (...) Insofern braucht die gleichberechtigte Koexistenz verschiedener ethnischer Gruppen und ihrer kulturellen Lebensformen nicht durch die Sorte von kollektiven Rechten gesichert zu werden, die eine auf individuelle Bezugspersonen zugeschnittene Theorie der Rechte überfordern müßte. Selbst wenn solche Gruppenrechte im demokratischen Rechtsstaat zugelassen werden könnten, wären sie nicht nur unnötig, sondern normativ fragwürdig. Denn der Schutz von identitätsbildenden Lebensformen und Traditionen soll ja letztlich der Anerkennung ihrer Mitglieder dienen; er hat keineswegs den Sinn eines administrativen Artenschutzes." (Habermas 1993, 172f; Hervorhebung S.B.)
48 Siehe dazu Buchanan 1989, Fußnote 11, S.863. Vgl. zur Frage der Verletzung von Kollektivrechten auch Dinstein 1976.
49 Insofern ist Dinsteins Argument zurückzuweisen, dass etwa das Recht auf ein Schulsystem, das die Kultur der Minderheit tradiert und unterstützt, schon deswegen nur ein Kollektivrecht sein kann, weil „kein Individuum in der Lage ist, ein ganzes Schulsystem zu etablieren und zu kontrollieren." (Dinstein 1976, S.115)
50 Zum gleichen Schluss kommt auch Habermas 1993, Réaume 1994.
51 Man denke, um nur ein Beispiel zu nennen, etwa an das den hier gesetzten Vorgaben zufolge nicht begründbare Recht von Indianerstämmen, ihren Angehörigen zu untersagen, Teile des gemeinsamen Landbesitzes an Außenstehende zu verkaufen. Vgl. dazu die beeindruckende Argumentation zugunsten eines diesbezüglichen Kollektivrechts bei Johnston 1989.

V. Die moralische Begründung
von gruppenspezifischen Sonderrechten

> *„Soweit es Unterschiede zwischen Gruppen gibt, die zu Benachteiligungen führen, scheint es ein Gebot der Fairness zu sein, dass wir diese Differenzen anerkennen statt sie zu ignorieren. Statt Rechte stets in universalistischen Begriffen zu formulieren, die gegenüber derlei Differenzen blind sind, gilt es anzuerkennen, dass manchen Gruppen manchmal Sonderrechte zustehen."*
> *(Young 1989, 268)*

Im vorangegangenen Kapitel ist dargestellt und diskutiert worden, inwiefern die Tatsache, dass der Fortbestand bestimmter Kulturgemeinschaften in kulturell heterogenen Gesellschaften gefährdet ist, die Forderung nach Kollektivrechten motiviert und ob sie deren Einrichtung legitimiert. Die Befürworter solcher Rechte kritisieren aus unterschiedlichen Gründen die individualistische Ausrichtung der liberalen Individualrechtskonzeption und vertreten die Ansicht, dass Kulturgemeinschaften, die sich von der Mehrheitskultur unterscheiden, im Kontext einer Gesellschaft, die nur Individuen (und juristische Personen) als Träger von Rechten anerkennt, früher oder später dem Verfall preisgegeben sind. Diese Situation ist nach Ansicht der Kollektivrechtler aus moralischer Perspektive nicht akzeptabel, weil konstitutive Gemeinschaften aufgrund der durch sie und von ihnen verkörperten Werte und/oder ihrer fundamentalen Bedeutung für das Wohlergehen der ihnen angehörigen Individuen in hohem Maße schutzwürdig und schutzberechtigt sind. Daher müsse deren Existenz durch entsprechende Kollektivrechte geschützt und ihr Fortbestand sichergestellt werden. In der Diskussion der wesentlichen zur Unterstützung dieser Forderung vorgebrachten Argumente ist deutlich gemacht worden, dass sich derartige Kollektivrechte innerhalb des hier vorgegebenen Rahmens einer Rechtstheorie, die auf fundamentale Interessen Bezug nimmt, nicht legitimieren lassen: Konstitutive Gemeinschaften sind weder Träger eigener fundamentaler Interessen noch handelt es sich bei ihnen um an und für sich schutzwürdige Entitäten. Rechtlich zu schützen und anzuerkennen ist bestenfalls das individuelle Interesse an und die individuelle Zugehörigkeit zu ihnen. Zu diesem Zweck ist die Gewährung entsprechender Kollektivrechte jedoch entweder nicht erforderlich oder nicht legitim und gegebenenfalls sogar kontraproduktiv. Die zentrale Frage der Kollektivrechtsdebatte, ob aus Gründen der Gerechtigkeit nicht nur Individuen, sondern auch die betreffenden Gruppen als solche Rechte haben sollten, ist also negativ zu beantworten.

Zugleich ist den Kollektivrechtlern jedoch dahingehend zuzustimmen, dass die drohende Assimilation und Erosion dieser Gruppen ein moralisch relevantes Problem darstellt, allerdings erst weil und nur wenn sie die Möglichkeit der ihnen angehörigen Individuen, nach ihrer Façon selig zu werden, beeinträchtigt und die Angehörigen solcher Gemeinschaften diesbezüglich gegenüber den anderen Mitgliedern der Gesellschaft benachteiligt. Es ist nun eben dieses Phänomen, also die absolute Beeinträchtigung und relative Benachteiligung von Individuen *aufgrund* ihrer Zugehörigkeit zu den genannten durch Nationalität, Ethnie, Kultur, Sprache, Rasse und Geschlecht bestimmten Gruppen, die die im Folgenden zu betrachtende und zu diskutierende Forderung nach *gruppenspezifischen Sonderrechten zugunsten von Minderheitsmitgliedern* veranlasst. Sie richtet die Aufmerksamkeit weniger auf die interne Struktur und identitätsstiftende Funktion der betreffenden Kollektive, sondern nimmt vorrangig die soziale Situation ihrer Mitglieder in den Blick. Der Ausgangspunkt der Argumentation zugunsten solcher Sonderrechte ist daher nicht wie im Fall der Kollektivrechte die besondere *Schutzwürdigkeit der Gruppen* selbst, sondern die spezielle *Schutzbedürftigkeit der ihnen angehörigen Individuen,* die aus dem Minderheitenstatus der betreffenden ethnischen, religiösen, kulturellen etc. Gruppen resultiert. Als Angehörige dieser Gruppen befinden sich die Individuen aus unterschiedlichen Gründen mit Blick auf ihre Möglichkeit, die eigenen gruppenspezifischen Interessen gegebenenfalls auch gegen die konkurrierenden Absichten anderer durchzusetzen und ihre Vorstellung vom guten Leben so erfolgreich wie möglich zu verwirklichen, gegenüber den übrigen Mitgliedern der Gesellschaft in einer benachteiligten Situation. In der Kennzeichnung jener Gruppen als kultureller oder sozialer *Minderheiten* kommt dieser Tatbestand zum Ausdruck. Um die relative Benachteiligung von Minderheitsmitgliedern zu beseitigen und das gruppenspezifische soziale Gefälle auszugleichen, müssen nach Ansicht der Befürworter von „minority rights" die Angehörigen jener Minderheitsgruppen mit besonderen Gruppenrechten ausgestattet werden. Damit sind in diesem Zusammenhang jedoch nicht wie oben die *„Rechte von Gruppen"*, sondern vielmehr *„Rechte aufgrund von Gruppenzugehörigkeiten"* gemeint.

Während das oben diskutierte moralische Kernproblem der Kollektivrechtsdebatte sich um die Frage drehte, ob es möglich ist und legitim sein kann, die Schutzansprüche von Kollektiven denen von Individuen gleich-, ja gegebenenfalls sogar vorzuordnen, ob also neben Individuen auch Gruppen als solche Rechte haben können und sollten, konzentriert sich die Diskussion um Sonderrechte im Wesentlichen auf die Frage, ob die Zugehörigkeit zu einer religiösen, ethnischen, kulturellen, sprachlichen etc. Minderheitsgruppe einen legitimen und ausreichenden Grund für die rechtliche Ungleichbehandlung der betroffenen Individuen liefert. Mit anderen Worten: Sollten manche Individuen, weil sie den genannten Gruppen angehören, ein Recht auf bestimmte Freiheiten und Güter haben, das andere Individuen nicht haben? Sollte Frau Ludin, *weil sie Muslima ist,* im Gegensatz zu ihren nicht-muslimischen Kollegen von der Neutralitätspflicht befreit werden? Sollte Frau Glißmann, *weil sie eine Frau ist,* gegenüber ihrem männlichen Konkurrenten ein Vorrecht auf Beförderung haben?

Befragt man diesbezüglich die Vertreter der liberalen Rechtskonzeption fällt die Antwort eindeutig negativ aus. Ihrer Ansicht nach lässt sich die rechtliche Bevorzugung oder Benachteiligung von Individuen *aufgrund* ihrer Rasse, ihres Geschlechtes, ihres Glaubens, ihrer ethnischen Herkunft etc. in keinem Fall mit den Prinzipien der Gerechtigkeit in Einklang bringen. Die Gründe für diese strikte Zurückweisung wurzeln letztlich im *egalitären* und *universalistischen* Fundament dieser Rechtsauffassung, dem zufolge sich eine rechtliche Sonderbehandlung von Individuen, *die auf deren Zugehörigkeit zu den genannten Gruppen begründend Bezug nimmt,* nicht legitimieren lässt, weil sie in grundlegender Weise gegen das Gleichbehandlungsgebot und das ihm zugrunde liegende Gleichheitsprinzip verstößt. Dieses Prinzip besagt, dass die Menschen trotz aller zwischen ihnen bestehenden „natürlichen" Unterschiede in grundlegender Hinsicht gleich sind, und es verlangt, sie „als

Gleiche" zu behandeln.[1] Das Gleichheitsprinzip verbindet also eine *faktische Gleichheitsbehauptung* mit einer *praktischen Gleichbehandlungsmaxime*.[2] Die Behandlung der Individuen „als Gleicher" ist wohlgemerkt von ihrer schematischen Gleichbehandlung zu unterscheiden. Die egalitäre Ausrichtung der liberalen Rechtsauffassung impliziert kein grundsätzliches Verbot rechtlicher Differenzierungen, ja

„das gesamte Recht (...) besteht aus Differenzierungen; allein schon dadurch dass alle Rechtsnormen Tatbestandsmerkmale enthalten, die auf einige Personen zutreffen, auf andere dagegen nicht, wird differenziert. Wir kritisieren Gesetze eben nicht, weil sie überhaupt differenzieren, sondern weil sie die falschen Differenzierungen vornehmen." (Huster 1999, 10)

Das Gebot der Behandlung aller Individuen „als Gleicher" ist denn auch nicht als rechtliches Differenzierungsverbot, sondern vielmehr als *Diskriminierungsverbot* zu interpretieren. Als solches richtet es sich gegen falsche Differenzierungen, d.h. gegen die ungleiche rechtliche Behandlung von Individuen in Hinsichten, in denen sie als gleich zu gelten haben. Der liberalen Maxime des „Gleichen Rechts für alle" liegt dabei die folgende faktische Gleichheitsbehauptung zugrunde: Die Mitglieder der Rechtsgemeinschaft sind insofern gleich, als sie alle und das heißt jedes Einzelne von ihnen ein gleiches und ihnen gemeinsames Interesse an einem guten Leben haben. „Unser wesentliches Interesse besteht darin, ein gutes Leben zu führen und über jene Dinge zu verfügen, die zu einem guten Leben gehören." (Kymlicka 1991, 10) Auch wenn nun die Individuen erfahrungsgemäß unterschiedliche konkrete Vorstellungen davon haben, was unter einem guten Leben zu verstehen ist und welche Dinge diesbezüglich unverzichtbar sind, lassen sich nach liberaler Überzeugung aus dem gleichen Interesse aller an einem guten Leben gleichwohl bestimmte unmittelbar damit verbundene fundamentale Interessen ableiten, die von allen Menschen geteilt werden, auch wenn sich deren Vorstellungen vom guten Leben im Detail unterscheiden. Manche dieser Interessen resultieren schlicht aus der Tatsache, dass die Individuen allesamt der Spezies homo sapiens angehören und als Mitglieder dieser Gattung die gleichen Grundbedürfnisse haben. Andere ergeben sich aus der Natur dessen, was ganz allgemein, also noch vor jeder individuellen Konkretisierung, unter einem guten Leben verstanden wird.

Diesbezüglich gehen liberale Autoren davon aus, dass das gute Leben erstens das Leben ist, *das das Individuum selbst für gut hält*. Worin ein gutes Leben besteht, lässt sich demnach nicht aus der Außenperspektive diktieren und mit dem Anspruch universeller und objektiver also vom Subjekt unabhängiger Gültigkeit ein für allemal erkennen und bestimmen. Zum guten Leben gehört vielmehr wesentlich hinzu, dass es „von innen" erlebt, entdeckt und erfahren wird, dass also die diesbezügliche Definitionsmacht in den Händen des Individuums liegt: „Mein Leben verläuft nur dann besser, wenn ich es von innen heraus lebe, nämlich nach Maßgabe *meiner* Wertüberzeugungen." (Kymlicka 1991, 12; Hervorhebung S.B.) Insofern das gute Leben ein in diesem Sinne selbstbestimmtes Leben ist, beinhaltet das Interesse an einem guten Leben das Interesse an persönlicher Autonomie, d.h. an der Fähigkeit und Möglichkeit, seine Ziele selbst zu setzen und sein Leben weitgehend selbstbestimmt zu gestalten (und das umschließt prinzipiell die Möglichkeit, sich *freiwillig* den diesbezüglichen Vorgaben anderer zu unterwerfen).[3] Die Menschen mit Blick auf das ihnen gemeinsame Interesse an einem guten Leben gleich zu behandeln, erfordert dann, sie gleichermaßen als selbstbestimmte Wesen anzuerkennen und ihre Entscheidungen als Ausdruck des freien Willens autonomer Subjekte zu respektieren.

Für das gute Leben gilt dieser Position zufolge zweitens, *dass die diesbezüglichen Vorstellungen der Individuen erfahrungsgemäß revisionsanfällig sind*. Das gute Leben entspricht nicht notwendigerweise der Vorstellung, die der Einzelne zu einem bestimmten Zeitpunkt seines Lebens davon hat: „Es mag durchaus sein, dass wir zu der Einsicht gelangen, dass wir unser Leben vergeudet haben, dass wir triviale oder seichte Ziele und Vorhaben verfolgt haben, die wir irrtümlich für sehr bedeutend hielten." (Kymlicka 1991, 10) Aus diesem Grund ist das Interesse an einem guten Leben immer auch mit dem Interesse an der Freiheit verbunden, die eigenen Ziele gegebenenfalls zu revidieren, die eigenen Anschauungen zu hinterfragen, die eigenen Interessen zu ändern und neue Wege einzuschlagen. Eine Bedingung dieser „Freiheit zum Umdenken" ist die tatsächliche oder im Denken repräsentierte Begegnung mit alternativen Lebensweisen und Weltanschauungen und die Fähigkeit zur Distanznahme vom eigenen je aktuellen Standpunkt. Die Menschen mit Blick auf das ihnen gemeinsame Interesse an einem guten Leben gleich zu behandeln, bedeutet dann, ihnen die gleiche Möglichkeit zu geben, Kenntnisse alternativer Denk- und Lebensweisen, also besseres Wissen zu erwerben, und ihnen die gleiche Freiheit einzuräumen, den neu gewonnenen Erkenntnissen und Präferenzen zu folgen.

„Die Befriedigung unseres grundlegenden Interesses an einem guten Leben untersteht also zwei Vorbedingungen. Eine davon betrifft die Notwendigkeit, unser Leben von innen heraus zu leben, in Einklang mit unseren Überzeugungen über das, was ein Leben wertvoll macht. Die andere ist unsere Freiheit, diese Überzeugungen in Frage zu stellen, sie im Lichte all der Kenntnisse und beispielhaften Erfahrungen, die unsere Kultur zur Verfügung stellt, zu prüfen. Aus diesem Grund müssen die Einzelnen über die Ressourcen und Freiheiten verfügen, die es braucht, um ihr Leben in Einklang mit ihren Wertüberzeugungen zu leben, ohne für unorthodoxe religiöse oder sexuelle Praktiken ins Gefängnis geworfen oder in anderer Weise bestraft zu werden. So erklärt sich die traditionelle liberale Betonung von Bürgerrechten und persönlichen Rechten. Daneben müssen die Einzelnen Bedingungen vorfinden, die es ihnen ermöglichen, ein Bewusstsein für unterschiedliche Konzeptionen des guten Lebens zu entwickeln und die Fähigkeit zu erwerben, diese Auffassungen immer wieder klug zu überprüfen. So erklärt sich die traditionelle liberale Betonung von Erziehung, Meinungsfreiheit, Pressefreiheit, künstlerischer Freiheit etc. (...) Es ist dieses Verständnis unserer wesentlichen Interessen, das die Grundlage liberaler politischer Theorie bildet." (Kymlicka 1991, 13)

Aus dem allen Individuen gemeinsamen Interesse „ein möglichst gutes Leben zu führen, ein Leben, das all die guten Dinge enthält, die ein gutes Leben enthalten sollte" (Dworkin 1983, 26) lassen sich demnach bestimmte, mit diesem Interesse zwangsläufig verbundene Grundbedürfnisse ableiten. Mit Blick auf diese Bedürfnisse werden alle Individuen trotz ihrer unterschiedlichen Hautfarbe, ihres unterschiedlichen Geschlechtes, ihrer verschiedenen Glaubenszugehörigkeiten, ihrer gegensätzlichen Weltanschauungen und politischen Überzeugungen als gleich betrachtet, und zwar weil und insofern sie Menschen sind, die ein grundlegendes Interesse am „guten Leben" haben. Diese Grundbedürfnisse sind aber nichts anderes als der Gegenstand jener fundamentalen Interessen, die in einer liberalen Gesellschaft durch die entsprechenden Individualrechte geschützt sind. Weil nun die Individuen nach liberaler Überzeugung hinsichtlich dieser Interessen gleich sind, müssen sie auch die gleichen Grundrechte haben. Mit anderen Worten: Weil die unterschiedlichen „natürlichen" Gruppenzugehörigkeiten von Individuen, soweit es deren grundlegende Interessen an Autonomie, an

Selbstbestimmung, an öffentlicher Anerkennung und Respekt, an Entscheidungs- und „Denkfreiheit" betrifft, bedeutungslos sind, dürfen sie auch bei der Verteilung von Rechten, die dem Schutz dieser Inte-essen dienen, keine Rolle spielen.[4] Die liberale Maxime des „Gleichen Rechts für alle" verbindet also die faktische Gleichheitsbehauptung – dass die Individuen als Menschen, die gut leben wollen, gleich sind und die gleichen fundamentalen Interessen haben – mit dem normativen Gleichbehandlungsgebot, demzufolge die Individuen als Gleiche zu behandeln und ihre Interessen daher gleich zu berücksichtigen sind. Nun lässt sich dieses Gleichbehandlungsgebot jedoch nicht schon aus der faktischen Gleichheitsbehauptung ableiten, und zwar auch dann nicht, wenn diese nachweislich richtig und unumstritten wäre. Selbst wenn niemand die Aussage bezweifeln würde, dass die Individuen die-selben fundamentalen Interessen haben (und wie gleich zu sehen sein wird, melden die Sonderrechtsbefürworter diesbezüglich zum Teil er-hebliche Zweifel an), ist damit noch nicht gezeigt, dass die Interessen der Individuen gleichermaßen berücksichtigt werden und sie folglich dieselben Rechte haben sollten. Die Logik der Argumentation verläuft vielmehr umgekehrt: Erst und nur wenn die Behauptung überzeugt, dass Gerechtigkeit in der Behandlung der Individuen „als Gleicher" und der formalen Gleichberücksichtigung ihrer Interessen besteht, folgt aus dem Nachweis ihrer faktischen Gleichheit als Träger be-stimmter fundamentaler Interessen die Konsequenz ihrer rechtlichen Gleichstellung.

Die in diesem Zusammenhang normativ entscheidende Frage ist da-her die nach der Begründung des formalen Gleichbehandlungs- bzw. Gleichberücksichtigungsprinzips, und die Antwort auf diese Frage liefert die oben bereits skizzierte vertragstheoretische Konzeption von Recht und Gerechtigkeit, die in unterschiedlichen Varianten der libera-len Rechtsauffassung zugrunde liegt. Ihr zufolge sind, stark vereinfacht dargestellt, die Prinzipien des Rechts und der Gerechtigkeit das Ergeb-nis eines fiktiven Vertrages, der zwischen den Individuen, die sich im gegenseitigen Eigeninteresse zu einer Gesellschaft vereinigen, unter „fairen Bedingungen" geschlossen wird. Dieser Vertrag beinhaltet diejenigen allgemein verbindlichen Regeln, die das gemeinsame Leben der Individuen in der Gesellschaft zum Vorteil jedes Einzelnen struktu-rieren und regulieren sollen. Die Geltung des Vertrages und die Ver-bindlichkeit der in ihm vereinbarten Regeln ist dabei davon abhängig, dass alle betroffenen Individuen zustimmen: Nur wenn alle „unterschreiben", ist der Vertrag für alle bindend, und nur wenn er für alle bindend ist, können die vertraglich vereinbarten Regeln ihre verhaltensregulierende Funktion zum Vorteil aller Mitglieder der Gesellschaft erfüllen. Entscheidend ist nun, dass die Zustimmung aller Beteiligten zum Vertrag nur dann zu erwarten ist, wenn die vertraglich vereinbarten Regeln keine Bevölkerungsgruppe *von vornherein,* d.h. kein Individuum aufgrund von natürlichen Eigenschaften, für die es nichts kann und an denen es nichts ändern kann, bevorzugen oder benachteiligen. Andernfalls hätten die jeweils Benachteiligten einen rationalen Grund, dem Vertrag nicht zuzustimmen. Nur wenn die Interessen aller Individuen „ohne Ansehen der Person" prinzipiell gleich berücksichtigt werden, ist der Vertrag zustimmungsfähig, können demnach die in ihm vereinbarten Prinzipien als gerecht angesehen werden.[5] Die Grundstruktur einer gerechten, d.h. auf der antizipierbaren rationalen Zustimmung aller Beteiligten beruhenden Gesellschaft zeichnet sich, mit anderen Worten, durch „Gleichheit und Unparteilichkeit"[6] aus. Sie wird so gestaltet sein müssen, dass kein Individuum *aufgrund* von „natürlichen" Eigenschaften im gesellschaftlichen Zusammenleben prinzipiell bessere oder schlechtere „Wohlergehens-Chancen" hat als jedes andere.

Für die Frage der rechtlichen Berücksichtigung der Glaubens- und Geschlechtszugehörigkeit, der ethnischen Herkunft, „Rasse" und Nationalität der Individuen hat diese Konzeption von Gerechtigkeit offensichtliche Konsequenzen, denn die Zugehörigkeit zu den genannten Gruppen ist eine solche natürliche, eine unverschuldete und unverfügbare Eigenschaft: Ob man als Türke oder Kurde, als Christin oder Muslima, als Frau oder Mann, als Schwarzer oder Weißer geboren wird, ist ein Ergebnis der Lotterie der Natur, ein reiner Zufall, der noch dazu nicht „korrigiert" werden kann. Die Menschen mit Blick auf diese natürlichen Eigenschaften rechtlich unterschiedlich zu behandeln, hieße daher, sie nicht „als Gleiche" zu behandeln, ihre Anliegen, ihre Interessen und Bedürfnisse nicht gleichermaßen ernst zu nehmen. Eine Gesellschaftsordnung, die solche Ungleichbehandlungen nicht nur zuließe, sondern rechtlich verankern würde, könnte aus offensichtlichen Gründen nicht mit der rationalen Zustimmung aller Beteiligten rechnen und wäre daher im Sinne der vertragstheoretischen Gerechtigkeitskonzeption in hohem Maße ungerecht. Aus eben diesem Grund darf nach liberaler Überzeugung ein gerechter Staat bei der Zuteilung von Rechten, d.h. bei der Verteilung von Gütern, Freiheiten und Chancen, auf diese Merkmale nicht Bezug nehmen. Die Gerechtigkeit muss gegenüber den natürlichen, zufälligen Unterschieden zwischen den Menschen blind, der gerechte Staat diesbezüglich unparteilich und neutral sein. Das gilt nicht nur, aber insbesondere für die Religions- und Geschlechtszugehörigkeit, die ethnische Herkunft, die „Rasse" und Hautfarbe etc. der Individuen:

„Dass gerade diese und nicht andere, für die Begründung von Ungleichbehandlungen ebenfalls offensichtlich irrelevante Eigenschaften (wie z.B. die Augenfarbe o.ä.) in [die Rechtsordnungen liberaler Staaten] aufgenommen worden sind, erklärt sich aus der historischen Erfahrung: Politisch relevant sind und waren die Diskriminierungen, die [hier] ausgeschlossen sind. Nur oder vor allem für sie gibt es nationalistische, chauvinistische, rassistische und andere Ideologien, die auf Vorurteilen und Ressentiments beruhen und derartige Diskriminierungen stützen." (Huster 1993, 313f)

Die liberale Zurückweisung der geforderten gruppenspezifischen Sonderrechte wird also mit Verweis auf ein Gleichheitsprinzip begründet, demzufolge die Menschen als Gleiche zu achten und zu behandeln sind und die zufälligen natürlichen Unterschiede, die zwischen ihnen bestehen, bei der Verteilung von Chancen, Freiheiten und Gütern keine Rolle spielen dürfen. Rechtliche Ungleichbehandlungen, die auf das Geschlecht, die Rasse, die Religionszugehörigkeit etc. von Personen Bezug nehmen, sind untersagt, und das hängt einerseits mit der oben angedeuteten historischen Unrechtserfahrung, andererseits mit der Tatsache zusammen, dass diese natürlichen Eigenschaften von Individuen nach liberaler Überzeugung keinerlei Rückschluss auf deren spezifische Bedürfnis- und Interessenlage erlauben. Die für die rechtliche Behandlung von Individuen relevanten Eigenschaften sind nicht solche natürlichen Merkmale, sondern (gegebenenfalls je nach Situation variierende) Bedürfnisse und Interessen. Rechtliche Ungleichbehandlungen müssen also, um gerechtfertigt werden zu können, auf *diesbezügliche* Ungleichheiten Bezug nehmen. Der Verweis auf unterschiedliche Gruppenzugehörigkeiten ist hier weder ausreichend noch legitim.

„Zu den Grundrechten könnten zum Beispiel das Recht auf freie Religionsausübung, Wohlfahrtsrechte, politische Partizipationsrechte oder vielleicht sogar Rechte auf Bündel von ‚Grundgütern' gehören. (...) Es herrscht zweifellos Uneinigkeit darüber, welche von diesen Rechten, wenn es denn überhaupt

Grundrechte gibt, tatsächlich dazugehören, aber alle sind sich einig, *dass Grundrechte, wenn es sie denn gibt, allen Menschen in gleicher Weise zukommen.* Aus diesen Grundrechten könnte man zwar spezifische Rechte ‚ableiten‘: ein Recht auf freie Religionsausübung könnte bedeuten, dass ein Buddhist das Recht hat, den Buddhismus zu praktizieren; ein Wohlfahrtsrecht könnte in bestimmten institutionellen Kontexten beinhalten, dass eine Alleinerziehende Einkommensunterstützung erhält, oder ein Blinder Anspruch auf einen Blindenhund hat, oder dass jemand, dessen Einkommen unter eine bestimmte Grenze fällt, Wohnbeihilfe erhält. Es wäre aber irreführend, zu behaupten, dass unterschiedliche Gruppen deshalb unterschiedliche Grundrechte haben: dass Buddhisten Buddhisten-Rechte haben, dass die Blinden Blinden-Rechte haben oder dass die Alleinerziehenden Alleinerziehenden-Rechte haben. Sie verfügen über die gleichen Grundrechte, *die in unterschiedlichen spezifischen Ausprägungen unter unterschiedlichen institutionellen Arrangements gewährt werden.* Liberale Gleichheit bedeutet, dass alle Individuen die gleichen Grundrechte haben sollten und es unzulässig ist, einigen Gruppen Rechte zuzusprechen, die den anderen verwehrt bleiben. Einige können zwar Anspruch auf aus den Grundrechten abgeleitete ‚derivative‘ Rechte erheben, die den anderen nicht zukommen – die Sehenden können nicht die Unterstützung beanspruchen, die für die Blinden bestimmt ist –, aber alle teilen die gleichen Grundrechte." (Kukathas 1992, 675; Hervorhebung S.B.)

Dieses Gleichheitsprinzip und die aus ihm abgeleiteten Diskriminierungsverbote sind nun keineswegs ein mehr oder weniger kontingenter und diskutabler Bestandteil moderner Vorstellungen von Recht und Gerechtigkeit, sondern lassen sich ohne Übertreibung als deren Kernstück bezeichnen. Von ihrer Geltung hängt nach liberaler Überzeugung die Legitimität des Staates und der von ihm verkörperten Rechtsordnung ab. Wenn die Befürworter von Sonderrechten zugunsten von Frauen, von religiösen, ethnischen, sprachlichen, kulturellen etc. Minderheiten der liberalen Maxime des „Gleichen Rechts für alle" nun die Behauptung entgegensetzen, dass Gerechtigkeit sich nicht in der formalen Gleichberücksichtigung der individuellen Interessen und Bedürfnisse erschöpft, sondern vielmehr die Verwirklichung effektiver Chancengleichheit erfordert, dass sie aus diesem Grund nicht die Ausblendung, sondern vielmehr die Berücksichtigung der diesbezüglich zwischen den Individuen bestehenden Unterschiede verlangt, nicht die Ignoranz gegenüber der Differenz, sondern deren ausdrückliche Anerkennung, kurz: wenn sie aus Gründen der (so verstandenen) Gerechtigkeit fordern, dass muslimische Lehrerinnen anders behandelt werden sollen als christliche, Frauen anders als Männer, „Farbige" anders als „Weiße", zielt ihre Kritik ins Herz der liberalen Rechtskonzeption.

Veranlasst ist sie, wie oben dargestellt, durch die Beobachtung, dass sich die liberale Maxime des „Gleichen Rechts für alle" in einer von kultureller Differenz und sozialer Ungleichheit geprägten Situation mit Blick auf die Verwirklichung sozialer Gerechtigkeit kontraproduktiv auswirkt. Sie führt gerade nicht zu gleichen Chancen für jeden Einzelnen, sondern tendiert im Endeffekt vielmehr dazu, das gruppenspezifische soziale Gefälle zu stabilisieren. Mit Blick auf ihre Möglichkeit, innerhalb der rechtlich gesetzten Grenzen ihr Leben weitgehend ungehindert und „frei von Furcht und Not" nach ihren eigenen Vorstellungen zu gestalten, sind die Angehörigen der betreffenden Minderheiten, auch wenn und obwohl sie dieselben Grundrechte haben wie alle übrigen Mitglieder der Gesellschaft, effektiv benachteiligt. Diese Situation hat unterschiedliche Ursachen, die – und das ist entscheidend – nach Ansicht der Sonderrechtler nicht in die persönliche Verantwortung der betroffenen Individuen fallen. Neben der Diskriminierung in der Vergangenheit und einer daraus resultierenden mangelnden Ausstattung der Minderheitsmitglieder mit bestimmten Ressourcen wird auch die kulturell voreingenommene und nach wie vor durch die ehemalige Diskriminierungspraxis geprägte Grundstruktur der gesellschaftlichen Chancen- und Güter-Verteilungsverfahren als Ursache des gruppenspezifischen Gefälles angesehen. Je nach Einschätzung der Problemursachen werden seitens der Sonderrechtsbefürworter unterschiedliche Maßnahmen als Lösungen nahe gelegt.

Soweit es die Einrichtung von Kollektivrechten zugunsten konstitutiver Minderheitsgemeinschaften betraf, sind oben vier verschiedene Kollektivrechsformate – das Recht auf Selbstbestimmung, auf Mitbestimmung, auf Anerkennung, auf Selbstbehauptung – differenziert worden, die auf die unterschiedlichen Gefahren reagieren, die den Fortbestand jener Gemeinschaften in kulturell heterogenen, pluralistischen Gesellschaften bedrohen. Eine ähnliche Unterscheidung lässt sich auch mit Blick auf die nun zu betrachtenden gruppenspezifischen Sonderrechte treffen. Auch hier werden verschiedene Maßnahmen diskutiert, die auf die unterschiedlichen Ursachen der relativen Benachteiligung von Minderheitsmitgliedern reagieren, und sich in drei Typen von Sonderrechten einteilen lassen: Das Recht auf *Gleichstellung,* das Recht auf *Bevorzugung* und das Recht auf *Kulturzugehörigkeit.* All diesen Rechten ist gemeinsam, dass sie im Gegensatz zur liberalen Rechtsauffassung die normative Bedeutung der zwischen den Individuen bestehenden gruppenspezifischen Ungleichheiten betonen, insofern sie deren ungleiche Behandlung beinhalten.

1. Als *Recht auf Gleichstellung* bezeichne ich den Anspruch der Mitglieder von Minderheitsgruppen auf die Zuteilung bestimmter öffentlicher Güter zum Ausgleich (der Folgen) diesbezüglicher Benachteiligung, unter der sie in der „vorliberalen" Vergangenheit zu leiden hatten. Dieses Recht soll dazu dienen, einen Schaden auszugleichen, der den betroffenen Individuen durch rassistische, sexistische, chauvinistische etc. Diskriminierung entstanden ist. Es versorgt die Mitglieder von Minderheitsgemeinschaften nachträglich mit denjenigen materiellen und immateriellen Gütern, die ihnen lange Zeit zu Unrecht vorenthalten worden sind und unter deren Mangel sie bis heute zu leiden haben. Das Recht auf Gleichstellung kann daher je nach Situation der Gruppe Rechtsansprüche auf verschiedene Entschädigungsleistungen beinhalten, die allesamt dem Zweck dienen, eine Situation herzustellen, wie sie bestünde, wenn keine Diskriminierungen stattgefunden hätten. Weil und insofern davon auszugehen ist, dass sich unter diesen Bedingungen kein vergleichbares gruppenspezifisches Gefälle ergeben hätte, zielt das Recht darauf ab, die individuellen Mitglieder der benachteiligten Gruppen denen der relativ bevorzugten Mehrheit in einer bestimmten Hinsicht, nämlich der, in der sie benachteiligt worden sind, effektiv gleichzustellen.

2. Als *Recht auf Bevorzugung* bezeichne ich das zeitlich befristete Recht der Mitglieder von Minderheitsgemeinschaften auf die positive Berücksichtigung ihrer Gruppenzugehörigkeit in denjenigen Situationen, in denen sie mit anderen Gesellschaftsmitgliedern um bestimmte öffentliche Güter konkurrieren und aufgrund ihrer Minderheitszugehörigkeit eine statistisch geringere Erfolgschance haben. Dieses Recht verlangt, die betroffenen Individuen bevorzugt zu behandeln, um ihre effektiven „Wohlergehens-Chancen" denen der nicht-benachteiligten Gesellschaftsmitglieder langfristig anzugleichen. Es unterscheidet sich vom Recht auf Gleichstellung dahingehend, dass es nicht der Entschädigung eines erlittenen Unrechts dient, sondern dem Ausgleich eines bestehenden Wettbewerbsnachteils. Es erlaubt daher auch die Bevorzugung von Minderheitsmitgliedern in Bereichen, in

denen die Gruppe in der Vergangenheit nicht nachweisbar benachteiligt worden ist. Das Recht auf Bevorzugung zielt nicht auf die Kompensation gruppenspezifischer Schäden. Es richtet den Blick nicht in die Vergangenheit, sondern vornehmlich in die Zukunft. Es beabsichtigt die Bereinigung der gesellschaftlichen Institutionen und Verteilungsverfahren von den Folgen der gruppenspezifischen Benachteiligung, weil und insofern diese eine notwendige Bedingung der Ermöglichung substantieller Chancengleichheit darstellt.

3. Auch das *Recht auf Kulturzugehörigkeit* verlangt die Berücksichtigung der Gruppenzugehörigkeit von Individuen, bezieht sich jedoch ausschließlich auf deren Kulturzugehörigkeit und beinhaltet nicht die zeitlich befristete Berücksichtigung, sondern die dauerhafte Anerkennung der diesbezüglich bestehenden Unterschiede zwischen den Individuen. Es dient dem Schutz von Interessen, die aus der Zugehörigkeit zu einer Minderheitskultur entspringen und als solche nicht „universell", aber gleichwohl fundamental sind. Es zielt also nicht auf die Bereinigung der liberalen Rechtsordnung von (den „Restbeständen") gruppenspezifischer Parteilichkeit, sondern vielmehr auf die Erweiterung des Rechtekatalogs um Regelungen, die die Kulturzugehörigkeit von Individuen explizit und dauerhaft berücksichtigen und schützen. Die diesbezüglich geforderten Maßnahmen entsprechen in etwa denjenigen, die oben im Zusammenhang des Kollektivgüter-Argumentes bereits angesprochen worden sind. Es geht im Wesentlichen um *Selbstbestimmung,* z.B. um die Freistellung von allgemein verbindlichen Rechtspflichten, die die eigene Kulturzugehörigkeit tangieren, und um *Mitbestimmung,* z.B. um die dauerhafte Einführung entsprechender Minderheitsquoten mit Blick auf die Besetzung der (politischen) Entscheidungsgremien.

In der Unterscheidung dieser Rechtstypen deuten sich die drei wesentlichen Argumente in der Debatte um Sonderrechte bereits an: Das Kompensations-Argument behauptet, dass die Einrichtung von gruppenspezifischen Sonderrechten für Minderheitsmitglieder als eine Form der Entschädigung für vergangenes Unrecht gerechtfertigt werden kann. Seine Proponenten berufen sich in ihrer Argumentation vorzugsweise auf die Prinzipien ausgleichender Gerechtigkeit. Die Vertreter des Chancengleichheits-Arguments hingegen argumentieren stärker zukunftsorientiert. Ihrer Position zufolge sind gruppenspezifische Sonderrechte ein notwendiges und legitimes Mittel zum Zweck der Angleichung der sozialen Situation der unterschiedlichen gesellschaftlichen Gruppen. Erst wenn die Bedingungen des „sozialen Wettbewerbs" durch die befristete Einführung von Sonderrechten egalisiert worden sind, ist eine Ausgangslage gegeben, in der sich schließlich Rechtsgleichheit als substantielle Chancengleichheit auswirken kann. Das Differenz-Argument zielt dagegen in eine grundsätzlich andere Richtung. Es versteht die (dauerhafte) Einrichtung von Minderheitenrechten nicht als Mittel zum Zweck der Beseitigung sozialer Ungleichheit, sondern vielmehr als ein notwendiges Instrument zum Schutz der differenten kulturellen Identitäten von Individuen. Da diese unterschiedlichen Identitäten unterschiedliche gruppenspezifische Interessen von Individuen zur Folge haben, sind gruppenspezifische Minderheitenrechte unerlässlich, will man den fundamentalen Interessen von Individuen innerhalb eines liberalen Rechtsstaates den gleichen Schutz zukommen lassen. Im Folgenden sollen die drei Argumente im einzelnen dargestellt, mit den jeweiligen Einwänden konfrontiert und schließlich bewertet werden.

1. Das Kompensations-Argument

> *„Wenn je Schwarzen oder Frauen zu Unrecht etwas vorenthalten wurde, dann verlangt es die Gerechtigkeit selbstverständlich, dass man sie entschädigt."*
> *(Thomson 1993b, 45)*

Die Befürworter von gruppenspezifischen Sonderrechten richten ihre Aufmerksamkeit auf die soziale Situation der Mitglieder jener durch Nationalität, Ethnie, Kultur, Sprache, Rasse und Geschlecht bestimmten Gruppen und behaupten, dass diese mit Blick auf ihre Verfügung über soziale Ressourcen und/oder ihre gesellschaftlichen Einflussmöglichkeiten im Vergleich zu den übrigen Mitgliedern der Gesellschaft relativ schlecht dastehen. Angesichts der Tatsache, dass die liberalen Rechtsstaaten alle ihre Bürger ohne Ansehung der Hautfarbe, der Rasse, des Geschlechts, der Glaubenszugehörigkeit etc. mit denselben Grundrechten ausstatten und der Gesetzgeber verpflichtet ist, sowohl im Bereich der Rechtsetzung als auch in der Rechtsanwendung ihre Interessen gleichermaßen zu berücksichtigen, ist diese Behauptung bzw. die ihr zugrunde liegende Beobachtung gewissermaßen überraschend. Wohlgemerkt: Erstaunlich ist nicht die Tatsache an sich, dass es in liberalen Gesellschaften, die die Freiheit des Einzelnen schützen und zudem ausnahmslos kapitalistisch bzw. marktwirtschaftlich orientiert sind, ein soziales Gefälle gibt. Das ist vielmehr unter diesen Bedingungen gar nicht anders zu erwarten. Schließlich sind die Individuen ausdrücklich berechtigt, ja aufgefordert, ihre Rechte, ihre Freiheiten und Ressourcen im Sinne ihrer eigenen Ziele zu nutzen und einzusetzen, und diesbezüglich sind manche naturgemäß erfolgreicher als andere. Sie machen gewissermaßen „mehr aus sich" und ihren Chancen und können ihre Ressourcen effektiver verwerten. Solange die so entstehenden sozialen Ungleichheiten die Ebene der gleichen Rechte und Freiheiten aller nicht berühren, solange also der aktuelle Erfolg der einen die potentiellen Erfolgschancen der anderen nicht beeinträchtigt, muss das bestehende Gefälle nach weitgehend übereinstimmender liberaler Überzeugung niemanden weiter beunruhigen.[7] Das sieht jedoch anders aus, wenn sich herausstellt, dass das soziale Gefälle parallel zu den natürlichen Unterschieden zwischen den Individuen verläuft, dass bestimmte „natürliche" Gruppen – z.B. Frauen und „Schwarze" – einen statistisch signifikant geringeren Anteil am gesellschaftlichen Wohlstand haben, ihre Angehörigen mit anderen Worten in den güter- und einflussreicheren Schichten der Gesellschaft unterrepräsentiert sind. In diesem Fall muss nämlich der Verdacht bestehen, dass die Strukturen der Gesellschaft die entsprechenden Gruppen benachteiligen, dass also die relative Erfolgosigkeit der betreffenden Individuen nicht ein Ergebnis ihres persönlichen Freiheitsgebrauchs und privaten Ressourcenmanagements ist, sondern vielmehr in einem mehr oder weniger direkten Zusammenhang zu ihrer Hautfarbe, ihrem Geschlecht etc. steht:

„Wenn Unterschiede in den von jeder Gesellschaft honorierten Befähigungen, aus welchen Gründen auch immer sichtlich mit anderen Eigenschaften wie Rasse, Religion oder sozialer Herkunft korreliert sind, dann erweckt ein System liberaler Chancengleichheit den Eindruck, Ungerechtigkeiten gegenüber bestimmten Rassen, Religionsgemeinschaften oder Klassen zu fördern." (Nagel 1993, 63)

Es ist denn auch nicht schon die Ungleichheit in der Ressourcenausstattung als solche, sondern erst die Korrelation zwischen dem Besitz allgemein begehrter sozialer Güter und den natürlichen Eigenschaften von Individuen, die vor dem Hintergrund der Geltung einer prinzipiell egalitären Rechtsordnung nicht hinnehmbar und gelinde gesagt überraschend ist. Diejenigen, die auf der Grundlage des nun zu betrachtenden Kompensationsargumentes für die Einrichtung von Sonderrechten plädieren, vertreten denn auch die Ansicht, dass das trotz formaler Rechtsgleichheit bestehende gruppenspezifische soziale Gefälle insofern gerechtigkeitsrelevant ist, als es nicht eine Folge des unterschiedlichen Freiheitsgebrauchs von Individuen, sondern eine unmittelbare Konsequenz der Tatsache ist, dass die Zugehörigkeit zu jenen Gruppen über Jahrhunderte hinweg einen Grund dafür darstellte, den betreffenden Individuen Freiheiten und Güter vorzuenthalten, auf die sie, wäre es mit „gerechten Dingen" zugegangen, einen Anspruch gehabt hätten. Die Angehörigen der Minderheitsgruppen sind demnach in nicht zu rechtfertigender Weise geschädigt worden, und darum reicht es dieser Position zufolge nicht aus, die ehemals ungerechten Verfahren durch eine gerechte, alle Individuen und ihre Interessen gleichermaßen berücksichtigende Rechtsordnung zu ersetzen. Vielmehr ist es aus Gründen „ausgleichender Gerechtigkeit" erforderlich, die Mitglieder der ehemals benachteiligten Gruppen für das erlittene Unrecht zu entschädigen.

Die Einrichtung von Sonderrechten wird als diesbezüglich geeignete Entschädigungsmaßnahme befürwortet. Denn derartige Rechte erlauben es, den Mitgliedern der geschädigten Gruppen eben jene allgemein begehrten Güter zuzuteilen, mit Blick auf die sie in der Vergangenheit unterversorgt worden sind. Das Kompensations-Argument besteht demnach im Wesentlichen aus vier Behauptungen:

1. Die Zugehörigkeit zu den genannten Gruppen stellte lange Zeit einen Grund dafür dar, bestimmte Individuen zu benachteiligen.
2. Die Mitglieder dieser Gruppen haben durch diese ungerechte Benachteiligung einen Schaden erlitten.
3. Dieser Schaden muss aus Gründen der Gerechtigkeit angemessen entschädigt werden.
4. Die Zuteilung bestimmter allgemein begehrter Güter an die diesen Gruppen angehörigen Individuen ist eine angemessene Form der Entschädigung.

Die Überzeugungskraft des Kompensations-Argumentes hängt also im Wesentlichen davon ab, dass sich zeigen lässt, dass die Zugehörigkeit zu einer Minderheit für die ihr angehörigen Individuen eine Schädigung impliziert, für die der Staat bzw. die Gesellschaft kompensationspflichtig ist. Doch betrachten wir die vier Behauptungen der Reihe nach.

Das Argument geht von zwei empirischen Thesen aus, von denen mindestens die erste wohl unstrittig ist. Die rechtliche Diskriminierung bestimmter Bevölkerungsgruppen – Frauen, Angehörige des jüdischen Glaubens, Sinti und Roma, „Farbige", Homosexuelle etc. – ist nicht nur soweit es die Bundesrepublik Deutschland betrifft ein historisches Faktum, auf das auch die liberale Rechtsbegründung wie oben bereits erwähnt ausdrücklich Bezug nimmt. Es ist nicht zuletzt die Tatsache, dass Individuen in der „vorliberalen" Vergangenheit moderner Rechtsstaaten aufgrund dieser Merkmale diskriminiert worden sind, die dem rechtlichen Gleichbehandlungsgebot die zentrale Bedeutung verleiht, die ihm heute zukommt (und die im übrigen die Forderung nach gruppenspezifischen Sonderrechten erst einem entsprechenden Unrechts- und Ideologieverdacht aussetzt).

Die zweite These des Kompensations-Argumentes mag auf den ersten Blick gleichermaßen einleuchtend erscheinen: Dass die systematische Diskriminierung von Menschen aufgrund ihrer Hautfarbe, ihres Geschlechtes, ihrer sexuellen Neigungen etc. kein bloßes Kavaliersdelikt darstellt, sondern den betroffenen Individuen einen schweren und weitreichenden Schaden zufügt, haben die entsprechenden historischen Erfahrungen und die diesbezüglichen Zeugnisse der Opfer in nachhaltig beeindruckender Weise deutlich gemacht. Die Problematik der zweiten These des Kompensations-Argumentes besteht denn auch nicht so sehr in der Behauptung, dass ein Individuum, das aufgrund seiner Gruppenzugehörigkeit benachteiligt wird, einen Schaden erleidet, sondern in der zu vagen Bezugnahme dieser Schädigungsbehauptung auf „die Mitglieder dieser Gruppen".

Die Logik des Argumentes legt *erstens* nahe, dass damit alle, also jedes einzelne Mitglied der entsprechenden Minderheiten gemeint ist. Gruppenspezifische Sonderrechte verteilen, versteht man sie als Kompensationsmaßnahmen, die entsprechende Entschädigungsleistung „gruppenspezifisch", d.h. an jedes Mitglied der Gruppe allein aufgrund seiner Gruppenzugehörigkeit. Weil jedes Mitglied der Gruppe in den

Genuss der durch das Sonderrecht gewährten Güter kommt, muss vorausgesetzt sein, dass jedes Mitglied der Gruppe geschädigt wurde, denn nur unter dieser Voraussetzung lassen sich die durch das Recht gewährten Güter als Kompensationsleistungen für einen erlittenen Schaden verstehen. Im Rahmen des Kompensations-Argumentes scheint *zweitens* der Begriff des Schadens im Sinne einer persönlichen, mehr oder weniger schwerwiegenden, ja möglicherweise intendierten Schädigung gemeint zu sein, denn nur vor diesem Hintergrund wären derartig weitreichende Entschädigungsleistungen einsichtig. Die ersten beiden Thesen des Kompensations-Argumentes sind demnach vorerst dahingehend zu interpretieren, dass jedes Mitglied der betreffenden Gruppe aufgrund der bloßen Tatsache seiner Gruppenzugehörigkeit einen persönlichen, mehr oder weniger schwerwiegenden Schaden erleidet (der durch ein entsprechendes Sonderrecht angemessen kompensiert werden könnte), dass mit anderen Worten, die Mitgliedschaft der Gruppe mit Blick auf die Schädigungserfahrung homogen ist. Dabei handelt es sich um eine empirische Behauptung, die als solche nicht mit den Mitteln der Argumentations-Logik bestätigt oder widerlegt werden kann, sondern der Überprüfung am Einzelfall bedarf. Die Philosophie ist als Disziplin für derartige Einzelfallüberprüfungen nicht im eigentlichen Sinne zuständig und zudem methodisch überfordert. Die philosophische Debatte um die Legitimität von gruppenspezifischen Sonderrechten als Entschädigungsleistungen muss sich daher darauf beschränken, die Bedingungen zu verdeutlichen, unter denen das Kompensations-Argument Gültigkeit hat. Zu diesen Bedingungen gehört *prima facie* eine entsprechenden Homogenitätsbehauptung mit Blick auf die Schädigung der Gruppenmitglieder.

Nun sind Behauptungen dieser Form mit Blick auf so komplexe und dynamische Phänomene wie soziale Gruppen nur schwer zu belegen und zudem mit Blick auf die konkreten Minderheitsgruppen, deren mögliche Rechtsansprüche im Zentrum der Gruppenrechtsdebatte stehen, auch unter Empirikern höchst umstritten. Viele an der Debatte beteiligte Autoren sind daher der Meinung, dass sich die Einrichtung von Sonderrechten mithilfe des Kompensations-Argumentes nicht rechtfertigen lässt. Dabei machen sie insbesondere drei Einwände geltend: Die Mitgliedschaft der betroffenen Gruppen ist nicht statisch, sondern von der allgemeinen Bevölkerungsentwicklung betroffen. Einige versterben, andere kommen hinzu. Nun bezieht sich jedoch der

Entschädigungsgedanke auf ein Unrecht, das in der Vergangenheit verübt worden ist, wohingegen die Entschädigungsmaßnahmen erst in der
Gegenwart oder Zukunft wirksam werden. Aus diesem Grund ist davon
auszugehen, dass das Sonderrecht als Kompensationsmaßnahme sowohl „under-inclusive" als auch „over-inclusive" ist: Es wird manchen
nicht mehr zugute kommen, die anspruchsberechtigt sind, und einige
erfassen, die keinen entsprechenden Anspruch geltend machen können.
Gleiches gilt, und das ist der zweite Einwand der Kompensations-Geg-
ner, auch auf Seiten derjenigen, die die Entschädigungsleistungen erbringen müssen. Auch sie gehören nicht notwendigerweise zu den Ver-
ursachern des Schadens, die wiederum ihrerseits von den durch die entsprechenden Sonderrechte begründeten Pflichten nicht mehr betroffen
sind. Der dritte Einwand, der dieser Position zufolge gegen das Kompensations-Argument spricht, reagiert schließlich auf einen Gegenein-
wand der Befürworter von derartigen Entschädigungsmaßnahmen. Sie
halten an der Behauptung fest, dass alle (derzeit lebenden) Mitglieder
der entsprechenden Minderheitsgruppen, also jedes einzelne von ihnen,
insofern einen Schaden erlitten hat, als die Zugehörigkeit zu einer
Gruppe, deren Mitglieder in der Vergangenheit diskriminiert worden
sind, auch in der Gegenwart noch eine Beeinträchtigung – etwa hinsichtlich der Ausbildung von Selbstachtung – bedeutet. Wenn man jedoch den Begriff der Schädigung so ausweitet, dass sich die Homogenitätsbehauptung hinsichtlich der Schadenserfahrung mit Blick auf alle
aktuell von den Sonderrechten betroffenen Gruppenmitgliedern auf-
recht erhalten lässt, ist nach Ansicht der Gegner des Kompensations-
Argumentes nicht mehr erkennbar, inwiefern der behauptete Schaden
kompensationspflichtig sein sollte bzw. ob die Einrichtung von *gruppenspezifischen* Sonderrechten eine gerechtfertigte und geeignete
Form der Entschädigung darstellt. Mit anderen Worten: Die Gültigkeit
des Kompensations-Argumentes im Zusammenhang der Rechtferti-
gung von Minderheitenrechten und die Überzeugungskraft seiner beiden letzten Thesen hängt von der Interpretation der Schädigungsbehauptung in der zweiten These ab und damit von der Frage, inwiefern
und in welchem Sinne die jeweils betroffene Gruppe, soweit es die
Schädigung ihrer einzelnen Mitglieder betrifft, wirklich homogen ist.
Diese Frage lässt sich nicht ohne Bezug auf eine konkrete Gruppe un-
tersuchen, geschweige denn beantworten. Weil das Kompensations-Ar-
guments insbesondere im Rahmen der Forderung nach Sonderrechten

(Quoten) für Frauen eine Rolle spielt, soll im Folgenden die Gruppe der Frauen als Beispiel dienen, um die Logik des Kompensations-Argumentes und die Stoßrichtung der diesbezüglich vorgebrachten Gegenargumente zu veranschaulichen.

Soweit es die Gruppe der Frauen betrifft, ist die erste These des Argumentes unstrittig. Es kann kein Zweifel daran bestehen, dass die Zugehörigkeit zum weiblichen Geschlecht lange Zeit einen Grund dafür darstellte (und in vielen Regionen der Welt noch bis heute einen Grund dafür darstellt), Individuen zu benachteiligen. Doch auch und gerade in diesem Fall stellt sich mit Blick auf die zweite These des Argumentes die Frage, ob tatsächlich alle derzeit lebenden Frauen durch diese Benachteiligung einen Schaden erlitten haben. Die Vertreter des Kompensations-Argumentes beantworten diese Frage positiv. Ihre Behauptung, dass die Schädigung von Frauen die vorliberalen Zeiten überdauert hat und bis heute anhält und dass insofern auch die heute lebenden Frauen als entschädigungsberechtigt zu betrachten sind, nimmt häufig die folgende Form an:

„Ohne Zweifel ist die Lage von (...) Frauen besser als vor einhundertfünfzig, fünfzig oder auch nur fünfundzwanzig Jahren. Aber es wäre eine absurde Feststellung, junge (...) Frauen, die sich heute um Stellen bewerben, hätten nicht auch am eigenen Leibe Unrecht erfahren. Zwar scheint offenkundiges oder gar grobes Unrecht heute weitgehend verschwunden. Aber (...) erst in den letzten 10 Jahren ist es bei uns allgemeiner Konsens, dass (...) Frauen nicht nur die gleichen Rechte wie (...) Männer haben und sie als vollwertige Mitglieder unseres Gemeinwesens zu achten sind. Selbst junge (...) Frauen haben es durchaus noch erlebt, dass sie wegen (...) ihres Geschlechts benachteiligt wurden: Man hat ihnen nicht nur die gleiche Chance vorenthalten, Nutzen aus der Wohlstandsmehrung unserer Gesellschaft zu ziehen (...), bis vor kurzem haben sie nicht einmal das Gefühl gehabt, ein Recht darauf zu haben." (Thomson 1993b, 45)

Diese Analyse der bestehenden Verhältnisse – sei sie nun zutreffend oder nicht – enthält eine entsprechende Homogenitätsbehauptung, allerdings hinsichtlich eines eher weiten Begriffs der Schädigung. Behauptet wird, dass alle Frauen im Verlauf ihres Lebens aufgrund ihrer Geschlechtszugehörigkeit benachteiligt worden sind, womit jedoch nicht gemeint sein soll, dass sie „grobes Unrecht" erfahren haben. Dann stellt sich jedoch die Frage, ob die genannten Benachteiligungen tatsächlich einen entschädigungspflichtigen Schaden bedeuten bzw.

verursacht haben. Um das Kompensations-Argument plausibel zu machen, müsste eben das gezeigt werden: Kompensationspflichtig und kompensationsfähig sind aus nahe liegenden Gründen nicht mögliche oder bloß beabsichtigte, sondern tatsächliche Schädigungen. Nur wenn wirklich ein Schaden eingetreten ist, kann eine Person Entschädigung verlangen. Der oben zitierten Position zufolge hat die Benachteiligung von Frauen tatsächlich einen Schaden verursacht, und der besteht darin, dass die Betroffenen trotz formaler Chancen- und Rechtsgleichheit nicht die gleiche Chance haben, am Wohlstand der Gesellschaft zu partizipieren.

Die oben zitierte Behauptung enthält jedoch noch einen weiteren Hinweis auf eine Schädigung, die von vielen Befürwortern gruppenspezifischer Sonderrechte zugunsten von Frauen als eine wesentliche Ursache dafür angesehen wird, dass Frauen trotz formaler Chancengleichheit nicht im gleichen Maße am Wohlstand der Gesellschaft teilhaben: Sie machen keinen Gebrauch von ihren Rechten und Chancen, weil ihnen das Gefühl fehlt, ein entsprechendes Recht zu haben. Dieser „Mangel an Selbstbewusstsein" wird seinerseits als ein kompensationspflichtiger Schaden verstanden, der unmittelbar aus der von allen Frauen persönlich erlittenen Benachteiligung resultiert. Tatsächlich ist es eine typische Folgeerscheinung von Unterdrückung und systematischer Benachteiligung (die zudem, auch wenn sich die Verhältnisse geändert haben, oft lange anhält), dass eine Person, obwohl sie faktisch ein Recht auf etwas hat, nicht das Gefühl hat, ein entsprechendes Recht zu haben. Es dauert eine ganze Weile und manchmal ein ganzes Leben, bis ehemals unterdrückte Individuen ihre neu gewonnene Freiheit realisieren und imstande sind, die damit verbundenen „Wohlergehens-Chancen" zu nutzen. Das ist ohne jeden Zweifel eine massive Schädigung. Fraglich ist jedoch, ob es sich dabei um ein kompensationspflichtiges Unrecht handelt, das einer Person seitens des Gemeinwesens zugefügt wird und insofern eine *rechtliche* Bevorzugung legitimieren kann.[8] Dazu wäre es nicht nur erforderlich, den individuellen Schaden so klar zu identifizieren, dass sich eine angemessene Form der Entschädigung finden lässt. Es ist vielmehr darüber hinaus notwendig, den oder die jeweiligen Verursacher des Schadens ausmachen zu können. Dasselbe Problem entsteht hinsichtlich einer anderen Version der Erweiterung des Schadensbegriffs, die in der Debatte um Sonderrechte zugunsten von Frauen eine Rolle spielt. Ihr zufolge hatten

„sogar jene, die selbst nicht wegen (...) ihres Geschlechts benachteiligt worden sind, (...) unter den Folgen der Benachteiligung anderer Frauen zu leiden. Ich meine vor allem den Mangel an Selbstvertrauen und Selbstachtung, der doch unweigerlich in einem Gemeinwesen eintritt, in dem einem (...) wegen des Geschlechts die vollwertige Mitgliedschaft in der Gesellschaft verweigert wurde. Nur außergewöhnlich souveräne Persönlichkeiten können den dadurch erzeugten Selbstzweifeln entkommen. Alle anderen dagegen mussten – und sei es nur, um gegen die Selbstzweifel anzugehen – härter als (...) Männer arbeiten, um einen Platz unter den am besten Qualifizierten zu erringen." (Thomson 1993b, 45)

Während oben behauptet wurde, dass der Mangel an Selbstbewusstsein als eine direkte und entschädigungspflichtige Folge persönlich erlittener Diskriminierung anzusehen ist, wird der Bereich der kompensationspflichtigen Schädigungen hier um den Mangel an Selbstvertrauen und Selbstachtung erweitert, der als Folge zwar nicht persönlich erlittener, aber *stellvertretend miterlebter Diskriminierung* anderer Mitglieder der eigenen Gruppe eintritt. Es kann tatsächlich kein Zweifel daran bestehen, dass das Erlebnis der systematischen Diskriminierung von Personen des eigenen Geschlechts, der eigenen Hautfarbe, der eigenen sexuellen Neigung, der eigenen Herkunft und des eigenen Glaubens die Ausbildung individueller Selbstachtung erschwert, wenn nicht verhindert. Dazu muss das Individuum keineswegs selbst Opfer einer entsprechenden Diskriminierungshandlung geworden sein. Es reicht völlig aus, wenn es jederzeit befürchten muss, selbst Opfer zu werden.

Man mag also durchaus der Meinung sein, dass alle Mitglieder von systematisch diskriminierten Gruppen – unabhängig von ihrer je persönlichen Diskriminierungserfahrung – einen wie auch immer gearteten Schaden erleiden. Doch das allein reicht nicht aus, um das Kompensations-Argument zu stützen, denn dieses beinhaltet nicht nur eine Schädigungsbehauptung (These 2), sondern in seiner dritten These zugleich eine Entschädigungsforderung. Dieser Hinweis macht auf einen oben bereits erwähnten wichtigen Punkt bei der Begründung von Sonderrechten als Kompensationsleistungen aufmerksam, der das Verhältnis zwischen den Nutznießern solcher Rechte und denjenigen betrifft, die die entsprechenden Leistungen zu erbringen haben. Die fraglichen Rechte sind mit freiheitseinschränkenden Pflichten verbunden, denn die Kompensationsleistungen, die hier zugunsten ehemals benachteiligter Gruppen(mitglieder) gefordert werden, müssen von jemandem erbracht werden. Um eine solche Kompensationsleistung zu rechtferti-

gen, muss aber nicht nur (in jedem Einzelfall) nachgewiesen werden
können, dass der, der sie erhält, einen Schaden erlitten hat. Es ist darüber hinaus erforderlich zu zeigen, dass der, der sie erbringen muss,
eben diesen Schaden verursacht hat. Im Fall der oben genannten Schädigung wäre ein solcher Nachweis jedoch prinzipiell nicht zu erbringen. Es ist schlicht nicht auszumachen, wer die Verantwortung dafür
trägt, dass viele, ja möglicherweise die überwiegende Zahl der Frauen
sich nicht in der Lage sieht, ihre rechtlich garantierten Freiheiten zu
nutzen, eine eigene Vorstellung vom guten Leben zu entwickeln und
ihre Chancen zu ergreifen, um diese gegebenenfalls auch gegen den
Widerstand anderer zu realisieren. Dagegen ist, jedenfalls sobald der
Gegenstand des entsprechenden Sonderrechtes feststeht, sehr wohl
klar, wer die mit diesem Recht verbundenen Lasten zu tragen hätte. Es
gibt also einen Schuldner, ohne dass mit Sicherheit behauptet werden
könnte, dass er auch der Schuldige ist.[9] Ein solches Vorgehen scheint
mit den Prinzipien des Rechts und der Gerechtigkeit kaum vereinbar.

An dieser Stelle weisen die Sonderrechtsbefürworter in der Regel
darauf hin, dass die Schuldner zwar möglicherweise nicht die Schuldigen, aber immerhin die unfreiwilligen Nutznießer des vergangenen
Unrechts sind, weil sie durch die Benachteiligung der entsprechenden
Gruppen einen relativen Vorteil hatten.[10] Doch dieser Hinweis ist insofern nicht zielführend, als nicht der unfreiwillige Nutznießer eines Unrechts, sondern allein sein Verursacher im juridischen Sinne kompensationspflichtig ist.[11] Der jedoch ist mit Blick auf den genannten Schaden
kaum auszumachen. Zu sagen, dass der Schuldige in diesem Fall nicht
eindeutig identifizierbar ist, bedeutet aber keineswegs, den Betroffenen
selbst die Schuld zuzuschieben. Sie sind in einer üblen Lage und verdienen keineswegs nur Mitgefühl, sondern vor allem Unterstützung.
Doch nicht jedes Übel ist auch schon ein Unrecht, und nicht jeder Schaden ist eine kompensationspflichtige Schädigung. Die einzig legitime
Möglichkeit der Ent-Schädigung besteht nach Ansicht der Gegner des
Kompensations-Argumentes daher darin, die strukturellen Ursachen
der Benachteiligung und Diskriminierung durch die rechtliche Gleichstellung aller Individuen zu beseitigen, und jedem Individuum mit den
entsprechenden Rechten eine gleich starke „Waffe" in die Hand zu geben, um sich im Ernstfall gegen solche Behandlungsweisen zur Wehr
zu setzen. Doch die Befürworter der entsprechenden gruppenspezifischen Sonderrechte sind der Meinung, dass es nicht ausreicht, die ehe-

mals bestehenden Ursachen für den noch bestehenden Mangel an Selbstachtung zu beseitigen, denn damit ist der eigentliche Schaden, also der Mangel an Selbstachtung, nicht behoben. Dieser bleibt bestehen, auch wenn die Diskriminierung endet, und er bedeutet für die Betroffenen einen erheblichen Nachteil, auch wenn sie formal betrachtet nicht länger benachteiligt werden. Weil nun eben dieser Mangel an Selbstachtung den betroffenen Individuen den prinzipiell für alle gleichermaßen offenstehenden Zugang zu den güter- und einflussreicheren Bereichen der Gesellschaft verstellt, besteht – so die vierte These des Kompensations-Argumentes – die angemessene Form der Kompensation darin, ihnen diesen Zugang durch entsprechend zielgerichtete Bevorzugungen zu erleichtern bzw. erst zu ermöglichen. Mit anderen Worten: Die frühere Diskriminierung von Minderheitsgruppen hat das Selbstvertrauen der ihnen Angehörigen Individuen untergraben und so dazu beigetragen, dass die rechtliche Gleichstellung aller Individuen in der Praxis nicht wirksam werden kann. Auf diese Weise konterkarieren die Folgen früher Benachteiligungen die egalisierende Wirkung und die egalitären Absichten der liberalen Rechtsordnung.

Doch selbst wenn man – den genannten Bedenken zum Trotz – davon ausgeht, dass der Mangel an Selbstvertrauen einen kompensationsfähigen und kompensationspflichtigen Schaden darstellt, kann er nach Ansicht der Gegner des Kompensations-Argumentes schon deswegen kein Argument für eine *gruppenspezifische* Bevorzugung liefern, weil es sich hier nicht um eine *gruppenspezifische* Schädigung handelt. Unter Selbstachtungsproblemen haben keineswegs nur die Angehörigen der genannten natürlichen Minderheitsgruppen zu leiden, sondern auch andere Mitglieder der Gesellschaft. Es müsste also ein zusätzliches Argument dafür gefunden werden, dass der Mangel an Selbstachtung, der eine Folge früherer Diskriminierung der eigenen Gruppe ist, schwerer wiegen und schwerwiegendere Folgen haben sollte, als der Mangel an Selbstachtung, der aus sozialer Missachtung in Folge von Armut und Obdachlosigkeit resultiert. Wenn der Begriff des kompensationspflichtigen Schadens so ausgeweitet wird, dass damit nicht mehr eine persönliche und absichtliche Schädigung gemeint ist, sondern die allgemeinen, schädlichen Folgen von Benachteiligungen, scheint sich das Leiden und folglich die Kompensationsansprüche der Minderheitsangehörigen nicht mehr wesentlich von denen anderer Mitglieder der Gesellschaft zu unterscheiden, die aus anderen Gründen „Opfer der ungerechten Verhältnisse" geworden sind. Dann aber steht der Kompensationsanspruch nicht mehr in einem direkten Zusammenhang zur Gruppenzugehörigkeit, sondern nur noch zur Schädigung und darf folglich auch nicht wie im Fall von gruppenspezifischen Sonderrechten von der Gruppenzugehörigkeit abhängig gemacht werden. Er muss vielmehr allen Individuen zukommen, die – wenn auch aus anderen Gründen – unter ähnlichen Beeinträchtigungen zu leiden hatten und haben.

Für manche Befürworter von „Sonderrechten als Kompensation" hat diese Argumentationsweise etwas gleichsam Anstößiges. Dahinter steckt die durchaus nachvollziehbare Empfindung, dass es sich „irgendwie nicht gehört", das Leid von Diskriminierungsopfern in dieser Weise zu quantifizieren und zu qualifizieren, um es dann mit dem Leid anderer zu vergleichen, also gewissermaßen zu relativieren. Dieser Hinweis ist meines Erachtens mehr als angebracht. Wenn es um das Leid und die Entschädigung von Unrechtsopfern geht, kann man die sprachliche und argumentative Sensibilität ganz sicher nicht übertreiben. Es darf kein Zweifel am Respekt vor dem Leiden der Opfer aufkommen, und soweit es die Jahrhunderte lange systematische rechtliche Diskriminierung von Menschen aufgrund ihrer Sprache, ihrer Hautfarbe, ihres Geschlechts, ihrer Abstammung und ihres Glaubens betrifft, ist die diesbezügliche Leidensgeschichte lang und bedrückend. Auch heute noch haben Frauen, Homosexuelle, Menschen fremder Abstammung und fremden Glaubens, aber eben auch Obdachlose und Arme, Analphabeten, Behinderte und alte Menschen in liberalen Gesellschaften unter vielfältigen Formen nicht-institutioneller Diskriminierung zu leiden. Auch wenn alle Individuen mit formal gleichen Rechten ausgestattet und vor systematischer Benachteiligung weitestgehend geschützt sind, können diese Formen von Missachtung das Klima in einer Gesellschaft so verändern, dass sich die Betroffenen bedroht fühlen, dass sie sich „wie Aussätzige" vorkommen, dass ihre Selbstachtung leidet, dass sie sich nichts mehr zutrauen – und in einer solchen Situation sind alle Bürger einer Gesellschaft aufgefordert, sich zu solidarisieren. Eine solche Aufforderung zu Solidarität und Zivilcourage ist jedoch offensichtlich etwas ganz anderes als die Forderung nach gruppenspezifischen Sonderrechten zur Kompensation eines Schadens, dessen Verursacher nicht eindeutig bestimmbar ist und dessen Opfer auch außerhalb der bevorzugten Gruppen und möglicherweise auch unter denjenigen, die die Kosten der entsprechenden Regelun-

gen zu tragen haben werden, zu finden sind. Die entsprechenden kritischen Nachfragen und der Vergleich mit der Situation und den möglichen Ansprüchen anderer benachteiligter Individuen, dienen denn auch
nicht dem Zweck, die Situation der genannten Minderheitsgruppen zu
relativieren oder gar zu verharmlosen. Es geht vielmehr darum heraus-
zufinden, ob die Einrichtung von Sonderrechten, die nur die Mitglieder
dieser Gruppen bevorzugen – und die die übrigen Mitglieder der Gesellschaft im Vergleich zu diesen mindestens potentiell benachteiligen
– eine angemessene und treffsichere, eine legitime Form der Entschädigung darstellt. Möglicherweise schafft diese Maßnahme mehr Unrecht,
als sie beseitigen hilft. In diesem Fall ist es gerade der Respekt vor dem
Leid aller Opfer von Diskriminierung, der uns davon abhalten muss,
neue ungerechtfertigte Diskriminierungen, d.h. falsche und unsachge-
mäße Differenzierungen einzuführen.

Fasst man die genannten Kritikpunkte zusammen, ist das Kompensations-Argument zur Begründung gruppenspezifischer Sonderrechte
in der Anwendungspraxis auf konkrete Gruppen und ihre Rechtsforderungen im Wesentlichen den folgenden beiden Einwänden ausgesetzt:
Entweder ist *die Schädigung* der Grund für die Entschädigung – dann
ist eine Begrenzung der bevorzugten Behandlung auf die Mitglieder
bestimmter Gruppen nicht legitim, weil sie gegebenenfalls andere, gleichermaßen Geschädigte ausschließt. Oder die *Gruppenzugehörigkeit*
ist der Grund für die Kompensation, was wiederum nur dann legitim
ist, wenn diese unmittelbar und nachweislich mit einem entsprechenden Schaden verknüpft ist. In jedem Fall müsste jedoch gewährleistet
sein, dass die mit den Sonderrechten verbundene Pflichtenlast auf die
tatsächlichen Verursacher des zu kompensierenden Schadens begrenzt
wird. Das wiederum scheint in der Praxis kaum möglich.

2. Das Chancengleichheits-Argument

„Substantielle Chancengleichheit ist erreicht, wenn die Erfolgsraten bestimmter gesellschaftlicher Gruppen – wie etwa der beiden Geschlechter, verschiedener ethnischer Gruppen (...) – einander angeglichen werden."
(O'Neill 1993,150)

Die Einrichtung von Sonderrechten zugunsten der Mitglieder von Minderheiten wird mit unterschiedlichen Argumenten verteidigt, die in unterschiedlicher Weise auf die Tatsache Bezug nehmen, dass die effektiven „Wohlergehens-Chancen" der Angehörigen dieser Gruppen nicht nur im Vergleich zu denen der übrigen Mitglieder der Gesellschaft trotz der formalen Gleichberechtigung aller Bürger aus Gründen, die nicht in der Verantwortung der betroffenen Individuen liegen, vergleichsweise gering sind. Die natürlichen Gruppenzugehörigkeiten von Individuen – ihr Geschlecht, ihre „Rasse", ihre Abstammung, ihre Religionszugehörigkeit etc. – haben demnach offenbar mit Blick auf deren soziale Situ-ation, das heißt die Umstände, unter denen die Individuen ihre gleichen Rechte ausüben und ihre unterschiedlichen Interessen verfolgen, mehr oder weniger direkte und für die Betroffenen nachteilige Folgen. Wenn nun die Prinzipien der Gerechtigkeit verlangen, dass die Individuen unter gleichen Umständen gleich und unter ungleichen Umständen ungleich behandelt werden, und wenn die Zugehörigkeit zu bestimmten Gruppen ein mit Blick auf die jeweiligen Umstände relevantes Kriterium ist, muss sie nach Ansicht der Befürworter entsprechender Sonderrechte aus Gründen der Gerechtigkeit bei der Verteilung von Rechten berücksichtigt, müssen die Mitglieder der entsprechenden Gruppen mit besonderen Rechten ausgestattet werden. Der Streit zwischen den Befürwortern und Gegnern von Sonderrechten dreht sich also letztlich nicht um das Gleichheitsprinzip selbst, sondern vielmehr um dessen angemessene Interpretation unter den bestehenden, von kultureller Differenz und sozialer Ungleichheit geprägten Verhältnissen in modernen liberalen Gesellschaften.

Die Vertreter des im vergangenen Kapitel dargestellten und diskutierten Kompensations-Argumentes sind diesbezüglich der Meinung, dass aus dem Gleichheitsprinzip die Forderung abzuleiten ist, dass der Schaden, den die Mitglieder der genannten Gruppen durch Benachteiligungen in der Vergangenheit erlitten haben, ausgeglichen und entschädigt werden muss. In dieser Argumentationsweise ist bereits ein Gedanke angedeutet, der im Rahmen des nun zu betrachtenden Chancengleichheits-Argumentes eine wesentliche Rolle spielt. Gemeint ist die Auffassung, dass Gerechtigkeit nicht bloß verlangt, dass die Individuen mit formal gleichen Rechten ausgestattet werden und den gleichen Regeln unterliegen, dass sie also unter gleichen Umständen gleich und unter ungleichen Umständen ungleich behandelt werden, sondern dass es darüber hinaus ein Erfordernis der Gerechtigkeit ist, dass die Umstände selbst, unter denen die Individuen ihre Freiheit ausüben, so weit wie möglich egalisiert werden müssen, so dass die Mitglieder aller gesellschaftlichen Gruppen im Wettbewerb um allgemein begehrte knappe Güter die *gleiche Erfolgschance* haben. Dieser Auffassung zufolge verlangt Gerechtigkeit also nicht nur formale Rechtsgleichheit, sondern „substantielle Chancengleichheit".[12] Die jedoch ist nur dadurch zu erreichen, dass die ungleichen Chancen der Einzelnen nicht bloß entsprechend berücksichtigt und möglicherweise sogar kompensiert, sondern so weit wie möglich einander angeglichen werden. Bernard Williams verdeutlicht diesen Zusammenhang an einem anschaulichen Beispiel:

„Nehmen wir an, in einer bestimmten Gesellschaft sei großes Ansehen damit verbunden, einer Kriegerklasse anzugehören, deren Pflichten es erforderlich machen, dass man über große Körperkraft verfügt. Diese Klasse hat in der Vergangenheit ihre Mitglieder nur aus bestimmten wohlhabenden Familien rekrutiert, doch am Gleichheitsgedanken orientierte Reformer setzen eine Änderung der Vorschriften durch, wonach die Krieger je nach den Ergebnissen eines Wettbewerbs aus allen Teilen der Gesellschaft rekrutiert werden. Dies hat jedoch nur die Wirkung, dass die wohlhabenden Familien immer noch alle Krieger stellen, weil der Rest der Bevölkerung aufgrund von Armut so unterernährt ist, dass ihre Körperkraft der der Wohlhabenden und gut genährten unterlegen ist. Die Reformer beklagen sich darüber, dass man die Chancengleichheit in Wirklichkeit nicht erreicht habe. Hierauf erwidern die Wohlhabenden, man habe sie wohl erreicht, und die Armen hätten jetzt die Gelegenheit Krieger zu werden; es sei einfach Pech, dass sie solche Eigenschaften haben, die sie daran hindern, die Prüfung zu bestehen. Sie könnten sagen: ‚Wir schließen niemanden wegen seiner Armut aus. Wir schließen Leute aufgrund ihrer Körperschwäche aus, und es ist Pech, dass die Armen auch schwach sind.' Diese Erwiderung würden den meisten dürftig vorkommen, vielleicht sogar zynisch. (...) [D]ie vermeintliche Chancengleichheit ist nämlich so lange inhaltsleer – ja, man könnte sagen, sie bestehe nicht wirklich –, als sie nicht wirksamer durchgesetzt wird als in diesem Fall. Man weiß nämlich, dass sie besser durchgesetzt werden könnte." (Williams 1978, 390f)

Aus der Perspektive der Gerechtigkeit kann es demnach nicht bloß darum gehen, dass natürliche und „zufällige" Eigenschaften wie die Rasse, das Geschlecht, die Religionszugehörigkeit der Individuen formal unberücksichtigt bleiben. Es reicht auch nicht aus, wenn derjenige, der aufgrund dieser Eigenschaften aus kontingenten Gründen dennoch effektiv schlechtere Chancen hat als ein anderer, seine Ziele zu erreichen bzw. die dafür erforderlichen Güter zu erlangen, für seinen Nachteil entschädigt wird. Vielmehr ist dafür zu sorgen, dass dieser Nachteil durch entsprechende „Reformen oder soziales Handeln" beseitigt wird, so dass letztlich alle gleiche Chancen haben:

> „Es hat den Anschein, dass ein Zuteilungssystem dann keine Chancengleichheit erreicht, wenn die Zuteilung [eines] Gutes im Hinblick auf verschiedene Teile der Gesellschaft tatsächlich ungleichartig oder unverhältnismäßig vorgenommen wird und wenn die erfolglosen Gesellschaftsgruppen einen Nachteil haben, *den man durch weitere Reformen oder soziales Handeln beseitigen könnte.*" (Williams 1978, 391; Hervorhebung S.B.)

Es geht hier also nicht darum, ob der Staat bzw. das Gemeinwesen für die bestehende effektive Benachteiligung der Minderheitsgruppen im eigentlichen Sinne verantwortlich und möglicherweise kompensationspflichtig ist. Vielmehr stellt sich die Frage, ob der Staat die Möglichkeit hat, die aus der Ungleichheit resultierende Benachteiligung durch geeignete Maßnahmen, nämlich etwa die Einrichtung gruppenspezifischer Sonderrechte, zu mildern oder zu beseitigen. Wenn das aber so ist, ist er dieser Position zufolge eben dazu verpflichtet. Der Staat hat demnach aus Gründen der Gerechtigkeit die sozialen Umstände, in denen sich die Individuen befinden, und das heißt hier auch und insbesondere: die soziale Situation der Gruppen, denen die Individuen von Natur aus angehören, einander anzugleichen. Nur wenn das weitgehend gelingt, ist dafür gesorgt, dass die Zugehörigkeit zu den genannten Gruppen nicht nur formal, sondern auch tatsächlich keinen Benachteiligungsgrund mehr darstellt. Nur dann bedeutet „gleiches Recht für alle" ohne Ansehen der natürlichen Gruppenzugehörigkeit auch tatsächlich „gleiche Chancen für jeden Einzelnen".

Auch dieses Argument geht davon aus, dass die Mitglieder der genannten Gruppen in der Vergangenheit diskriminiert wurden und nach wie vor benachteiligt sind. Es betont jedoch nicht den persönlichen Schaden, den die Individuen durch die Benachteiligung erlitten haben, und es konzentriert sich auch nicht auf die „kollektive Schädigung" der Gruppen. Statt dessen richtet es die Aufmerksamkeit vorrangig auf den aktuellen Wettbewerbsnachteil der Minderheitsmitglieder und begreift ihn als eine Folge des Effektes, den die Diskriminierung aufgrund von Gruppenzugehörigkeiten auf die *Entwicklung der gesellschaftlichen Strukturen* hatte und hat. Die Diskriminierung von Menschen aufgrund ihrer Rasse, ihres Geschlechts, ihrer Religionszugehörigkeit, ihrer Abstammung, ihrer Sprache etc. beinhaltet nämlich nicht nur eine schwerwiegende persönliche Schädigung einer Vielzahl von Individuen. Aus der gesamtgesellschaftlichen Perspektive betrachtet bedeutet sie vor allem den systematischen Ausschluss ganzer Personengruppen und ihrer Interessen aus dem öffentlichen Leben, den öffentlichen Angelegenheiten und den gesellschaftlichen Entscheidungen. Sie wirkt sich daher nicht nur auf der individuellen Ebene, d.h. zum Nachteil der von ihr betroffenen Individuen, aus, sondern hat immer auch weitreichende Konsequenzen für die Entwicklung der gesellschaftlichen Grundstrukturen, die sich aufgrund der mangelnden Teilhabe der Minderheitsmitglieder latent „minderheitenfeindlich" gestalten.

Eine diesbezüglich im Rahmen der Sonderrechtsdebatte besonders bedeutsame Konsequenz der systematischen Exklusion bestimmter Bevölkerungsgruppen von der Partizipation an öffentlichen Entscheidungen etc. ist dieser Position zufolge die Tatsache, dass die *spezifischen Bedürfnisse und Interessen* der betreffenden Gruppen bzw. ihrer Mitglieder bei der Gestaltung der gesellschaftlichen Institutionen nicht oder nicht ausreichend berücksichtigt worden sind. Das wiederum hat zur Folge, dass sich die Strukturen der Gesellschaft den Bedürfnissen der dominanten sozialen Gruppen anpassen und vornehmlich deren Interessenlage widerspiegeln: Die staatlichen Feiertage decken sich mit den religiösen Festtagen der dominanten Religionsgemeinschaften oder der nationalen Mehrheit, die Familienstrukturen orientieren sich am männlichen Familienoberhaupt als des Alleinverdieners, die Organisation der Arbeitswelt erweist sich als behindertenfeindlich, die Curricula an den Universitäten vermitteln die wissenschaftlichen und kulturellen Errungenschaften der Mehrheitskultur, und die Strukturen bestimmter beruflicher Tätigkeiten sind etwa mit der Aufzucht von Kindern oder der Pflege von Angehörigen nicht oder nur schwer zu vereinbaren:

„Wird eine Gruppe lange genug von etwas ausgeschlossen, so ist es so gut wie sicher, dass sich diese Tätigkeiten in einer Weise entwickeln, die nicht auf die

ausgeschlossene Gruppe passt. Es steht fest, dass die Frauen von vielen Berufen ausgeschlossen waren, und das bedeutet, dass diese dann wahrscheinlich
auch nicht mehr für sie geeignet waren. Das deutlichste Beispiel dafür ist die
Diskrepanz zwischen den Anforderungen für die meisten Arbeiten und dem
Gebären und Aufziehen von Kindern. Ich bin fest davon überzeugt, dass die
Frauen, wären sie von Anfang an voll an den gesellschaftlichen Vorgängen beteiligt gewesen, eine Möglichkeit gefunden hätten, Arbeit und Kinder aufeinander abzustimmen. Die Männer waren dazu nicht motiviert, und die Ergebnisse
sind bekannt." (Radcliffe Richards 1980, 113ff; zit. nach Kymlicka 1996, 204)

Hier wird wohlgemerkt nicht gesagt, dass die Mitglieder der betreffenden Gruppen – in diesem Fall die Frauen – die Einzigen sind, die in der
Lage wären, ihre spezifischen Interessen zu vertreten. Behauptet ist
vielmehr, dass sie mit hoher Wahrscheinlichkeit die Einzigen sind, die
ein dafür ausreichendes Motiv haben. Die Diskriminierung bestimmter
Bevölkerungsgruppen und deren damit verbundener Ausschluss aus
den Macht- und Entscheidungsbereichen der Gesellschaft hat also
wenn nicht zwangsläufig so doch erfahrungsgemäß strukturelle Benachteiligungen der (ehemals) Ausgeschlossenen zur Folge, die sich als
äußerst resistent erweisen und auch dann noch fortbestehen, wenn
längst formale Chancengleichheit eingeführt ist. Das hängt nicht nur
mit ihrer Verankerung in den gesellschaftlichen Strukturen, sondern
auch mit ihrer Verwurzelung im Denken der ehemals „herrschenden
Klasse" zusammen, die ihre eigenen Interessen für allgemein maßgeblich und repräsentativ, ihre Ansprüche für prinzipiell vorrangig und die
Mitglieder der Minderheiten für nach wie vor unterlegen hält. Auch
dieser Effekt, d.h. die Resistenz entsprechender Vorurteile in den Köpfen der Menschen, ist zu einem großen Teil mit dafür verantwortlich,
dass aus der formalen Rechtsgleichheit nicht immer schon substantielle Chancengleichheit resultiert. Es ist der so entstandene und aus der
rassistischen, sexistischen, chauvinistischen etc. Prägung der gesellschaftlichen Institutionen (und ihrer Vertreter) resultierende „Wettbewerbsnachteil" von Minderheitsangehörigen, der nach Ansicht derjenigen, die sich auf das Chancengleichheits-Argument berufen, durch geeignete gruppenspezifische Sonderrechte beseitigt werden muss.

Insofern diese Rechte nicht den Charakter einer Kompensationsleistung haben, erfordert ihre Begründung auch nicht den Nachweis einer
persönlichen Schädigung des einzelnen Gruppenmitglieds. Die andau-
ernde Benachteiligung, unter denen die Minderheitsangehörigen zu leiden haben, muss dieser Position zufolge nicht kompensiert, sondern

beseitigt werden. Dazu ist es erforderlich, die Angehörigen von Minderheiten durch gezielte Bevorzugung in die Lage zu versetzen, ihre Interessen in den entsprechend einflussreichen Sphären der Gesellschaft geltend zu machen – eine Überzeugung, die etwa in die Forderung nach einem festgelegten Frauenanteil unter den politischen Mandatsträgern oder den Inhabern gesellschaftlicher Führungspositionen mündet.

Auch das Chancengleichheitsargument setzt sich also im Wesentlichen aus vier Behauptungen zusammen:

1. Die Zugehörigkeit zu den genannten Gruppen stellte lange Zeit einen Grund dafür dar, bestimmte Individuen zu benachteiligen und sie aus den öffentlichen Macht- und Entscheidungsbereichen auszuschließen.
2. Die Zugehörigkeit zu den genannten Gruppen ist mit spezifischen Interessen verbunden.
3. Die Exklusion der Minderheiten hat zur Folge, dass deren gruppenspezifische Interessen in den gesellschaftlichen Institutionen und Verteilungsverfahren nicht angemessen, d.h. gleichermaßen berücksichtigt werden.
4. Diese Benachteiligung ist durch die Einrichtung entsprechender Minderheitenrechte (z.B. Quotenregelungen) zu beseitigen, die die Mitglieder der betroffenen Gruppen gezielt mit „Macht und Einfluss" versorgen.

Die Überzeugungskraft des Chancengleichheits-Argumentes hängt also im Wesentlichen davon ab, dass sich zeigen lässt, dass es gruppenspezifische Interessen gibt, die infolge der Exklusion der Minderheitsangehörigen in den gesellschaftlichen Strukturen unberücksichtigt bleiben, so dass sich deren Verfahren und Institutionen in ungerechtfertigter Weise zum Nachteil von Minderheiten auswirken. Als Argument für die Einrichtung von Sonderrechten überzeugt es zudem nur dann, wenn gezeigt werden kann, dass diese „gruppenspezifische Voreingenommenheit" der gesellschaftlichen Institutionen und Verfahren durch die Gewährung der entsprechenden Rechte beseitigt werden kann und sich damit gegebenenfalls verbundene Pflichten rechtfertigen lassen. Doch betrachten wir die Thesen der Reihe nach.

Die erste der vier Thesen des Chancengleichheits-Argumentes ist im Wesentlichen bereits im vergangenen Kapitel bestätigt worden. Dass die Diskriminierung der Minderheitsmitglieder mit deren Marginalisierung und ihrer „Verbannung" aus den gesellschaftlichen Machtbereichen verbunden war, wird niemand ernsthaft bestreiten wollen. Die zweite These hingegen liefert in der Gruppenrechtsdebatte seit jeher den Stoff für kontroverse Debatten, die mehr oder weniger hitzig verlaufen, je nachdem, um welche konkrete Minderheitsgemeinschaft es sich im Einzelfall handelt. Die diesbezügliche liberale Position ist oben bereits skizziert worden. Hier werden die Individuen, jedenfalls soweit es die Ebene ihrer fundamentalen Interessen angeht, als gleich angesehen, womit selbstverständlich nicht behauptet ist, dass ihre gesamten Interessen deckungsgleich sind. Ein Angehöriger des jüdischen Glaubens wird ein Interesse daran haben, am Sabbat nicht arbeiten zu müssen, während ein überzeugter Christ daran interessiert sein wird, dass der Sonntag offiziell zum arbeitsfreien Tag erklärt wird. Hinsichtlich ihres fundamentalen Interesses an der ungestörten Ausübung ihres Glaubens unterscheiden sich beide jedoch nicht voneinander. Die Vertreter des Chancengleichheitsargumentes behaupten dagegen, dass es grundlegende Unterschiede in den fundamentalen Interessen von Individuen gibt, die in einem direkten Zusammenhang mit ihrer unterschiedlichen Gruppenzugehörigkeit stehen. Behauptet ist demnach, dass Frauen, *weil und insofern sie Frauen sind,* nicht in jeder, aber immerhin in mancherlei Hinsicht etwas anderes wollen und brauchen als Männer, und dass Moslems, *weil und insofern sie Moslems sind,* etwas anderes wollen und brauchen als Christen etc. In diesem Sinne sind Minderheitsgruppen in gewisser Weise immer auch als Interessenverbände zu betrachten, *deren Mitgliedern bestimmte Interessen gemeinsam sind, die außer ihnen niemand teilt.* Die einzelnen Minderheitsgruppen unterscheiden sich hinsichtlich dieser gruppenspezifischen Interessen sowohl voneinander als auch von der Mehrheit. Frauen haben demnach (u.a.) frauenspezifische Interessen, Männer (u.a.) männerspezifische Interessen, Juden (u.a.) spezifisch jüdische Interessen und Christen (u.a.) spezifisch christliche Interessen. Häufig wird diese Überzeugung dadurch ausgedrückt, dass behauptet wird, die unterschiedlichen Gruppenzugehörigkeiten beinhalteten einen unterschiedlichen „Blick auf die Welt", eine unterschiedliche Sicht der Dinge (und in der Gruppenrechtsdebatte verbindet sich diese Auffassung dann mit der Forderung, alle „gruppenspezifischen" Perspektiven öffentlich zu berücksichtigen, allen Stimmen Gehör zu verschaffen).

Auch das Chancengleichheits-Argument enthält also eine Homogenitätsbehauptung, die sich in diesem Fall jedoch erst in zweiter Linie auf die Schädigung der Minderheitsmitglieder durch die „minderheitsfeindlichen" Strukturen der Gesellschaft bezieht, und sich vorrangig auf deren Interessenlage richtet. Dabei wird wohlgemerkt nicht behauptet, dass alle Mitglieder der Gruppe in jeder Hinsicht dasselbe wollen. Das Argument geht vielmehr davon aus, dass es bestimmte Interessen gibt, die gruppentypisch sind – die also von allen Gruppenmitgliedern geteilt werden und hinsichtlich derer sich die Minderheit von der Mehrheit unterscheidet. Auch in diesem Fall ist die Homogentitätsbehauptung eine notwendige – wenn auch noch nicht hinreichende – Bedingung der Gültigkeit des Argumentes. Erst und nur wenn sie bestätigt werden kann, ist die These plausibel, dass die Exklusion der Minderheiten aus den Gestaltungsbereichen der Gesellschaft die nicht-Berücksichtigung bestimmter Interessen zur Folge hatte und hat. Mindestens auf den ersten Blick erscheint diese These von den gruppenspezifischen Interessen vielen Menschen weitaus einleuchtender als die Homogenitätsthese des Kompensations-Argumentes, was freilich noch nichts über ihren tatsächlichen Wahrheitsgehalt aussagt. Der ist auch in diesem Fall, weil und insofern es sich um eine empirische Behauptung handelt, nicht mit den Methoden der Philosophie zu ermitteln. Er wird zudem davon abhängen, um welche konkrete Minderheitsgruppe es im einzelnen geht.

Mit Blick auf konstitutive Gemeinschaften scheint die Behauptung gleichsam *per definitionem* zuzutreffen. Sie zeichnen sich, wie oben dargelegt, unter anderem dadurch aus, dass sie den Boden darstellen, in dem die Identität der ihnen angehörigen Individuen wurzelt. Es ist daher höchst wahrscheinlich, dass mit der Zugehörigkeit zu einer solchen Minderheitsgemeinschaft spezifische vitale Interessen verbunden sind, die von den Angehörigen der Mehrheit nicht geteilt werden und ihnen möglicherweise nicht einmal bekannt sind. Die Exklusion der Minderheitsangehörigen aus den gesellschaftlichen Machtbereichen, kann dann durchaus dazu führen, dass diese Interessen unberücksichtigt bleiben. Dieser Aspekt wird im folgenden Kapitel im Rahmen des Differenz-Argumentes genauer berücksichtigt und soll daher für den Moment zurückgestellt werden. Nun sind jedoch längst nicht alle Gruppen, um deren Ansprüche in der Sonderrechtsdebatte gestritten wird, konstitutive Gemeinschaften. Um die Grenzen des Chancengleichheits-Argumentes zu kennzeichnen und die Position seiner Gegner zu verdeutlichen, empfiehlt sich daher der Blick auf eine andere betroffene Gruppe, und zwar einmal mehr die der Frauen. Denn auch in der Debatte um Frauenquoten spielt das Chancengleichheits-Argument eine wesentliche Rolle und stößt hier auf Kritik. Am Beispiel dieser Gruppe lässt sich verdeutlichen, was das Chancengleichheits-Argument und die in ihm enthaltene Homogenitätsthese im Einzelnen an Behauptungen impliziert und mit welchen Einwänden es konfrontiert ist.

Um die These von den gruppenspezifischen Interessen zu bestätigen, müsste in diesem Fall nachgewiesen werden können, dass die Zugehörigkeit zur Gruppe der Frauen mit bestimmten frauenspezifischen Interessen verbunden ist. Zu diesem Zweck wird in der Regel auf exklusive gruppenspezifische Eigenschaften verwiesen, die die Grundlage jener „typisch weiblichen" Interessen darstellen sollen. Dabei machen die Vertreter dieser These in der Regel darauf aufmerksam, dass sich Frauen gegenüber allen, die nicht zur Gruppe der Frauen gehören, dadurch auszeichnen, dass sie gebären können.[14] Mit dieser Tatsache, so die Behauptung, sind zwangsläufig bestimmte frauenspezifische Interessen verbunden. Die Logik des Chancengleichheits-Argumentes verlangt nun die zusätzliche Behauptung, dass diese Interessen von nicht-Mitgliedern der Gruppe, also von Männern, nicht geteilt werden (können). Denn nur unter dieser Bedingung resultiert aus der Homogenitätsthese (These 2) in Verbindung mit der Diskriminierungsthese (These 1) die Interessen-Exklusionsthese (These 3). Die Behauptung ist also, dass die mit der Gebärfähigkeit verbundenen Interessen so frauenspezifisch sind, wie die Gebärfähigkeit selbst. Nun ist der Hinweis auf die Gebärfähigkeit insofern gut gewählt, als er eines der wenigen (wenn nicht sogar, wie manche meinen, das einzige) Beispiele eines „exklusiven" gruppen-, in diesem Fall frauenspezifischen Merkmals nennt. In einer Gesellschaft, die sich zunehmend individualisiert und in der die Unterschiede zwischen den und innerhalb der Gruppen mehr und mehr verschwimmen, ist es nämlich gar nicht so leicht, derartige Merkmale zu identifizieren. Die Gebärfähigkeit von Frauen stellt ohne jeden Zweifel eine solche gruppenspezifische Eigenschaft dar. Doch das Chancengleichheits-Argument geht nicht von gruppenspezifischen *Eigenschaften,* sondern von gruppenspezifischen *Interessen* aus – und das muss es auch, insofern es als Argument zugunsten der

Einrichtung von Rechten vorgebracht wird, deren wesentliche Funktion im Schutz von Interessen und nicht von Eigenschaften besteht. Hier ergibt sich mit Blick auf die Eigenschaft der Gebärfähigkeit jedoch das erste Problem: Die damit erfahrungsgemäß verbundenen Interessen resultieren nämlich nicht schon aus der Gebärfähigkeit als solcher. Sie ergeben sich vielmehr erst dann, wenn eine Frau auch tatsächlich Kinder haben *will*. Andernfalls ist die Tatsache ihrer Gebärfähigkeit für ihre Interessenlage relativ irrelevant (sieht man von dem Interesse an verlässlichen Verhütungsmitteln für den Moment einmal ab, denn dieses Interesse ist nicht gruppenspezifisch, weil es gleichermaßen aus der männlichen Zeugungsfähigkeit in Verbindung mit dem entsprechenden Zeugungsunwillen resultieren kann).

Den gegenüber der Homogenitätsthese skeptischen Gegnern des Chancengleichheits-Arguments dient dieses Beispiel zur Stützung ihrer These, dass die allgemeine und relativ vage Redeweise von den „frauenspezifischen" Interessen tatsächlich nur schwer mit konkretem Inhalt zu füllen ist, was dieser Position zufolge zudem nicht nur die Gruppe der Frauen, sondern auch andere Minderheiten und die entsprechenden Homogenitätsbehauptungen betrifft. Sie weisen darüber hinaus darauf hin, dass die Rede von gruppenspezifischen Eigenschaften und Interessen grade im Fall der Gruppe der Frauen erfahrungsgemäß die Gefahr beinhaltet, dass diejenigen Frauen, die die entsprechenden Interessen nicht teilen, als „unweiblich" stigmatisiert werden.

Dies ist freilich nur eines der vielen in der Sonderrechtsdebatte zur Unterstützung der These von den gruppenspezifischen Interessen angeführten Beispiele[15], aber es ist insofern repräsentativ als es verdeutlicht, dass die Minderheitsgemeinschaften, insofern es sich bei ihnen um „natürliche Gruppen" handelt, was die Interessenlage ihrer Mitglieder betrifft, nicht zwangsläufig so „homogen"[16] sind wie vielfach angenommen wird. Vor jeder empirischen Überprüfung der These, so eine solche denn möglich ist, steht eines jedenfalls fest: Auch diese Gruppen setzen sich aus Individuen zusammen, die als eigenständige und autonome Subjekte betrachtet und respektiert werden müssen und deren persönliche Interessen und private Neigungen, wie oben ausführlich erläutert, nicht einfach einem vermeintlichen Gemeinwillen zu- und untergeordnet werden dürfen. Die Behauptung, dass natürliche Gruppen immer auch als Interessenverbände zu betrachten sind, dass also aus der Zugehörigkeit zu ihnen zwangsläufig bestimmte Interessen resultieren, die niemand sonst teilt, die niemand sonst vertreten kann oder zu vertreten willens ist, und die daher aller Wahrscheinlichkeit nach unberücksichtigt bleiben werden, wenn die Gruppe in den Machtbereichen der Gesellschaft nicht repräsentiert ist, ist jedenfalls, solange sie nicht hinsichtlich der jeweiligen Gruppe und der behaupteten Interessen konkretisiert und präzisiert wird, mit Blick auf ihren Wahrheitsgehalt nicht zu beurteilen. Ihre Bestätigung wäre jedoch im Einzelfall eine notwendige Voraussetzung für die Überzeugungskraft des Chancengleichheits-Argumentes im Rahmen einer Argumentation zugunsten von *gruppenspezifischen* Sonderrechten, denn diese Rechte teilen bestimmte Güter oder Vergünstigungen an Individuen nach Maßgabe ihrer Gruppenzugehörigkeit und nicht ihrer individuellen Interessenlage zu. Der Gruppenbezug des entsprechenden Rechtes kann daher nur dann als gerechtfertigt gelten, wenn die Mitglieder der Gruppe hinsichtlich des durch das Recht geschützten Interesses als homogen betrachtet werden können. Wenn das nicht so ist, greift auch in diesem Fall der oben genannte Vorwurf der „under-" bzw. „over-inclusiveness".

Damit komme ich zu den beiden verbleibenden Thesen des Chancengleichheits-Argumentes, also der Behauptung, dass *erstens* die Exklusion der Minderheiten zur Folge hatte, dass deren gruppenspezifische Interessen durch die Struktur der gesellschaftlichen Institutionen nicht angemessen berücksichtigt und deren Mitglieder daher „strukturell benachteiligt" werden, und dass *zweitens* diese Benachteiligung dadurch auszugleichen ist, dass die Mitglieder dieser Gruppen durch entsprechende Sonderrechte gezielt mit denjenigen Gütern versorgt werden, die im weitesten Sinne mit gesellschaftlicher Macht verbunden sind. Soweit es die erste dieser beiden Behauptungen betrifft, ist sie dem soeben benannten Zweifel mit Blick auf die Existenz jener gruppenspezifischen Interessen ausgesetzt. Nur wenn es erstens derartige Interessen gibt und wenn zweitens davon auszugehen ist, dass diese Interessen nur von Mitgliedern der jeweiligen Gruppe vertreten werden können, ist die dritte These des Chancengleichheits-Argumentes, also die Behauptung, dass die Exklusion der Minderheiten die nicht-Berücksichtigung ihrer spezifischen Interessen zur Folge hatte, überzeugend. Und nur in diesem Fall könnten *gruppenspezifische* Sonderrechte als angemessene Maßnahmen zur Beseitigung der bestehenden strukturellen Benachteiligung angesehen werden.

Insbesondere wenn das Argument von der Chancengleichheit in den Debatten um Frauenquoten zur Anwendung kommt, werden seine Befürworter diesem Einwand gegenüber – aus wie mir scheint naheliegenden Gründen – ungeduldig. Tatsächlich stellt sich auf den ersten Blick die Frage, ob man wirklich derartige nahezu haarspalterisch erscheinende Argumente und umfangreiche empirische Untersuchungen über die gruppenspezifische Interessenlage von Frauen braucht, um die Behauptung zu belegen, dass die Grundstrukturen liberaler Gesellschaften patriarchalisch geprägt sind und sich etwa das Design der Arbeitswelt mit den Anliegen von Frauen nur schwer vereinbaren lässt. Diejenigen, die diese Situation verändern wollen, mit dem Auftrag nach Hause zu schicken, erst einmal eine Studie über die Interessen der Frauen in Auftrag zu geben, wirkt ganz offensichtlich wie der viel zu oft unternommene Versuch, dem Problem aus dem Weg zu gehen und alles beim Alten zu belassen. Dabei gilt es meiner Ansicht nach jedoch folgendes zu bedenken: Solange die Behauptung der strukturellen Benachteiligung nichts weiter besagt, als dass die gesellschaftlichen Strukturen bestimmte gesellschaftliche Gruppen (etwa alleinerziehende Mütter, Menschen mit Behinderungen, Obdachlose etc.) benachteiligen, ist sie ohne Zweifel voll und ganz zutreffend. Der Begriff der gesellschaftlichen Strukturen umfasst eben weit mehr als nur die jeweilige Rechtsordnung – nämlich auch die Strukturen der Wirtschaft, des Arbeitslebens, die Familienstrukturen, die politischen Strukturen etc. Soweit es die Gesamtheit dieser Verhältnisse betrifft, ist es noch keiner (ehemals) real existierenden menschlichen Gesellschaft gelungen, wirklich substantielle Chancengleichheit zu verwirklichen. Es hat immer und überall Bevölkerungsgruppen gegeben, die unter den Verhältnissen stärker zu leiden hatten als andere bzw. die von ihnen stärker profitieren konnten. Das Phänomen der strukturellen Benachteiligung ist insofern eine Tatsache der politischen Welt, an der sich bis heute nichts geändert hat. Im Zusammenhang des Chancengleichheits-Argumentes bezieht sich der Hinweis auf die strukturelle Benachteiligung jedoch auf bestimmte natürliche Gruppen, deren konstitutives Merkmal zunächst einmal nicht die Tatsache der gemeinsamen individuellen Benachteiligung, sondern das gemeinsame Geschlecht, die gemeinsame Sprache, der gemeinsame Glaube etc. ihrer Mitglieder ist, aus dem die Benachteiligung der Behauptung zufolge erst resultiert. Auch wenn es also keinen Zweifel daran geben kann, dass die Strukturen der Gesellschaft immer bestimmte Individuen benachteiligen, die sich insofern zur „Gruppe der Benachteiligten" zusammenfassen ließen, ist fraglich, ob es sich bei dieser Gruppe um jene natürlichen Gruppen handelt. Es ist – wie bereits im Rahmen der Diskussion des Kompensations-Argumentes deutlich wurde – durchaus möglich, dass die geforderten gruppenspezifischen Sonderrechtsmaßnahmen die falsche „Spezifikation" vornehmen (und etwa den Anliegen derjenigen, die sich für die Verbesserung der Lage von alleinerziehenden Müttern einsetzen, keineswegs förderlich sind).

So wie bei der Behauptung der gruppenspezifischen Interessen stellt sich daher auch mit Blick auf das Phänomen der Benachteiligung die Frage nach der Homogenität jener Minderheitsgemeinschaften. Sind durch den Ausschluss der Frauen (der Juden, der „Schwarzen", der Homosexuellen etc.) aus den öffentlichen Angelegenheiten tatsächlich Interessen unberücksichtigt geblieben, die allen Frauen (und nur ihnen) gemeinsam sind, so dass sich die Strukturen der Gesellschaft unter Vernachlässigung dieser Interessen zum Nachteil *aller* oder auch nur der allermeisten Frauen entwickelt haben? Dieses Problem ähnelt der oben im Rahmen des Kompensationsargumentes angesprochenen Frage, ob tatsächlich jede einzelne Frau persönlich unter Diskriminierung zu leiden hatte, und es daher gerechtfertigt sein kann der „Gruppe der Frauen" einen kollektiven Entschädigungsanspruch zuzuschreiben. Im Fall des Chancengleichheits-Argumentes ist das Problem allerdings etwas verlagert: Wenn mit Verweis auf das Argument von der strukturellen Benachteiligung ein Mitglied einer Minderheitsgemeinschaft bevorzugt behandelt würde, wäre diese Bevorzugung sozusagen nicht persönlich gemeint. Ihr Zweck wäre nicht die Erleichterung des privaten, in Folge der Gruppenzugehörigkeit erschwerten Schicksals des jeweils betroffenen Individuums, sondern *die Veränderung der gesellschaftlichen Strukturen.* Frau Glißmann aus dem Prologbeispiel würde also nicht deswegen vorgezogen, weil sie persönlich ohne diese Sonderrechtsmaßnahme keine Chance hätte (obwohl das möglicherweise so ist). Sie würde vielmehr in ihrer Funktion als Mitglied der betreffenden Gruppe und Repräsentantin der gruppenspezifischen Interessen in eine im weitesten Sinne einflussreichere gesellschaftliche Position befördert. Dieses Verfahren mag gewissermaßen nebenbei auch dem Ausgleich einer möglichen individuellen Benachteiligung dienen – doch darin besteht nicht sein eigentlicher Zweck, und schon aus diesem

Grund ist es auch nicht erforderlich, dass die betroffene Frau den Nachweis persönlich erlittener Benachteiligung erbringt. Die Bevorzugung
von Frauen und Mitgliedern anderer Minderheitsgemeinschaften soll
vielmehr der Herstellung von Gruppenparität hinsichtlich der gesellschaftlichen Einflussmöglichkeiten dienen, die als ein Erfordernis der
Gerechtigkeit angesehen wird, weil sie eine Voraussetzung substantieller Chancengleichheit darstellt. Derartige Bevorzugungsmaßnahmen
wären in diesem Fall, wenn überhaupt, also nicht als Kompensationsleistungen für Individuen und/oder Gruppen gerechtfertigt, sondern als
zeitlich befristetes Mittel zum Zweck der Schaffung einer „gerechteren
Welt".[17]

Spätestens an dieser Stelle weisen die Gegner des Chancengleichheits-Argumentes darauf hin, dass – wie bereits oben verdeutlicht – die
entsprechenden Sonderrechte, wenn nicht mit ihnen direkt korrespon-
dierenden Pflichten, so doch mit Lasten verbunden sind. Im Fall einer
Maßnahme wie der Frauenquote werden die Kosten des Verfahrens bestimmten Männern aufgebürdet, nämlich denjenigen, die mit den Frau-
en um die entsprechenden Einflussbereiche konkurrieren. Ihr Recht auf
die gleiche Berücksichtigung ihrer Interessen wird für eine befristete
Zeit gleichsam außer Kraft gesetzt, um ein übergeordnetes gesellschaftliches Ziel, nämlich die Verwirklichung substantieller Chancengleichheit zu verwirklichen. Ein solches Vorgehen ist dieser Position
zufolge nicht gerechtfertigt, da es dem Geist des liberalen Rechtssystems vollständig zuwiderläuft. Es gehört, so wird argumentiert, zur
grundlegenden normativen, sozialen und politischen Funktion von
Rechten, dass sie der Verfügungsmacht der Gesellschaft über das Individuum und dem allgemeinen Nutzenkalkül Grenzen setzen. Die durch
Rechte geschützten Freiheitsbereiche des Einzelnen dürften daher nicht
im Sinne des Gemeinwohls oder eines kollektiven Ziels bilanziert werden. Nur weil das so sei und nur solange das so sei, habe die gleiche
Freiheit jedes Einzelnen, „nach seiner Façon selig zu werden", überhaupt eine realistische Chance. *Welche konkreten Rechte* der Einzelne
hat und haben sollte, sei freilich eine ganz andere Frage. Herr Kalanke,
der im Prologfall mit Frau Glißmann um die Beförderung konkurriert,
habe ganz sicher ebenso wenig wie sie ein Recht auf die Stelle – aber er
habe, so wie sie, ein Recht darauf, dass seine Interessen gleichermaßen
berücksichtigt werden. Wenn dieses Recht zugunsten eines wenn auch
noch so „guten" kollektiven Ziels außer Kraft gesetzt werden dürfe,

werde die normative Kraft von Rechten und damit die soziale Funktion des Rechtssystems ausgehöhlt.

Diesem Einwand begegnen die Vertreter des Chancengleichheits-Argumentes mit dem Hinweis darauf, dass zeitlich befristete Maßnahmen wie die der Frauenquote keineswegs im Widerspruch zum Geist der liberalen Rechtsauffassung stehen, sondern vielmehr eine notwendige Maßnahme darstellen, um die Verwirklichung der liberalen Ideen in der Praxis erst zu ermöglichen. Ihrer Ansicht nach setzen gruppenspezifische Sonderrechte die Chancengleichheit nicht außer Kraft, da sie durch eine Situation veranlasst sind, die sich gerade durch einen Mangel an Chancengleichheit auszeichnet. Diese Debatte konfrontiert uns einmal mehr mit der „Tragödie des Liberalismus", also einer Situation, in der die Durchsetzung der liberalen Idee des „gleichen Rechts für alle" illiberale Maßnahmen nahe zu legen, wenn nicht erforderlich zu machen scheint. Ob individuelle Rechte in bestimmten Situationen kollektiven Zielen untergeordnet werden dürfen oder nicht, ist keine bloß philosophische, sondern eine politische Frage, die nur unter Beteiligung aller betroffenen Individuen nicht ein für allemal, sondern kontextsensibel und situationsspezifisch entschieden werden kann.

Für den Moment bleibt festzuhalten, dass das Chancengleichheits-Argument zur Begründung von Minderheitenrechten in jedem Fall nur unter der Bedingung überzeugen kann, dass sich gruppenspezifische Interessen ausmachen lassen, die in den Strukturen der gesellschaftlichen Entscheidungs- und Verteilungsverfahren keine ausreichende Berücksichtigung finden und mit Blick auf die alle Mitglieder der entsprechenden Gruppe homogen sind.

3. Das Differenz-Argument

> *„Die Theorie von der distributiven Gerechtigkeit*
> *[ist] (...) keine Integrationswissenschaft, sondern die*
> *Kunst der Differenzierung. Gleichheit ist schlicht und*
> *einfach das Ergebnis dieser Kunst."*
> *(Walzer 1998, 22)*

Das Differenz-Argument unterscheidet sich in zweierlei Hinsicht von den beiden zuvor diskutierten Argumente zur Verteidigung von Sonderrechten: Es hat sowohl einen anderen Ausgangspunkt als auch eine andere Zielsetzung. Allen drei Argumenten ist gemeinsam, dass sie in die Forderung nach gruppenspezifischen Sonderrechten für die Mitglieder von Minderheitsgruppen münden. Alle drei wenden sich insofern gegen die liberale Maxime des (formal) „Gleichen Rechts für alle" und die ihr zugrunde liegende Überzeugung, dass die Gruppenzugehörigkeiten von Individuen bei der Begründung von Rechten und der Verteilung von Freiheiten und Gütern keine Rolle spielen dürfen. Stattdessen wird behauptet, dass das Geschlecht, die Hautfarbe, die Kulturzugehörigkeit, die Abstammung etc. der Individuen moralische Relevanz haben und auch rechtlich berücksichtigt werden sollten. Die Vertreter des Kompensations- und des Chancengleichheitsargumentes verweisen zur Unterstützung dieser Behauptung auf die Tatsache, dass die entsprechenden Gruppenzugehörigkeiten mit Blick auf die sozialen Umstände, unter denen die Individuen innerhalb liberaler Gesellschaften ihre Rechte ausüben und ihre Ziele verfolgen, „einen Unterschied machen". Die moralische und rechtliche Relevanz der „natürlichen" Merkmale von Individuen wird im Zusammenhang dieser beiden Argumentationsweisen also mehr oder weniger unmittelbar auf die *sozialen Folgen* der jeweiligen Gruppenzugehörigkeit zurückgeführt. Im Unterschied dazu behaupten nun die Vertreter des Differenz-Argumentes, dass die Zugehörigkeit der Individuen zu bestimmten *kulturellen* Minderheitsgemeinschaften – und zwar jenen, die oben als so genannte konstitutive Gemeinschaften gekennzeichnet worden sind – nicht erst aufgrund ihrer sozialen Konsequenzen, sondern vielmehr *an und für sich* moralisch bedeutsam ist und rechtlich berücksichtigt werden muss. Und sie begründen ihre These mit dem Hinweis darauf, dass die Einbindung in eine solche Kulturgemeinschaft eine notwendige Voraussetzung individuellen Freiheitsgebrauchs und individuellen Wohlergehens ist und in wesentlicher Hinsicht bestimmt, welche fundamentalen Interessen die Einzelnen haben. Beide Behauptungen sind bereits oben im Kontext der Diskussion entsprechender Kollektivrechtsforderungen ausführlich betrachtet, mit den jeweiligen Gegeneinwänden konfrontiert und diskutiert worden. Ich werde mich darum im Folgenden möglichst kurz fassen.

Die These, dass die Einbindung in eine Kulturgemeinschaft eine notwendige Voraussetzung des Wohlergehens und der Freiheit von Individuen, dass die Zugehörigkeit zur eigenen Kultur ein soziales Grundgut ist, geht auf die Überzeugung zurück, dass jene Gruppen identitätsstiftende Wertegemeinschaften darstellen, die nicht nur das Selbstverständnis der ihnen angehörigen Individuen, sondern auch deren Weltverständnis und ihre Konzeption des guten Lebens in entscheidender und nicht substituierbarer Weise beeinflussen. Die Identitätsentwicklung des Individuums verläuft nicht in Isolation von anderen, sie ist kein monologischer Prozess, sondern wird erst durch die Einbindung in einen kulturellen Kontext und die Auseinandersetzung mit dessen Normen ermöglicht. Diese Auseinandersetzung umfasst, wie oben erläutert, sowohl Prozesse der Identifikation mit, als auch der Emanzipation von der eigenen „Herkunftsgemeinschaft". Die Prägung, die das Individuum durch die Zugehörigkeit zur Gemeinschaft erfährt, ist also nicht im Sinne einer Determination zu verstehen. Beide Prozesse sind für die Ausbildung einer eigenen Identität und die Entwicklung einer persönlichen Vorstellung des guten Lebens erforderlich, und beide erfordern gleichermaßen die Einbindung in einen kulturellen „Narrationskontext", der der eigenen Lebens- und Erlebnisgeschichte erst ihre Bedeutung verleiht und die unterschiedlichen Handlungsoptionen, zwischen denen die Individuen als freie Bürger wählen können, normativ gewichtet und zu unterschiedlich erstrebenswerten Handlungsoptionen macht. Kurz: Die kulturellen Minderheitsgemeinschaften, deren Rechtsansprüche im Zentrum der Gruppenrechtsdebatte stehen, bilden nicht nur einen möglichen und gegebenenfalls austauschbaren Rahmen, innerhalb dessen das Individuum seine frei gewählten Ziele und selbstgesetzten Zweck verfolgt, sondern den Boden, aus dem diese Zwecke und Ziele erst sprießen und auf dem die individuelle Vorstellung des guten Lebens erst gedeihen kann und in dem sie wurzelt:

„Individuelles Wohlergehen ist abhängig davon, dass man erfolgreich lohnende Ziele verfolgt und wertvolle Beziehungen pflegt. Diese Ziele und Beziehungen sind ihrerseits kulturell bestimmt. Dass Menschen soziale Lebewesen sind, bedeutet keineswegs nur, dass die Mittel zur Verwirklichung ihrer Pläne innerhalb einer Gesellschaft leichter verfügbar sind. Es meint in einem bedeutungsvolleren Sinn vielmehr, dass diese Ziele (geht man einmal über das für das biologische Überleben Notwendige hinaus) selbst Geschöpfe der Gesellschaft, *Produkte der Kultur* sind. (...) Das Vertrautsein mit einer Kultur limitiert den Bereich des Vorstellbaren. An einer Kultur teilzuhaben, ein Teil von ihr zu sein, bestimmt die Grenzen des Möglichen." (Margalit/Raz 1995, 86)

Aus diesem Grund ist dieser Position zufolge die Zugehörigkeit der Individuen zu ihrer eigenen Kulturgemeinschaft als ein soziales Grund-

gut anzusehen, eine Voraussetzung für die Möglichkeit des Individuums, nicht nur „nach seiner Façon selig zu werden", sondern eine solche „Façon" erst einmal zu finden. In einer gerechten Gesellschaft
muss daher, so lautet die These, sichergestellt sein, dass die Individuen
in ihrer kulturellen Zugehörigkeit gleichermaßen geschützt sind. Dieser Schutz sei im Fall der Mitglieder von Minderheitskulturen jedoch
nicht ausreichend sichergestellt, denn der Boden, in dem sie wurzeln,
bietet in Folge der sukzessiven Assimilation und Erosion ihrer Gemeinschaften und deren Traditionen zunehmend weniger Halt. Den
Angehörigen dieser Kulturen droht also gleichsam die „Entwurzelung". Dass diese Tatsache die Einrichtung entsprechender *Kollektivrechte* zum Schutz der Existenz jener Gruppen gleichwohl nicht rechtfertigen kann, ist im vorangegangenen Kapitel dieser Arbeit erläutert
worden: Wenn konstitutive Gemeinschaft ihren Wert aus der Tatsache
beziehen, dass sie das Wohlergehen und die Freiheit des Individuums
ermöglichen, kann ihre Existenz nicht durch Maßnahmen gesichert
werden, die eben diese Freiheit gegebenenfalls massiv beschränken.
Die Gruppe als solche hat aus diesem und anderen Gründen kein
„Recht auf Existenz", das sie im Notfall gegenüber den eigenen Mitgliedern geltend machen könnte. Konzentriert man sich jedoch statt
auf die kollektiven Ansprüche der Gruppe als ganzer auf die individuellen Ansprüche der ihr angehörigen Individuen, ergibt sich nach Ansicht der Sonderrechtsbefürworter ein anderes Bild:

Wenn nämlich die Zugehörigkeit zur eigenen Kulturgemeinschaft
ein soziales Grundgut ist und insofern im fundamentalen Interesse der
Individuen liegt, müssen diese in einer liberalen Gesellschaft, die den
Schutz der fundamentalen Interessen von Individuen garantiert, entsprechende Rechte auf die Anerkennung und den Schutz ihrer Kulturzugehörigkeit haben. Das gilt zunächst einmal für alle Individuen gleichermaßen. Sie alle sind kulturell verwurzelt, und zwar auch diejenigen von ihnen, die sich wie die oben geschilderten „postmodernen
Bastelexistenzen" von ihrer ursprünglichen kulturellen Prägung weitgehend gelöst haben und sich je nach Interessenlage unterschiedlicher
Kulturkontexte, verschiedener „cultural materials" bedienen. Der Hinweis auf die fundamentale Bedeutung der Kulturzugehörigkeit liefert
daher auch meiner Ansicht nach ein überzeugendes Argument für die
Einrichtung eines „Gleichen Rechts auf Kulturschutz für alle". Ein solches Individualrecht ist mit den Grundsätzen der liberalen Rechtsbe-

gründung durchaus vereinbar und kann vor dem Hintergrund der Interessentheorie als moralisch begründet und gefordert betrachtet werden. Welche konkreten Maßnahmen im Rahmen eines solchen Rechtes begründet werden können, ist freilich eine andere Frage, die nur mit Blick auf die jeweils spezifische historische und soziale Situation beantwortet werden kann. Es ist jedoch davon auszugehen, dass die Individuen in einer liberalen plurikulturellen Gesellschaft das gleiche Individualrecht auf den Schutz und die Anerkennung ihrer jeweiligen Kulturzugehörigkeit haben:

„Bedürfen die Menschen in ihrer Mehrzahl eines gesicherten kulturellen Zusammenhangs, der ihrer Lebensplanung Sinn und Richtung zu geben vermag? Wenn ja, dann zählt ein solcher Zusammenhang zu jenen primären Gütern, die eine Voraussetzung dafür bilden, daß die Menschen das, was für sie das gute Leben darstellt, überhaupt verwirklichen können. (...) Die Forderung nach politischer Anerkennung von kultureller Besonderheit – ausgedehnt auf alle Individuen – ist durchaus mit einem Universalismus vereinbar, der die Kultur und den kulturellen Zusammenhang, der für bestimmte Menschen von hohem Wert ist, zu den grundlegenden Interessen dieser Menschen zählt." (Gutmann 1993, 120)

Im Rahmen des „Differenz-Argumentes" dient der Hinweis auf die fundamentale Bedeutung der Kulturzugehörigkeit jedoch vornehmlich zur Begründung besonderer, nämlich *gruppenspezifischer* Minderheitenrechte, und zwar indem er mit der Behauptung verbunden wird, dass die Mitglieder kultureller Minderheitsgemeinschaften in kulturell heterogenen Staaten aufgrund der Dominanz der liberalen Mehrheitskultur, die in den öffentlichen Institutionen verkörpert ist und auch in den Regeln des für alle gleichen Rechts zum Ausdruck kommt, in besonderer Weise in ihrer Kulturzugehörigkeit gefährdet sind. Sie sind insofern mit Blick auf ihre Möglichkeit, ein gutes Leben zu haben und „nach ihrer eigenen Façon selig zu werden" nicht nur relativ, d.h. im Vergleich zu den Mitgliedern der Mehrheitskultur, sondern auch und vor allem „absolut", also mit Blick auf ihre höchstpersönliche, gewissermaßen unvergleichliche Wohlergehens-Chance, massiv beeinträchtigt. Das aber ist aus der Perspektive der Gerechtigkeit nicht hinzunehmen.[18]
Moderne liberale Gesellschaften zeichnen sich zunehmend dadurch aus, dass in ihnen verschiedene Kulturen, und das bedeutet immer auch verschiedene Wertegemeinschaften „unter einem Dach" leben. Dieses

Dach setzt sich nicht zuletzt aus den für alle verbindlichen Rechtsnormen zusammen, die die unter ihnen versammelten Individuen gleichermaßen schützen sollen. Nach Ansicht der Befürworter von kulturspezifischen Minderheitsrechten erfüllen die für alle verbindlichen, vermeintlich neutralen Rechtsregeln diese Schutzfunktion mit Blick auf manche Individuen jedoch effektiver als mit Blick auf andere. Diejenigen, deren Lebenskultur den liberalen Grundwerten (Autonomie, Freiheit, Selbstbestimmung, Pluralismus) nicht entspricht, stehen gleichsam im Regen. Um auch ihnen den Schutz zukommen zu lassen, den sie brauchen und den sie „als Gleiche" verdienen, muss das Dach erweitert, muss die liberale Rechtsordnung um entsprechende kulturspezifische Minderheitsrechte ergänzt werden. Diese sollen unter anderem sicherstellen, dass sich die allgemein verbindlichen Rechtsregeln nicht zum Nachteil (der Mitglieder) bestimmter Kulturgemeinschaften auswirken. Sie brauchen dieser Position zufolge besondere Kulturschutzrechte, um sich und ihre Lebensweise gegenüber dem Assimilationsdruck der Gesellschaft und ihrer Institutionen behaupten zu können. In der Gewährung dieser Sonderrechte kommt insofern eine ausdrückliche Anerkennung der differenten Kulturzugehörigkeit von Individuen zum Ausdruck. Kulturspezifische Sonderrechte dienen auf diese Weise auch der Bewahrung der kulturellen Vielfalt innerhalb einer plurikulturellen Gesellschaft, dem Schutz der kulturellen Differenz. Es handelt sich hier demnach nicht um vorübergehende Maßnahmen, die sich erübrigen, sobald die gesellschaftliche Situation in Folge der Geltung solcher Rechte entsprechend „egalisiert" ist. Die kulturelle Differenz zwischen den Individuen ist eine Tatsache der sozialen Welt und der kulturelle Pluralismus in modernen Gesellschaften ein bleibendes Phänomen. Um unter diesen Bedingungen die gleiche Anerkennung der verschiedenen Individuen gewährleisten zu können, muss das Rechtssystem dieser Position zufolge kultursensibel gestaltet und angewendet werden. Das Differenz-Argument stellt sich demnach folgendermaßen dar:

1. Die Zugehörigkeit zu einer Kulturgemeinschaft ist ein soziales Grundgut, ein Voraussetzung individuellen Wohlergehens.
2. Die Individuen haben daher ein Recht darauf, in ihrer Kulturzugehörigkeit geschützt zu werden.
3. Diese ist im Fall der Mitglieder von Minderheitsgemeinschaften

nicht zuletzt aufgrund der Dominanz der „liberalen Leitkultur"
insbesondere bedroht.

4. Die Mitglieder von Minderheitsgemeinschaften haben daher
   einen besonderen Schutzanspruch. Sie brauchen und verdienen
   entsprechende Sonderrechte zum Schutz ihrer Kulturzugehörigkeit.

Die Überzeugungskraft des Differenz-Argumentes im Rahmen der Begründung kulturspezifischer Minderheitenrechte hängt also davon ab,
dass sich *erstens* zeigen lässt, dass der Schutz der eigenen Kulturzugehörigkeit zu den fundamentalen Interessen der Individuen zu rechnen
ist und dass dieser sich *zweitens* im Fall von Minderheitskulturen in
liberalen Gesellschaften aus Gründen, die mit der Grundstruktur des
liberalen Rechtsstaates und der Verfasstheit moderner Gesellschaften
zusammenhängen, ohne die entsprechenden Sonderrechte nicht sicherstellen lässt.

Die ersten beiden Thesen dieses Argumentes sind bereits im letzten
Kapitel dieser Arbeit diskutiert und bestätigt worden. Demnach ist davon auszugehen, dass alle Individuen in einer liberalen Gesellschaft
ein Recht auf den Schutz und die Anerkennung ihrer Kulturzugehörigkeit haben sollten, das im Einzelfall freilich wesentlich genauer konkretisiert werden müsste. Dabei handelt es sich um ein universelles Individualrecht, das sich – die Geltung der genannten Prämissen vorausgesetzt – auch im Rahmen der liberalen Rechtsbegründung durchaus
legitimieren lässt. Betrachten wir also gleich die dritte These, d.h. die
Behauptung, dass die liberale Rechtskonzeption entgegen ihrem Neu-
tralitätsanspruch bestimmte Lebensweisen effektiv befördert und andere effektiv behindert. Auch hier handelt es sich mindestens zum Teil
um eine empirische These, die zudem in dieser allgemeinen Form nur
schwer zu diskutieren und zu bewerten ist. Gemeint ist, dass die liberale Rechtsbegründung auf Grundwerte (Individualismus, Autonomie,
Wertepluralismus etc.) Bezug nimmt, die sich in den konkreten
Rechtsregeln und deren Anwendung niederschlagen, was zur Folge
hat, dass die Mitglieder derjenigen Gruppen, deren „Lebenskultur"
diesen Werten ent-spricht, bei der Verwirklichung ihrer Ziele und der
Befriedigung ihrer Interessen in einer liberalen Gesellschaft weniger
Widerständen begegnen als jene, die den kulturellen Minderheitsgemeinschaften angehören. Kurz: Die liberale Rechtsauffassung verkör-

pert selbst eine bestimmte Lebens- und Denkkultur, sie beinhaltet eine bestimmte Vorstellung des „guten Lebens", die sich mit den Werten mancher Kulturgemeinschaften nicht in Übereinstimmung bringen lässt.

Tatsächlich setzt der Liberalismus als eine politische Theorie seinerseits eine bestimmte „Konzeption des guten Lebens" voraus, unter dem er ein weitgehend selbstbestimmtes Leben in Freiheit versteht. Insofern trifft auch die Behauptung, dass die der liberalen Rechtsauffassung zugrunde liegenden Werte nicht von allen Kulturen gleichermaßen hoch geschätzt werden, zu. Ohne Zweifel sind längst nicht alle Menschen der Meinung, dass die Freiheit des Einzelnen das höchste Gut darstellt. Wenn nun bestimmte, „nicht-liberale" Kulturgemeinschaften als Minderheiten in einem liberalen Rechtsstaat leben, sind entsprechende „Kulturkonflikte" zu erwarten, und in diesen Fällen ist der Staat, wie oben geschildert, nicht nur legitimiert, sondern aufgefordert, die Mitglieder der nicht-liberalen Minderheitsgemeinschaften an der Pflege ihrer kulturellen Traditionen zu hindern. Die dritte These des „Differenz-Argumentes" beinhaltet damit die auf den ersten Blick plausible Behauptung, dass die Wertgebundenheit der liberalen Rechtsordnung zwangsläufig tendenziell auf Kosten der Minderheitsgemeinschaften geht, diese also benachteiligt, bedroht und in diesem Sinne schädigt. Diesbezüglich scheint es mir jedoch wichtig, möglichst klar zwischen der tatsächlichen Rechtspraxis in liberalen Gesellschaften und dem „Geist" der liberalen Rechtsbegründung und des liberalen Staatsverständnisses zu unterscheiden. Dass das liberale Rechts- und Staatsverständnis nicht wertfrei ist, bedeutet nämlich nicht schon zwangsläufig, dass sich ein liberaler Rechtsstaat nicht wertneutral verhalten kann. Neutralität setzt keineswegs notwendigerweise voraus, dass man keine eigene Position hat, und sie beinhaltet auch nicht die Ignoranz gegenüber der Tatsache, dass es verschiedene andere Positionen gibt. Vielmehr erweist sie sich gerade darin, dass man die verschiedenen Positionen zur Kenntnis nimmt, anerkennt und versucht, zwischen ihnen fair abzuwägen. Sich neutral zu verhalten bedeutet dann nichts anderes, als dass man keiner dieser Positionen, schon und allein deswegen, weil es die eigene oder die Position meines Verbündeten oder die Position der Mehrheit ist, den Vorzug gibt. Für ein solches Verfahren bietet das liberale Staats- und Rechtsverständnis mit seiner starken Betonung der Autonomie des Einzelnen und seiner besonderen Wertschätzung der Freiheit des Individuums eine meiner Ansicht nach gute Ausgangsposition.

Diese lässt sich gleichwohl verbessern, und damit bin ich bereits bei der vierten These des Differenz-Argumentes, der Forderung nach besonderen Rechten zum Schutz der Kulturzugehörigkeit von Minderheitsangehörigen, die nach Ansicht der Befürworter von Minderheitenrechten durch die nicht ausreichend neutralen Effekte der liberalen Rechtssetzung und Rechtsanwendung bedroht ist. Wenn Neutralität, wie soeben behauptet, voraussetzt, dass man die verschiedenen Positionen kennt und gleichermaßen anerkennt, dann liegt es nahe, aus dem „Recht auf den Schutz der Kulturzugehörigkeit" ein Recht auf die öffentliche Anerkennung der jeweiligen Positionen der Minderheitsgemeinschaften abzuleiten. Diese Anerkennung würde ihrerseits voraussetzen, dass man die Positionen der „anderen" zunächst einmal zu Kenntnis nimmt. Und genauso argumentieren die Befürworter von besonderen Mitbestimmungsrechten zugunsten der Mitglieder kultureller Minderheiten: Die staatliche Neutralität ist ihrer Ansicht nach nur dann glaubwürdig gewährleistet, wenn die unterschiedlichen Minderheitsgruppen im Rahmen der öffentlichen Entscheidungsverfahren gehört und an diesen Verfahren beteiligt werden. Da diese Möglichkeit in demokratischen Gesellschaften häufig von Mehrheitsentscheidungen abhängt, ist es für die Mitglieder der zahlenmäßig unterlegenen Gruppen ungleich schwerer, ihrer Stimme Gehör zu verschaffen und ihre Interessen geltend zu machen. Um diesen Nachteil auszugleichen, benötigen die Angehörigen solcher Minderheitsgemeinschaften ein „Sonderrecht auf Mitbestimmung" (etwa durch die Einführung entsprechender Quoten).[19]

Im Rahmen der Begründung dieses Rechtes werden nun wiederum gruppenspezifische Interessen vorausgesetzt, und wieder stellt sich die Frage, ob diese Voraussetzung legitim ist, ob die Mitglieder der betreffenden Gruppen also tatsächlich Interessen haben, die aus ihrer Gruppenzugehörigkeit resultieren und an diese gebunden sind. Im Fall kultureller Minderheitsgemeinschaften ist diese Frage vor dem Hintergrund dessen, was oben über die Struktur und das Wesen konstitutiver Gemeinschaften dargestellt worden ist, meiner Ansicht nach jedoch weitaus zweifelsfreier positiv zu beantworten als etwa mit Blick auf die Gruppe der Frauen oder die der Männer. Im Begriff der Kultur ist immer schon ein bestimmter und spezifischer „Blick auf die Welt" impliziert – das bedeutet nicht, dass die eigene Kulturzugehörigkeit jeden anderen Blick verstellt und die eigene Perspektive festlegt. Es bedeutet lediglich, dass sie eine bestimmte Perspektive nahe legt, die aus einem anderen kulturellen Kontext heraus möglicherweise nicht ohne weiteres ersichtlich ist. Darum ist jede plurikulturelle Gesellschaft auf einen funktionierenden, lebendigen, gleichberechtigten „Dialog der Kulturen" angewiesen. Besondere Mitbestimmungsrechte könnten sich als geeignetes Mittel zur Ermöglichung und Beförderung dieses Dialogs erweisen. Doch Mitbestimmungsrechte sind nicht der einzige Typ von gruppenspezifischen Sonderrechten, die zugunsten von kulturellen Minderheiten gefordert werden. Das in dieser Arbeit betrachtet Beispiel betraf einen ganz anderen Fall, nämlich den der muslimischen Lehrerin Fereshta Ludin, die nach wie vor nicht an einer staatlichen Schule mit ihrem Kopftuch unterrichten darf. Im Folgenden will ich daher zum Zweck der Veranschaulichung des Differenz-Argumentes einen kurzen abschließenden Blick auf die Kopftuchdebatte werfen und verdeutlichen, wie sich die Anerkennung eines Rechts auf den Schutz der Kulturzugehörigkeit auf die Entscheidung dieses Streites auswirken würde.

Im Zentrum der Debatte steht das Neutralitätsgebot des liberalen Staates: Frau Ludin ist als Lehrerin an einer staatlichen Schule, d.h. als Vertreterin des Staates zur Neutralität verpflichtet – und der bisherigen Rechtsprechung der deutschen Gerichte zufolge schließt das den „Unterricht mit Kopftuch" aus. Das Neutralitätsgebot spielt hier zugleich auf einer weiteren Ebene eine Rolle, insofern es die Behauptung begründen soll, dass die vom Staat geforderte Unparteilichkeit bei der rechtlichen Berücksichtigung von Interessen es verbietet, im Fall von Frau Ludin ein Interesse, das prinzipiell auch andere haben könnten – nämlich das Interesse an „freier Religionsausübung auch im Staatsdienst" – rechtlich zu schützen, während andere nicht dasselbe Recht genießen. Der liberalen Neutralitätsposition zufolge ist entweder dieses Interesse als solches fundamental und damit schutzwürdig, dann aber müssen alle, die es teilen, ein entsprechendes Recht haben, und dieses Recht darf nicht willkürlich auf Frau Ludin bzw. die Gruppe der muslimischen Lehrerinnen beschränkt bleiben. Oder das Interesse ist nicht in diesem Sinne schutzwürdig, dann aber kann es ohnehin keinen Rechtsanspruch begründen. Diese Darstellung der Argumentationslage ist freilich stark verkürzt und nicht ganz korrekt. Diejenigen, die das

Kopftuch in der Schule verbieten wollen, sagen nicht, dass Frau Ludins Interesse nicht schutzwürdig ist – sie behaupten vielmehr, dass das ihm entgegenstehende Interesse der Schüler auf negative Religionsfreiheit schwerer wiegt. Es geht hier also letztlich um eine Art Güterabwägung, um die Hierarchisierung verschiedener Rechte, die in diesem Fall zum Nachteil von Frau Ludin ausfällt. Nach Ansicht der Kopftuchbefürworter wäre das Ergebnis dieser Güterabwägung ein anderes, wenn die Gesetzgeber und Rechtsprecher *erstens* berücksichtigen würden, dass das Kopftuch Teil der kulturellen Identität von Frau Ludin ist und wenn *zweitens* im Sinne des Differenz-Argumentes die Kulturzugehörigkeit von Minderheitsangehörigen einem besonderen rechtlichen Schutz unterstellt würde, um zu verhindern, dass sie sich – wie in diesem Fall – in liberalen gesellschaftlichen Kontexten als individuelle Benachteiligung auswirkt.

Was die erste Behauptung betrifft, so dauert der Streit um die angemessene Interpretation des Kopftuchs nach wie vor an, und ein Ende ist nicht in Sicht. Von Seiten der Gegner einer „Kopftucherlaubnis" wird die Kopfbedeckung in der Regel als ein Symbol für die Unterdrückung bzw. die nachgeordnete Stellung der Frau in der islamischen Welt interpretiert. Als solches gilt sie nicht als kulturelles, sondern vornehmlich als politisches Symbol, das eine Provokation für alle bedeutet, die im Sinne der liberalen Grundwerte von der prinzipiellen Gleichwertigkeit und Gleichberechtigung der Geschlechter überzeugt sind. Frau Ludin dagegen betont, dass die Kopfbedeckung eine ausschließlich religiöse Bedeutung hat und keinerlei Aussage über den Status und die Rechte von Frauen beinhaltet. Insofern die Entscheidung des Kopftuchstreits von der jeweiligen Interpretation dieser Kopfbedeckung abzuhängen scheint, wirft die Debatte die prinzipielle Frage auf, wer die Definitionsmacht über die Bedeutung im weitesten Sinne kultureller Symbole hat. Diesbezüglich ist auffällig, dass sie im Fall der Kopftuchentscheidung offensichtlich in die Hände derjenigen gelegt wird, die einer anderen Kultur angehören als Frau Ludin. Damit soll nicht behauptet sein, dass die Definitionsmacht über die Bedeutung von Frau Ludins Kopftuch allein Frau Ludin zukommt – es ist ja gerade das Wesen von Symbolen, dass sie eine überindividuelle Bedeutung haben. Aber diese Bedeutung haben sie in einem bestimmten Kulturkontext. Es scheint daher nahe liegend, die Mitglieder dieses Kulturkontextes im Rahmen eines „Dialogs der Kulturen" über die Bedeutung des Symbols zu befragen. Wenn sich nun dabei herausstellen sollte, dass das Kopftuch tatsächlich vornehmlich als ein Zeichen für die nachgeordnete Stellung der Frau im Islam zu verstehen ist, wäre klar, dass der Anspruch auf das „Kopftuch im Unterricht" nicht mit Verweis auf ein „Recht auf Anerkennung und Schutz Kulturzugehörigkeit" begründet werden könnte und zwar auch dann nicht, wenn dieses Recht gruppenspezifische Sonderrechte beinhalten würde. Dem Recht auf Kulturzugehörigkeit liegt die Auffassung zugrunde, dass die Zugehörigkeit zu einer identitätsstiftenden Kulturgemeinschaft ein soziales Grundgut und prinzipiell schutzwürdig ist – gleiches gilt jedoch nicht für die Mitgliedschaft in einer Partei oder die Anhängerschaft einer bestimmten politischen Überzeugung.

Doch auch wenn der „Dialog der Kulturen" zu dem Ergebnis käme, dass das Kopftuch tatsächlich ein religiöses bzw. ein Kultursymbol ist, sähe die Situation für Frau Ludin prima facie nicht eben besser aus. Denn das Neutralitätsgebot untersagt nicht nur die Präsentation politischer, sondern auch die religiöser Symbole. In diesem Fall könnte ein gruppenspezifisches Minderheitenrecht auf den besonderen Schutz der Kulturzugehörigkeit Frau Ludins Ansprüche jedoch unter besonderen Schutz stellen und durchsetzen. Ein solches Recht könnte im Sinne des Differenz-Argumentes mit Verweis auf die Tatsache begründet werde, dass *erstens* alle Individuen das gleiche Recht auf die Anerkennung ihrer Kulturzugehörigkeit haben und dass dieses Recht *zweitens* im Fall von Minderheitsangehörigen besondere Maßnahmen erforderlichen macht, um den liberalen Anspruch des gleichen Schutz für die fundamentalen Interessen aller Individuen zu realisieren.

Mit anderen Worten: Wenn *erstens* vorausgesetzt werden kann, dass das Kopftuch ein kulturelles Symbol und damit Teil der Identität von Frau Ludin ist, und wenn *zweitens* vorausgesetzt wird, dass sich die Mitglieder der entsprechenden Kulturgemeinschaft im qualitativen Sinne in der Minderheit befinden, und wenn *drittens* die Geltung eines diesbezüglichen Minderheitenrechts auf Anerkennung und Schutz der Kulturzugehörigkeit vorausgesetzt werden kann, dann muss sich die Gewichtung im Fall der vorgenommenen Güterabwägung zugunsten von Frau Ludins „kulturspezifischem Interesse" verschieben. Das negative Recht der Schüler auf Religionsfreiheit könnte in diesem Fall vom positiven Recht der Minderheitsmitglieder auf den Schutz ihrer Kulturzugehörigkeit übertrumpft werden. Die Tatsache, dass auch andere Individuen ein gleichlautendes *Interesse* – das heißt ein Interesse an der Befreiung vom Neutralitätsgebot – haben, stellt in diesem Fall kein Argument mehr dafür dar, ihnen auch dasselbe *Recht* zuzusprechen, jedenfalls solange nicht, wie diese anderen nicht ebenfalls Mitglieder einer benachteiligten Minderheitsgemeinschaft und als solche mit Blick auf die öffentliche Anerkennung und den Schutz ihrer Kulturzugehörigkeit in besonderer Weise bedürftig sind.

Über all diese Fragen müsste ohne Zweifel viel ausführlicher debattiert werden als es in diesem Rahmen möglich ist. Sie betreffen letztlich die praktische Umsetzung jener Minderheitenrechte, die durch das „Recht auf Kulturzugehörigkeit" meiner Ansicht legitimiert und aus ihm abzuleiten sind. Diese müssen im Einzelfall konkretisiert und gewichtet werden: Das Recht auf Kulturzugehörigkeit ist nicht das einzige und nicht das höchste Recht, das die Individuen in einer plurikulturellen liberalen Gesellschaft haben sollten, und es gehört zur Natur von Rechten, dass sie so wie die ihnen zugrunde liegenden Interessen miteinander in Konflikt geraten können. Diese Rechts- und Interessenkonflikte sind nicht ein für allemal zu lösen, sondern erfordern von allen Beteiligten immer wieder die Bereitschaft zum Kompromiss, also zu einer Einigung auf der Grundlage *gegenseitiger Zugeständnisse.* Zu solchen Zugeständnissen ist jedoch erfah-rungsgemäß nur derjenige bereit und in der Lage, der seine Interessen prinzipiell beachtet und gewahrt weiß und sich als Gleichberechtigter anerkannt fühlt. Die Anerkennung der fundamentalen Bedeutung der Kulturzugehörigkeit der Individuen und die Bereitschaft, ihre kulturspezifischen Interessen ernst zu nehmen, die in der Einrichtung entsprechender Minderheitenrechte zum Ausdruck kommt, macht daher diese Kompromisse, auf die die Staaten der Welt in Zukunft noch weitaus stärker angewiesen sein werden als bisher, erst möglich.

---

1   Vgl. zur Unterscheidung des „Rechts auf Gleichbehandlung" vom „Recht, als ein Gleicher behandelt zu werden" Dworkin 1993, S.79. Siehe auch Williams 1978.

2   Vgl. zu den unterschiedlichen faktischen Gleichheitsbehauptungen, die in der Rechts- und Staatsphilosophie vertreten worden sind und werden, Höffe 1989, S.319ff.

3   Vgl. dazu Kymlicka 1991, S.12ff.

4   „Das Verbot, jemanden wegen seines Geschlechts, seiner Abstammung, seiner Rasse oder aus anderen für unzulässig gehaltenen Gründen zu be-

nachteiligen (...) [beruht] auf der Überzeugung, dass die (...) genannten Eigenschaften eine Differenzierung nicht begründen können, also jede Ungleichbehandlung, die mit diesen Eigenschaften begründet wird, unzulässig ist. Würde man auf diese Eigenschaften abstellen, wäre dies eine Einteilung der Menschen in verschiedene und auch verschieden ‚wertvolle' Klassen und Gruppen. (...) *Die Diskriminierungsverbote verbieten gerade solche Ungleichbehandlungsbegründungen, die per se bedeuten, dass nicht alle Menschen als Gleiche oder als Gleichberechtigte angesehen werden.*" (Huster 1993, 313f; Hervorhebung S.B.)

5   In der Rawls'schen Variante der Vertragstheorie erhält dieses Ergebnis, also die Vereinbarung prinzipiell gleicher Grundrechte und -pflichten, zusätzliche Plausibilität durch die Bedingung, dass die Vertragsverhandlungen hinter dem sogenannten „Schleier des Nichtwissens" abgehalten werden: „Zu den wesentlichen Eigenschaften dieser Situation gehört, dass niemand seine Stellung in der Gesellschaft kennt, seine Klasse oder seinen Status, ebenso wenig sein Los bei der Verteilung natürlicher Gaben wie Intelligenz oder Körperkraft. Ich nehme sogar an, dass die Beteiligten ihre Vorstellungen vom Guten und ihre besonderen psychologischen Neigungen nicht kennen. Die Grundsätze der Gerechtigkeit werden hinter einem Schleier des Nichtwissens festgelegt. Dies gewährleistet, dass dabei niemand durch die Zufälligkeiten der Natur oder der gesellschaftlichen Umstände bevorzugt oder benachteiligt wird. Da sich alle in der gleichen Lage befinden und niemand Grundsätze ausdenken kann, die ihn aufgrund seiner besonderen Verhältnisse bevorzugen, sind die Grundsätze der Gerechtigkeit das Ergebnis einer fairen Übereinkunft oder Verhandlung." (Rawls 1994, S.28)

6   Vgl. dazu Nagel 1994, S.20-33.

7   Ob das so ist – also ob der Erfolg der einen die Chancen der anderen tatsächlich nicht schmälert – und ob das „so sein sollte" – ob uns das soziale Gefälle also nicht weiter beunruhigen muss – ist freilich eine andere Frage, die hier nicht weiter diskutiert werden kann.

8   Manche Autoren vertreten ganz im Gegenteil die Auffassung, dass entsprechende systematische „Förderprogramme" zugunsten der Opfer vergangener Diskriminierung deren Gefühl von Minderwertigkeit eher verstärken als beseitigen – eine These, über die sich lange streiten lässt. Vgl. dazu Dworkin 1993, S.75f.

9   Manche Autoren vertreten sogar die Auffassung, dass etwa im Fall von Bevorzugungsmaßnahmen zugunsten von Frauen im Sinne der Quote eindeutig feststeht, dass es sich bei denjenigen, die die Kosten eines solchen Verfahrens zu tragen haben (die gleich qualifizierten Männer, die mit den Frauen um entsprechende Stellen konkurrieren) gerade nicht um die Schuldigen handelt. Vgl. Gräfrath 1993, Sher 1975, Simon 1993. Siehe auch Fullinwider 1993: „[D]as Unrecht, das kompensiert werden soll, war nicht das persönliche Unrecht dieser Individuen, sondern ein gemeinschaftliches Unrecht, das einer gesetzlich abgesicherten und gerichtlich durchgesetzten Diskriminierung entsprang, die in den gesellschaftlichen Sitten eine Stütze fand. Wie kann die Gemeinschaft dazu berechtigt sein, die Kosten der

Schuld auf Nichtschuldner abzuwälzen?" (Fullinwider 1993, S.106)

10 Vgl. Thomson 1993b, S.47.

11 Vgl. Fullinwider 1993, S.104ff; Simon 1993, S.55; Fullinwider 1975, S.316f. Kontrovers dazu Rachels 1993, S.174f; Boxill 1978, S.265.

12 Vgl. dazu O'Neill 1993.

13 Vgl. dazu Wolf 1993.

14 Vgl. dazu Jaggar 1983, S.195ff.

15 Vgl. zur Debatte um spezifisch weibliche Interessen etwa Jaggar 1983.

16 Dies gilt im übrigen nach Ansicht mancher Autoren auch für die soziale Situation ihrer Mitglieder: „Groups are not made up of equal persons and not all members of a group are unequal (in the relevant respects) to all those outside it. To treat the group as a whole as ‚less equal' to those outside with respect to, say, resources, would violate liberal equality to the extent that some group members are, in fact, better endowed with resources than some outsiders. It is because of the nature of ‚groups' as associations of differently endowed individuals, whose memberships are not constant but in a state of flux, that liberal egalitarianism has (...) generally upheld indvidual rather than group equality." (Kukathas 1992, S.674f)

17 „Diese Situation liefert das Paradigma für die (...) substantielle Interpretation der Chancengleichheit. Nach dieser Ansicht gelten die Chancen von A und B nicht deshalb als gleich, weil niemand mit rechtlichen oder quasi-rechtlichen Hindernissen konfrontiert ist, auf die der andere nicht stößt, sondern deshalb, weil A und B zu gesellschaftlichen Gruppen gehören, deren Erfolgsraten beim Erwerb von x gleich sind. Eine Gesellschaft mit Chancengleichheit ist nach dieser substantiellen Auffassung eine, in der alle (...) gesellschaftlichen Gruppen die gleiche Erfolgsrate aufweisen kön-nen. Nach der substantiellen Interpretation von Chancengleichheit ist es nicht deshalb gerechtfertigt, jemanden bevorzugt oder nach Quoten zuzu-lassen, einzustellen oder zu befördern, weil dadurch Maßstäbe auf eine nichtdiskriminierende Weise angewandt würden (das geschieht nicht), son-dern deshalb, weil so gleiche (oder zumindest weniger ungleiche) Beloh-nungen zugeteilt werden." (O'Neill 1993, S.148f)

18 „It may be no more than a brute fact that our world is organized in a large measure around groups with pervasive cultures. But it is a fact with farreaching consequences. It means, in the first place, that membership of such groups is of great importance to individual well-being, for it greatly effects one's opportunities, one's ability to engage in relationships and pursuits marked by the culture. Secondly, it means that the prosperity of the culture is important to the wellbeing of its members. If the culture is decaying (...) the options and opportunities to its members will shrink, become less attractive, and their pursuit less likely to be successful." (Margalit/Raz 1995, S.86f)

19 In diesem Sinne, also zugunsten eines „Prinzips der Gruppenvertretung" argumentiert etwa Iris Marion Young. Vgl. Young 1993.

Epilog:
Von Quoten, Kopftüchern und Kompromissen

Im Rahmen dieser Arbeit bin ich der Frage nachgegangen, ob bestimmte Gruppen aus moralischen Gründen mit besonderen juridischen Rechten ausgestattet werden sollen. Dabei ist deutlich geworden, dass sich die Frage nach der moralischen Legitimität von Gruppenrechten in dieser Allgemeinheit weder positiv noch negativ beantworten lässt. Die noch immer weit verbreitete Haltung einer kategorischen Ablehnung von besonderen Rechten für (die Mitglieder von) durch Nationalität, Ethnie, Kultur, Sprache, Rasse und Geschlecht bestimmte(n) Gruppen ist daher ebenso problemunangemessen wie deren prinzipielle Befürwortung. Gruppenrechte lassen sich nicht schon als solche – etwa mit Verweis auf das Gleichheitsprinzip oder den „Wert des Einzelnen" – zurückweisen, aber sie sind ebenso wenig schon als solche – etwa mit Verweis auf den „Wert von Gemeinschaft" – legitimiert. Die unbestimmte Antwort auf die allgemeine Frage nach der Legitimität von Gruppenrechten lautet vielmehr: „Es kommt ganz darauf an." Es war ein wesentliches Anliegen meiner Arbeit zu verdeutlichen, worauf es in diesem Fall ankommt.

Diesbezüglich ist unter anderem dargestellt worden, dass die moralische Begründbarkeit von Gruppenrechten davon abhängt, wer im Einzelfall ihr Träger ist und wer gegebenenfalls durch sie wozu verpflichtet wird. Die Ergebnisse, zu denen ich vor dem Hintergrund der entsprechenden Unterscheidungen gekommen bin, laufen letztlich auf die folgenden beiden Aussagen hinaus: Keine Gruppe hat als Kollektiv ein „Recht auf Existenz", das sie gegenüber dem Staat, den Mitgliedern der sie umgebenden Gesellschaft oder den eigenen Angehörigen geltend machen könnte. Die Mitglieder von identitätskonstitutiven Minderheitsgemeinschaften haben jedoch einen rechtlich zu schützenden Anspruch auf die Anerkennung, die Berücksichtigung und den Schutz ihrer Gruppenzugehörigkeit und die aus ihr resultierenden und insofern gruppenspezifischen fundamentalen Interessen.

Was das im Einzelfall konkret bedeuten kann, habe ich an wenigen Beispielen zu veranschaulichen versucht. Über diese praktischen Fragen lässt sich jedoch lange streiten (und in dieser Auseinandersetzung sollten andere Disziplinen als die Philosophie zu Wort kommen): Welche konkreten Gruppen sind identitätskonstitutive Gemeinschaften? (Gehört die Gruppe der Frauen vielleicht doch dazu?) Wie ist der Schutz der Gruppenzugehörigkeiten am effektivsten zu gewährleisten? (Braucht es dazu wirklich Mitbestimmungs-Quoten für Angehörige anderer Kulturen?) Welche der gruppenspezifischen Interessen sind wirklich fundamental? (Ist Frau Ludin tatsächlich auf ihr Kopftuch angewiesen?) Die moralische Legitimität von Minderheitenrechten hängt mit anderen Worten immer auch von deren praktischer Umsetzung im konkreten Einzelfall ab. Dabei gilt es, das Prinzip der Verhältnismäßigkeit zu berücksichtigen und zu bedenken, dass Rechte nicht nur Freiheit schaffen, sondern auch Freiheit begrenzen. Die Debatte um das institutionelle Design und die konkrete politische Gestaltung von Minderheitenrechten muss die jeweils aktuellen gesellschaftlichen Verhältnisse im Blick behalten, und sie sollte nicht nur unter Berücksichtigung aller relevanten moralischen Prinzipien, sondern vor allem unter Beteiligung aller betroffenen Individuen geführt werden.

Die Auseinandersetzung um Quoten und Kopftücher und die angemessene Form der Anerkennung von Differenz kann jedoch nur dann zu einem gerechten Ergebnis führen, wenn alle Beteiligten ein Mindestmaß an Toleranz, Respekt und Kompromissfähigkeit aufweisen. Der Respekt vor der gruppenspezifischen Identität von Individuen, der die normative Grundlage von Minderheitenrechten bildet, muss dabei wechselseitig gelten. Wer die Beachtung seiner eigenen Rechte beansprucht, geht eben dadurch immer auch die Verpflichtung ein, die Rechte anderer zu respektieren. Aus dem Recht auf die Anerkennung und Berücksichtigung der eigenen Kulturzugehörigkeit und der mit ihr verbundenen Interessen und Werte durch andere resultiert daher die Pflicht, mich ihnen gegenüber gleichermaßen tolerant zu zeigen: „Freiheit ist immer die Freiheit des Andersdenkenden."

Literaturverzeichnis

Alexy, Robert (1986):
  Theorie der Grundrechte, Frankfurt a.M.
Baker, Judith (1994):
  Group Rights, Toronto.
Barry, Brian (1989):
  Self-Government Revisited, in: ders., Democracy and Power: Essays in Po-
  litical Theory I, Oxford, S.156-186.
Barry, Brian (1994):
  Justice, Freedom, and Basic Income, in: H. Siebert (Hg.), The Ethical
  Foundations of the Market Economy, Tübingen.
Bayertz, Kurt (2000):
  Sind Pluralismus und Universalismus unvereinbar? In: Martina Plümacher
  et al (Hg.), Herausforderung Pluralismus. Festschrift für Hans Jörg Sand-
  kühler, Frankfurt a.M. 2000, S.221-229.
Bentham, Jeremy (1970):
  An Introduction to the Principles of Morals and Legislation, London.
Berlin, Isaiah (1969):
  Four Essays On Liberty, Oxford.
Bierling, E.R. (1877):
  Zur Kritik der juristischen Grundbegriffe, 1. Teil, Gotha.
Binder, Guyora (1993):
  The Case for Self-Determination, in: Stanford Journal of International Law
  29, S.223-270.
Boshammer, Susanne und Kayß, Matthias (1998):
  Review Essay: The Philosopher's Guide to the Galaxy of Welfare Theory:
  Recent English and German Literature on Solidarity and the Welfare Theo-
  ry, in: Ethical Theory and Moral Practice, Vol. 1, 1998, S. 375-385.
Boshammer, Susanne und Kayß, Matthias (Hg.) (1999):
  Halbe-Halbe? Zur Gerechtigkeit der Frauenquote, Münster.
Bouillon, H. (1997):
  Freiheit, Liberalismus und Wohlfahrtsstaat. Eine analytische Untersuchung
  zur individuellen Freiheit im Klassischen Liberalismus und im Wohlfahrts-
  staat, Baden-Baden.
Boxill, Bernard R. (1978):
  The Morality of Preferential Hiring, in: Philosophy & Public Affairs 7,
  S.246-268.
Boyle, Christine (1993):
  Home-Rule for Women: Power-Sharing Between Men and Women, in: Dal-

housie Law Journal 7, S.790-809.

Brilmayer, Lea (1991):
Secession and Self-Determination: A Territorialist Reinterpretation, in: Yale Journal of International Law 16/1, S.177-202.

Buchanan, Allen (1989):
Assessing the Communitarian Critique of Liberalism, in: Ethics 99, S.852-882.

Buchanan, Allen (1991):
Secession: The Morality of Political Divorce, Boulder.

Bucheit, Lee (1978):
Secession: The Legitimacy of Self-Determination, New Haven.

Butler, Judith (1993):
Kontingente Grundlagen. Der Feminismus und die Frage der Postmoderne, in: Der Streit um Differenz. Feminismus und Postmoderne in der Gegenwart, Frankfurt am Main, S.31-58.

Butler, Judith (1995):
Körper von Gewicht. Die diskursiven Grenzen des Geschlechts, Berlin.

Compensis, Ulrike (1999):
Frauenquoten (nicht nur) am Prüfstand des EU-Rechts, in: Susanne Boshammer/Matthias Kayß, Halbe-Halbe? Zur Gerechtigkeit der Frauenquote, Münster 1999, S.150-165.

Cornell, Drucilla (1993):
Gender, Geschlecht und gleichwertige Rechte, in: Der Streit um Differenz. Feminismus und Postmoderne in der Gegenwart, Frankfurt am Main, S.80-104.

Cowan, Joseph L. (1972):
Inverse Discrimination, in: Analysis 33, S.6-19.

Danley, John R. (1991):
Liberalism, Aboriginal Rights, and Cultural Minorities, in: Philosophy and Public Affairs 20, S.168-185.

Däubler-Gmelin, Herta/Pfarr, Heide/Weg, Marianne (Hg.) (1985):
Mehr als nur gleicher Lohn! Hamburg.

Dewey, John (1988):
„Creative Democracy – The Task Before Us", in: Later Works of John Dewey 1925-1935, hg. von Jo Ann Boydston, Bd. 14, S.224-230.

Dinstein, Yoram (1976):
Collective Human Rights of Peoples and Minorities, in: The International and Comparative Law Quarterly, vol. 25 (1976), S.102-120.

Drucker, Peter (1964):
Concept of Corporation, New York.

Dumont, Louis (1991):
Individualismus. Zur Ideologie der Moderne, Frankfurt a.M./New York.

Dworkin, Ronald (1983):
In Defense of Equality, in: Social Philosophy and Policy, Bd. I, Cambridge.

Dworkin, Ronald (1985):
A Matter of Principle, Cambridge.

Dworkin, Ronald (1990):
Bürgerrechte ernstgenommen, übers. von Ursula Wolf, Frankfurt am Main.

Dworkin, Ronald (1993):
Umgekehrte Diskriminierung, in: Beate Rössler (Hg.), Quotierung und Gerechtigkeit. Eine moralphilosophische Kontroverse, Frankfurt/New York, S.74-95.

Eberlein, Undine (2000):
Einzigartigkeit. Das romantische Individualisierungskonzept der Moderne, Frankfurt a.M.

Eckertz-Höfer, Marion (1987):
Frauen kommen... Art. 3 Abs. 2 GG und das Sozialstaatsgebot, in: Willy Brandt u.a. (Hg.), Ein Richter ein Bürger ein Christ. Festschrift für Helmut Simon, Baden-Baden, S.447-481.

Ezorsky, Getrude (1977):
On ‚Groups and Justice‘, in: Ethics 87, S.182-185.

Feinberg, Joel (1973):
Social Philosophy, Englewood Cliffs, N.J.

Feinberg, Joel (1988):
Liberalism, Community, and Tradition, in: Tikkun 3, S.38-41.

Fiss, Owen M. (1976):
Groups and the Equal Protection Clause, in: Philosophy and Public Affairs 5 no.2, S.107-177.

Fleiner, Thomas (1995):
State without Nation. Reconsidering the Nation-State Concept, in: T. van Willigenburg/ F. R. Heeger/W. van den Burg, Nation, State and the Coexistence of Different Communities, Kampen, S.185-206.

Føllesdal, A. (1997):
Do Welfare Obligations End At The Boundaries Of The Nation State? In: Peter Koslowski und A.Føllesdal (Hg.), Restructuring the Welfare State. Theory and Reform of Social Policy, Berlin, S.145-163.

Forst, Rainer (1993):
Kommunitarismus und Liberalismus - Stationen einer Debatte, in: Axel Honneth, Kommunitarismus. Eine Debatte über die moralischen Grundlagen moderner Gesellschaften, Frankfurt a.M./New York 1993, S.181-212.

French, Peter A. (1975):
Types of Collectivities and Blame, in: The Personalist, vol. 56 (1975), S.160-170.

French, Peter A. (1979):
The Corporation as a Moral Person, in: American Philosophical Quaterly, vol. 16, S.207-215.

French, Peter A. (1982):
Crowds and Corporations, in: American Philosophical Quaterly, vol.19, S.271-277.

Frye, M. (1983):
The Politics of Reality. Essays in Feminist Theory, Trumansburg.

Fullinwider, Robert K. (1975):

Preferential Hiring and Compensation, in: Social Theory and Practice 3, S.316-332.

Fullinwider, Robert K. (1993):
Umgekehrte Diskriminierung und Chancengleichheit, in: Beate Rössler (Hg.), Quotierung und Gerechtigkeit. Eine moralphilosophische Kontroverse, Frankfurt/New York, S.103-119.

Galenkamp, Marlies (1995):
Special Rights for Minorities. The Muddy Waters of Collective Rights, in: T. van Willigenburg/F. R. Heeger/W. van den Burg, Nation, State and the Coexistence of Different Communities, Kampen, S.165-184.

Garet, Ronald (1983):
Communality and Existence: The Rights of Groups, in: Southern California Law Review 56 no.5, S.1001-1075.

Gauthier, David (1994):
Breaking Up: An Essay on Secession, in: Canadian Journal of Philosophy 24/3, S.357-372.

Goodin, Robert E. (1988):
Reasons for Welfare. The Political Theory of the Welfare State, Princeton.

Gough, J.W. (1957):
The Social Contract, 2. Auflg., Oxford.

Gräfrath, Bernd (1992):
Wie gerecht ist die Frauenquote? Würzburg.

Graff, James A. (1994):
Human Rights, Peoples, and the Right to Self-Determination, in: Judith Baker (Hg.), Group Rights, Toronto, S.185-214.

Green, Leslie (1988):
The Authority of the State, Oxford.

Green, Leslie (1991):
Two Views of Collective Rights, in: Canadian Journal of Law and Jurisprudence 4 no.2, S.315-327.

Green, Leslie (1994):
Internal Minorities and Their Rights, in: Judith Baker (Hg.), Group Rights, Toronto, S.100-117.

Green, T.H. (1941):
Lectures on the Principles of Political Obligation, London.

Gutmann, Amy (1985):
Communitarian Critics of Liberalism, in: Philosophy and Public Affairs 14, S.318-322 (dt.: Die kommunitaristischen Kritiker des Liberalismus, in: Axel Honneth, Kommunitarismus. Eine Debatte über die moralischen Grundlagen moderner Gesellschaften, Frankfurt a.M./New York 1993, S.68-83)

Gutmann, Amy (1993):
Kommentar, in: Charles Taylor, Multikulturalismus und die Politik der Anerkennung, Frankfurt a.M., S.117-146.

Habermas, Jürgen (1983):
Moralbewusstsein und kommunikatives Handeln, Frankfurt a.M.

Habermas, Jürgen (1993):
Anerkennungskämpfe im demokratischen Rechtsstaat, in: Charles Taylor, Multikulturalismus und die Politik der Anerkennung, Frankfurt a.M., S.147-196.

Habermas, Jürgen (1997):
Faktizität und Geltung. Beiträge zur Diskurstheorie des Rechts und des demokratischen Rechtsstaats, 5.Auflg., Frankfurt a.M.

Hannum, Horst (1989):
The Limits of Sovereignty and Majority Rule: Minorities, Indigineous Peoples, and the Right to Autonomy, in: Ellen Lutz et al. (Hg.), New Directions in Human Rights, Philadelphia, S.3-24.

Hart, H.L.A. (1982):
Essays on Bentham: Studies in Jurisprudence and Political Theory, Oxford.

Hartney, Michael (1991):
Some Confusions Concerning Collective Rights, in: Canadian Journal of Law and Jurisprudence 4 no.2, S.293-314.

Hartney, Michael (1995):
Some Confusions Concerning Collective Rights, in: Will Kymlicka (Hg.), The Rights of Minority Cultures, Oxford, S.202-227.

Hastedt, Heiner (1998):
Der Wert des Einzelnen. Eine Verteidigung des Individualismus, Frankfurt a.M.

Heckmann, Friedrich (1978):
Minderheiten. Begriffsentwicklung und Analyse einer historisch-systematischen Typologie, in: Kölner Zeitschrift für Soziologie und Sozialpsychologie 4, S.761-779.

Heckmann, Friedrich (1992):
Ethnische Minderheiten, Volk und Nation. Soziologie inter-ethnischer Beziehungen, Stuttgart.

Hitzler, Ronald (2000):
„Vollkasko-Individualisierung?" Zum Phänomen der Bastelexistenz unter Wohlfahrtsstaatbedingungen, in: Manfred Prisching (Hg.), Ethik im Sozialstaat, Wien.

Hitzler, Ronald/Honer, Anne (1994):
Bastelexistenz. Über subjektive Konsequenzen der Individualisierung, in: Ulrich Beck/Elisabeth Beck-Gernsheim (Hg.), Riskante Freiheiten, Frankfurt a.M., S. 307-315.

Hobbes, Thomas (1998):
Leviathan, Stuttgart.

Hobhouse, L.T. (1966):
Social Development: Its Nature and Conditions, London.

Höffe, Otfried (1989):
Politische Gerechtigkeit. Grundlegung einer kritischen Philosophie von Recht und Staat, Frankfurt a.M.

Hoffmann-Nowotny, H.-J. (1974):
Rassische, ethnische und soziale Minderheiten als Zukunftsproblem inter-

nationaler Integrationsbestrebungen, in: R. Kurzrock (Hg.), Minderheiten, Berlin, S.174-198.

Hohfeld, Wesley Newcomb (1919):
Fundamental Legal Conceptions As Applied in Judicial Reasoning, New Haven and London.

Honneth, Axel (1993) (Hg.):
Kommunitarismus. Eine Debatte über die moralischen Grundlagen moderner Gesellschaften, Frankfurt a.m./New York.

Honneth, Axel (1994):
Kampf um Anerkennung. Zur moralischen Grammatik sozialer Konflikte, Frankfurt a.M.

Hosteteler, J.A. (1993):
Amish Society, Baltimore u. London.

Howse, Robert und Knop, Karen (1993):
Federalism, Secession, and the Limits of Ethnic Accommodation, in: New Europe Law Review1/2, S.269-320.

Huster, Stefan (1993):
Rechte und Ziele. Zur Dogmatik des allgemeinen Gleichheitssatzes, Berlin.

Huster, Stefan (1999):
Zum Zusammenhang von Gleichheit und Gerechtigkeit, unveröffentlichtes Manuskript, Heidelberg.

Jaggar, Alison (1983):
Feminist Politics and Human Nature, Totowa, NJ.

Johnston, Darlene M. (1989):
Native Rights as Collective Rights: A Question of Group Self-Preservation, in: Canadian Journal of Law and Jurisprudence 2 no.1 (1989), S.19-34.

Kant, Immanuel (1974):
Grundlegung zur Metaphysik der Sitten, in: ders., Werkausgabe, Hg. von Wilhelm Weischedel, Band VII, Wiesbaden, S.11-102.

Kantorowicz, Hermann (1957):
Der Begriff des Rechts, Göttingen.

Keupp, A. (1988):
Riskante Chancen. Das Subjekt zwischen Psychokultur und Selbstorganisation. Sozialpsychologische Studien, Heidelberg.

Kirp, David/Yudof, Mark/Strong, Franks, Marlene (1986):
Gender Justice, Chicago.

Kliemt, Hartmut (1995):
Solidarität in Freiheit. Von einem liberalen Standpunkt, Freiburg/München.

Koller, Peter (1996):
Freiheit als Problem der politischen Philosophie, in: Kurt Bayertz (Hg.), Politik und Ethik, Stuttgart, S.111-138.

Kukathas, Chandran (1992):
Cultural Rights Again. A Rejoinder to Kymlicka, in: Political Theory vol.20, no.4 (1992), S.674-681.

Kukathas, Chandran (1995):
Are there any Cultural Rights? in: Will Kymlicka (Hg.), The Rights of Mi-

nority Cultures, S.228-255.

Kymlicka, Will (1988):
Liberalism and Communitarianism, in: Canadian Journal of Philosophy 18, S.181-204.

Kymlicka, Will (1989):
Liberal Individualism and Liberal Neutrality, in: Ethics 99, S.883-905.

Kymlicka, Will (1990):
Contemporary Political Philosophy. An Introduction, Oxford 1990.

Kymlicka, Will (1991):
Liberalism, Community, and Culture, Oxford.

Kymlicka, Will (1991b):
Rethinking the Family, in: Philosophy and Public Affairs, vol 20, no.1 (1991), S.77-97.

Kymlicka, Will (1992):
Liberal Individualism, Oxford.

Kymlicka, Will (1994):
Individual and Community Rights, in: Judith Baker (Hg.), Group Rights, Toronto, S.17-33.

Kymlicka, Will (1995) (Hg.):
The Rights of Minority Cultures, Oxford.

Kymlicka, Will (1995a):
Multicultural Citizenship, Oxford.

Kymlicka, Will (1996):
Politische Philosophie heute. Eine Einführung, Frankfurt/New York.

Langkau-Hermann, Monika u.a. (1983):
Frauen im öffentlichen Dienst, Hamburg.

Larmore, Charles (1993):
Politischer Liberalismus, in: Axel Honneth, Kommunitarismus. Eine Debatte über die moralischen Grundlagen moderner Gesellschaften, Frankfurt a.M./New York 1993, S.131-156.

Lasch, Christopher (1986):
The Communitarian Critique of Liberalism, in: Soundings 69, S.60-76

Levin, Michael (1987):
Feminism and Freedom, New Brunswick, N.J.

Lindecke, Christiane (1995):
Frauen und andere Minderheiten. Zur Entstehung und Konkretisierung der US-amerikanischen Gleichstellungsregelungen zugunsten von Frauen und zur Frage eines möglichen Transfers auf die Bundesrepublik Deutschland, München und Mering.

Linneweber-Lammerskitten, Helmut (1998):
Minderheitsrechte: Individual- oder Kollektivrechte, Papers of the 21st International Wittgenstein Symposion, Kirchberg am Wechsel.

Locke, John (1967):
Two Treatise of Government

MacCallum, G.G. (1967):
Negative and Positive Freedom, in: Philosophical Review 76, S.312-334.

MacIntyre, Alasdair (1981):
How Moral Agents Became Ghosts, in: Synthese 53, S.295-312.

MacIntyre, Alasdair (1984):
Is Patriotism a Virtue? The Lindley Lecture. (dt. Ist Patriotismus eine Tugend? In: Axel Honneth, Kommunitarismus. Eine Debatte über die moralischen Grundlagen moderner Gesellschaften, Frankfurt a.M./New York 1993, S.84-102)

MacIntyre, Alasdair (1995):
Der Verlust der Tugend. Zur moralischen Krise der Gegenwart, Frankfurt a.M.

Mackie, John (1984):
Can There be a Right-Based Moral Theory? In: Jeremy Waldron (Hg.), Theories of Rights, Oxford, S.168-179.

MacKinnon, Catharine (1979):
Sexual Harrassment of Working Women, Cambridge, Mass.

MacKinnon, Catharine (1987):
Feminism Unmodified: Discourses on Life and Law, Cambridge, Mass.

Margalit, Avishai und Halbertal, Moshe:
Liberalism and the Right to Culture, in: Social Research. An International Quarterly of the Social Sciences 60 (1994), S.491-510.

Margalit, Avishai und Raz, Joseph (1995):
National Self-Determination, in: Will Kymlicka (Hg.), The Rights of Minority Cultures, Oxford, S.79-92.

Markefka, Manfred (1975):
Vorurteile – Minderheiten – Diskriminierung. Ein Beitrag zum Verständnis sozialer Gegensätze, 2. Auflg., Neuwied und Berlin.

Marshall, Thomas H. (1963):
Citizenship and Social Class, in: ders., Sociology at the Crossroads, London.

Marsland, David (1996):
Welfare or Welfare State? Contradictions and Dilemmas in Social Policy, London.

Marx, Karl (1976):
Zur Judenfrage, in: MEW, Bd.1, Berlin, S.347-377.

McDonald, Michael (1986):
Indian Status: Colonialism or Sexism? In: Canadian Community Law Journal 9, S.23-37.

McDonald, Michael (1986a):
Collective Rights and Tyranny, in: University of Ottawa Quarterly 56, S.115-120.

McDonald, Michael (1991):
Should Communities Have Rights? Reflections on Liberal Individualism, in: Canadian Journal of Law and Jurisprudence 4 no.2, S.217-237.

Mill, John Stuart (1972):
Mill on Bentham and Coleridge, hg. von F. Leavis, London.

Mill, John Stuart (1988):

Über die Freiheit, Stuttgart.

Miller, R. (1984):
Analyzing Marx, Princeton.

Minow, Martha (1991):
From Class Action to Miss Saigon: The Concept of Representation in Law, in: Cleveland State Law Review 39, S.269-300.

Mohr, Georg (1996):
Rechtsphilosophie, in: Franz Gniffke/Norbert Herold, Philosophie: Problemfelder und Disziplinen, Münster, S.35-60.

Moller Okin, Susan (1982):
Women and the Making of the Sentimental Family, in: Philosophy and Public Affairs 11, no. 1., S.65-88.

Moller Okin, Susan (1989):
Justice, Gender, and the Family, New York.

Moller Okin, Susan (1989a):
Humanist Liberalism, in: Nancy L. Rosenblum (Hg.), Liberalism and the Moral Life, Cambridge, S.39-53 (reprinted as „Für einen humanistischen Liberalismus", in Transit: Europäische Revue, 5 (Winter 1992/93), 74-90).

Moller Okin, Susan (1990):
Feminism, the Individual, and Contract Theory, in: Ethics 100, S.666-684.

Mouffe, Chantal (1988):
American Liberalism and Its Critics: Rawls, Taylor, Sandel, and Walzer, in: Praxis International 8, S.193-206.

Mulhall, Stephen/Swift, Adam (1991):
Liberals and Communitarians, Oxford.

Mummendey, Amélie (1985):
Verhalten zwischen sozialen Gruppen: Die Theorie der sozialen Identität, in: Dieter Frey und Martin Irle (Hg.), Gruppen- und Lerntheorien, Bern/Stuttgart/Toronto 1985, S.185-218.

Nagel, Thomas (1993):
Bevorzugung gegen Benachteiligung? In: Beate Rössler (Hg.), Quotierung und Gerechtigkeit. Eine moralphilosophische Kontroverse, Frankfurt a.M./New York, S.58-73.

Nagel, Thomas (1994):
Eine Abhandlung über Gleichheit und Parteilichkeit und andere Schriften zur politischen Philosophie, Paderborn.

Nagl-Docekal, Herta (1993):
Jenseits der Geschlechtermoral. Eine Einführung, in: Herta Nagl-Docekal und Herlinde Pauer-Studer (Hg.), Jenseits der Geschlechtermoral. Beiträge zur feministischen Ethik, Frankfurt a.M., S.7-32.

Narveson, Jan (1991):
Collective Rights? in: Canadian Journal of Law and Jurisprudence 4 no.2, S.329-345.

Nisbet, Robert (1953):
The Quest for Community, Oxford 1953.

Nozick, Robert (1974):

Anarchy, State, and Utopia, München.

Nussbaum, Martha (1992):
Justice for Women! In: The New York Review of Books XXXIX, 16, 1992, S.43-48.

Olsen, Frances (1982):
The Family and the Market: A Study of Ideology and Legal Reform, in: Harvard Law Review 96, S.1517-1523.

Olsen, Frances (1984):
Statutory Rape: A Feminist Critique of Rights Analysis, in: Texas Law Review 63 no.3, S.387-432.

O'Neill, Onora (1993):
Wie wissen wir, wann Chancen gleich sind? In: Beate Rössler (Hg.), Quotierung und Gerechtigkeit. Eine moralphilosophische Kontroverse, Frankfurt/New York, S.144-157.

Oppenheim, Felix (1961):
Dimensions of Freedom, New York.

Parsons, Talcott (1982):
Das System moderner Gesellschaften, München.

Pauer-Studer, Herlinde (1993):
Moraltheorie und Geschlechterdifferenz. Feministische Ethik im Kontext aktueller Fragestellungen, in: Herta Nagl-Docekal und Herlinde Pauer-Studer (Hg.), Jenseits der Geschlechtermoral. Beiträge zur feministischen Ethik, Frankfurt a.M., S.33-68.

Philpott, Daniel (1995):
In Defense of Self-Determination, in: Ethics 105/2, S.352-385.

Pieper, Annemarie (1996):
Geschlechtsspezifische Moral? In: Helmut Holzhey und Peter Schaber, Ethik in der Schweiz, Zürich, S.23-38.

Pitkin, Hanna (1967):
The Concept of Representation, Berkeley.

Rachels, James (1993):
Was Menschen verdienen, in: Beate Rössler (Hg.), Quotierung und Gerechtigkeit. Eine moralphilosophische Kontroverse, Frankfurt/New York, S.158-175.

Radcliffe Richards, J. (1980):
The Sceptical Feminist: A Philosophical Enquiry, London.

Rawls, John (1993):
Eine Theorie der Gerechtigkeit, 7. Aufl., Frankfurt am Main.

Raz, Joseph (1986):
The Morality of Freedom, Oxford.

Réaume, Denise G. (1988):
Individuals, Groups, and Rights to Public Goods, in: University of Toronto Law Journal 38, S.1-27.

Réaume, Denise G. (1994):
The Group Right to Linguistic Security: Whose Right, What Duties? in: Judith Baker (Hg.), Group Rights, Toronto 1994, S.118-141.

Renger, Annemarie (1977):
Gleiche Chance für Frauen? Berichte und Erfahrungen in Briefen an die Präsidentin des Deutschen Bundestages, Heidelberg.

Rockefeller, Steven C. (1993):
Kommentar, in: Charles Taylor, Multikulturalismus und die Politik der Anerkennung, Frankfurt a.M., S.95-108.

Rössler, Beate (1993):
Quotierung und Gerechtigkeit. Eine moralphilosophische Kontroverse, Frankfurt a.M./New York.

Rousseau, Jean-Jacques (1988):
Der Gesellschaftsvertrag, Köln.

Ryle, Gilbert (1969):
Der Begriff des Geistes, Stuttgart.

Sandel, Michael (1984):
The Procedural Republic and the Unencumbered Self, in: Political Theory, vol.12, no.1, S.81-96. (dt. Die verfahrensrechtliche Republik und das ungebundene Selbst, in: Axel Honneth, Kommunitarismus. Eine Debatte über die moralischen Grundlagen moderner Gesellschaften, Frankfurt a.M./New York 1993, S.157-180)

Sandel, Michael (Hg.) (1984a):
Liberalism and Its Critics, Cambridge.

Sandel, Michael (1990):
Liberalism and the Limits of Justice, 11.Auflg., Cambridge.

Sandel, Michael (1995):
Liberalismus oder Republikanismus. Von der Notwendigkeit der Bürgertugend, Wien.

Sass, Hans-Martin (1990):
Zielkonflikte im Wohlfahrtsstaat, in: Christian Sachße und Tristram Engelhardt (Hg.), Sicherheit und Freiheit. Zur Ethik des Wohlfahrtsstaates, Frankfurt a.M., S.71-84.

Sen, Amartya (1994):
Markets and the Freedom to Choose, in: H. Siebert (Hg.), The Ethical Foundations of the Market Economy, Tübingen, S.123-138.

Sher, George (1975):
Justifying Reverse Discrimination in Employment, in: Philosophy & Public Affairs, vol. 4, no. 2, S.159-170.

Sher, George (1977):
Groups and Justice, in: Ethics 87 (1977), S.174-181.

Simon, Robert (1993):
Bevorzugung auf dem Arbeitsmarkt: Eine Antwort auf Judith Jarvis Thompson, in: Beate Rössler (Hg.), Quotierung und Gerechtigkeit. Eine moralphilosophische Kontroverse, Frankfurt a.M./New York, S.49-57.

Slupik, Vera (1988):
Die Entscheidung des Grundgesetzes für Parität im Geschlechterverhältnis. Zur Bedeutung von Art. 3 Abs. 2 und 3 GG in Recht und Wirklichkeit, Berlin.

Sohmen, Egon (1976):
Allokationstheorie und Wirtschaftspolitik, Tübingen.
Sumner, L.W. (1987):
The Moral Foundation of Rights, Oxford.
Svensson, Frances (1979):
Liberal Democracy and Group Rights: The Legacy of Individualism and its Impact on American Indian Tribes, in: Political Studies XXVII, Oxford, S.421-439.
Tamir, Yael (1993):
Liberal Nationalism, Princeton.
Taub, Nadine (1986):
Book Review, in: Columbia Law Review, S.1686-1694.
Tajfel, Henri (1978):
Differentiation Between Social Groups, London.
Taylor, Charles (1979):
Atomism, in: Alkis Kontos (Hg.), Powers, Possession, and Freedom, Toronto, S.39-61.
Taylor, Charles (1988):
Negative Freiheit? Frankfurt a.M.
Taylor, Charles (1989):
Sources of the Self, Cambridge.
Taylor, Charles (1993):
Multikulturalismus und die Politik der Anerkennung, Frankfurt a.M.
Taylor, Charles (1993a):
Aneinander vorbei: Die Debatte zwischen Liberalismus und Kommunitarismus, in: Axel Honneth, Kommunitarismus. Eine Debatte über die moralischen Grundlagen moderner Gesellschaften, Frankfurt a.M./New York 1993, S.103-130.
Thomson, Judith Jarvis (1980):
Rights and Compensation, in: Nous 14, S.3-15.
Thomson, Judith Jarvis (1990):
The Realm of Rights, Cambridge.
Thomson, Judith Jarvis (1993):
Précis of The Realm of Rights, in: Philosophy and Phenomenological Research 53 no1., S.159-167.
Thomson, Judith Jarvis (1993b):
Bevorzugung auf dem Arbeitsmarkt, in: Beate Rössler (Hg.), Quotierung und Gerechtigkeit. Eine moralphilosophische Kontroverse, Frankfurt a.M./New York, S.29-48.
Tomasi, John (1991):
Individual Rights and Community Virtues, in: Ethics, vol. 101, no. 3, S.521-536.
Trubeta, Sevasti (1998):
Die Konstitution von Minderheiten und die Ethnisierung sozialer und politischer Konflikte: eine Untersuchung am Beispiel der im griechischen Thrakien ansässigen „moslemischen Minderheit", Frankfurt a. Main, Ber-

lin, Bern, New York, Paris, Wien (Europäische Hochschulschriften: Reihe 22, Soziologie; Bd. 334)

Türk, Hans Joachim (1995):
Political Principles of Respect for Both the Individual and the Group Identities, in: T. van Willigenburg/F. R. Heeger/W. van den Burg, Nation, State and the Coexistence of Different Communities, Kampen, S.153-164.

Tugendhat, Ernst (1995):
Vorlesungen über Ethik, 3. Auflg., Frankfurt a.M.

Tushnet, Mark (1984):
An Essay on Rights, in: Texas Law Review 62 no.8, S.1363-1403.

Van den Brink, Bert (1997):
The Tragedy of Liberalism, Utrecht.

Van der Burg, Wibren (1995):
Reflections on Collective Rights and State Sovereignty, in: T. van Willigenburg/F. R. Heeger/W. van den Burg, Nation, State and the Coexistence of Different Communities, Kampen, S.221-246.

Van Dyke, Vernon (1976/77):
The Individual, the State, and Ethnic Communities in Political Theory, in: World Politics, vol. XXIX, S.343-369.

Van Dyke, Vernon (1982):
Collective Entities and Moral Rights: Problems in Liberal Democratic Thought, in: Journal of Politics, 44.

Van Parijs, Philipp (1995):
Real Freedom For All. What (if anything) Can Justify Capitalism? Oxford.

Von Gierke, Otto (1887):
Die Genossenschaftstheorie, Berlin.

Waldron, Jeremy (1987):
Nonsense on Stilts: Bentham, Burke, and Marx on the Rights of Man, London.

Waldron, Jeremy (1989):
Rights in Conflict, in: Ethics, vol.99, no.3, S.503-519.

Waldron, Jeremy (1995):
Minority Cultures and the Cosmopolitan Alternative, in: Will Kymlicka (Hg.), The Rights of Minority Cultures, Oxford, S.93-122.

Walzer, Michael (1990):
The Communitarian Critique of Liberalism, in: Political Theory 18, S.6-23 (dt. Die kommunitaristische Kritik am Liberalismus, in: Axel Honneth, Kommunitarismus. Eine Debatte über die moralischen Grundlagen moderner Gesellschaften, Frankfurt a.M./New York 1993, S.157-180).

Walzer, Michael (1992):
The New Tribalism, in: Dissent, S.164-171.

Walzer, Michael (1998):
Sphären der Gerechtigkeit. Ein Plädoyer für Pluralität und Gleichheit, Frankfurt a.M.

Walzer, Michael (1998a):
Über Toleranz. Von der Zivilisierung der Differenz, Hamburg.

Wellmann, Carl (1985):
A Theory of Rights: Persons under Laws, Institutions, and Morals, Totowa.

Williams, Bernard (1978):
Der Gleichheitsgedanke, in: ders., Probleme des Selbst, Stuttgart, S.366-397.

Williams, Melissa S. (1994):
Group Inequality and the Public Culture of Justice, in: Judith Baker (Hg.), Group Rights, Toronto, S.34-65.

Wolf, Susan (1993):
Kommentar, in: Charles Taylor, Multikulturalismus und die Politik der Anerkennung, Frankfurt a.M., S.79-94.

Wood, A. (1979):
Marx on Rights and Justice, in: Philosophy and Public Affairs 8/3, S.267-295.

Yletyinen, Riitta (1982):
Sprachliche und kulturelle Minderheiten in den USA, Schweden und der Bundesrepublik Deutschland. Ein minderheiten- und bildungspolitischer Vergleich, Frankfurt a.M.

Young, Iris Marion (1989):
Polity and Group Difference: A Critique of the Ideal of Universal Citizenship, in: Ethics 1989/99, S.250-274. (In deutscher Übersetzung: Young 1993, s.u.)

Young, Iris Marion (1993):
Das politische Gemeinwesen und die Gruppendifferenz. Eine Kritik am Ideal des universalen Staatsbürgerstatus, in: Herta Nagl-Docekal und Herlinde Pauer-Studer (Hg.), Jenseits der Geschlechtermoral. Beiträge zur feministischen Ethik, Frankfurt a.M., S.267-304.

Zippelius, Reinhold (1997):
Das Wesen des Rechts. Eine Einführung in die Rechtsphilosophie, 5. Auflage, München.